Samuel Pfeifer und Hansjörg Bräumer

Die zerrissene Seele

Borderline-Störungen und Seelsorge

unter Mitarbeit von L. Brenner, A. Jonckers Nieboer,
K. Kaldewey und M. Schleising

R. BROCKHAUS VERLAG WUPPERTAL

ABCteam-Bücher erscheinen in folgenden Verlagen:

Aussaat Verlag Neukirchen-Vluyn
R. Brockhaus Verlag Wuppertal
Brunnen Verlag Gießen und Basel
Christliches Verlagshaus Stuttgart
Oncken Verlag Wuppertal und Kassel

© 1997 R. Brockhaus Verlag Wuppertal
Umschlag: Dietmar Reichert, Dormagen
Gesamtherstellung: Breklumer Druckerei Manfred Siegel KG
ISBN 3-417-11109-9
Bestell-Nr. 111 109

INHALT

Vorwort 9

Kapitel 1:
Borderline-Störungen – eine Herausforderung an die Seelsorge (S. Pfeifer) 11

Kapitel 2:
Borderline-Störungen – eine Begriffsbestimmung
(S. Pfeifer) 16
Modebegriff oder echtes Leiden? 17
Die Geschichte des Borderline-Begriffs 18
Wechselhaft, unreif, frustriert 20
»Primitive« Abwehrmechanismen 21
Mangel an Identität 23
Vier Begriffe (Borderline-Struktur, Borderline-Syndrom, Borderline-Zustände, Borderline-Persönlichkeitsstörung) . 24
Neun Kriterien der Borderline-Persönlichkeitsstörung nach DSM-IV 26
Begleitende Probleme 27
Unterscheidung von anderen Störungen 28
Posttraumatische Belastungsstörung 31
Mißbrauch der Diagnose 32

Kapitel 3:
Wie erleben sich Borderline-Patienten? (S. Pfeifer) 35
Borderline und Depression 36
Dissoziation als Bewältigungsversuch 38
Selbstverletzung (Autoaggression) 41
Selbstverletzung in früheren Zeiten 42
Andere Formen selbstschädigenden Verhaltens 43
Suizidalität (Selbstmordgefährdung) 44
Borderline und Sexualität 45
Schwarz-Weiß-Denken 47

Psychotische Durchbrüche 48
Erarbeiten der Symptommuster 51
Ursachen der Borderline-Störung 54

Kapitel 4:
Marilyn Monroe – ein klassisches Beispiel (S. Pfeifer) .. 59

Kapitel 5:
Seelische Instabilität – theologische und seelsorgerliche
Aspekte (H. Bräumer) 63

Support – Unterstützung, Ermutigung 64
   Der Schritt vom Jammern und Klagen 65
   Das Bild von der Brücke, die nicht existiert 67
   Die Einbeziehung der Vergangenheit 68
Empathy – Einfühlung, Empathie 69
   Auf der Suche nach Identität 71
   Die Annahme der Gegenwart 73
Truth – Wahrheit, Realität, Grenzen 74
   Das Proprium christlicher Seelsorge: Hoffnung 75
   Schritte in die Zukunft 78

Kapitel 6:
Krankheit oder Dämonie? – Ein besonderer Aspekt in der
seelsorgerlichen Begleitung von Borderline-Patienten
(H. Bräumer) 81

Dämonie – eine Begriffsbestimmung 81
Der »Steckbrief« Satans und der Dämonen 83
   Satan, der Widerspruchsgeist 84
   Satan, der Verleumder 84
   Satan, der Ankläger 85
   Satan, der Verführer des Menschen 86
Die Entmachtung Satans und der Dämonen 87
   Die grundsätzliche Entmachtung Satans 88
   Die gegenwärtige Entmachtung Satans 89
   Die endzeitliche Überwindung Satans 89

Die Satan und den Dämonen verbleibende Macht 90
  Die Verwerfung Gottes 90
  Die Verkehrung der Welt 91
  Die Versuchung und Besetzung des Menschen 91
Die Austreibung von Dämonen 92
  Besessenheit und ihre Kennzeichen 93
  Die Austreibung der Dämonen durch Jesus 94
  Die Austreibung der Dämonen durch die Jünger Jesu . 97
    Gebieten, das Bitten und das Handeln Jesu 98
    Freibeten oder das Gebet der Übergabe 99

Kapitel 7:
Sexueller Mißbrauch und Borderline-Syndrom (S. Pfeifer unter Mitarbeit von M. Schleising, K. Kaldewey und A. J. Nieboer) 102

Was ist eigentlich sexueller Mißbrauch? 102
Häufigkeit des sexuellen Mißbrauchs 104
Direkte Auswirkungen des sexuellen Mißbrauchs 105
Langfristige Störungen und Symptome 107
Zusammenhang zwischen Inzest und Borderline-Syndrom . 108
Diagnostisches Vorgehen 109
Hinweise für den therapeutischen bzw. seelsorgerlichen Umgang 110
Wie ist Vergebung möglich? 113

Kapitel 8:
Multiple Persönlichkeitsstörung (S. Pfeifer) 116

Was ist eine multiple Persönlichkeit? 118
Entstehung neuer »Personen« 121
Ein wissenschaftliches Entstehungsmodell 124
Probleme mit der Diagnose einer »Multiplen Persönlichkeit« 126
Besessenheit und multiple Persönlichkeit 128
Wie kann man »Multiplen« helfen? 130
Integration der »Personen« 132

Kapitel 9:
Hilfen zur Gesprächsführung (S. Pfeifer) 135

Das Dilemma: Opfer oder Verantwortung? 135
Das »vierfache Ackerfeld« der Therapie von Borderline-Störungen 137
Gesunde Bedürfniserfüllung 139
Gesunde Grenzen setzen 141
Problematische Bedürfniserfüllung 143
Wiederholen von alten Mustern und Themen 146
Problematische Aspekte der alten Muster und Themen .. 147
Opfer oder Gewinner? 149
Aufarbeiten der alten Muster und Themen 150
Zusammenfassung: Die Aufgabe des Therapeuten 153

Kapitel 10:
Therapeutische Strategien bei schweren Krisen (S. Pfeifer unter Mitarbeit von A. J. Nieboer und M. Schleising) ... 155

Wann ist ein Klinikaufenthalt nötig? 156
Hauptthemen der klinischen Behandlung 159
Was bringen Medikamente? 162
Therapieplanung und Erfolgsbewertung 163
Vom Umgang mit wiederholten Selbstmorddrohungen .. 164
Therapeutische Überlegungen bei Selbstverletzungen ... 166
Gruppentherapie bei Borderline-Patienten 167
Therapeutisches oder medizinisches Modell? 170

Kapitel 11:
Chancen und Probleme der Seelsorge aus ärztlicher Sicht (S. Pfeifer) 173

»Der Stachel der Schwachen« 175
Mögliche Probleme der Seelsorge 176
Krankheit oder Besessenheit? 181
Zusammenarbeit von Arzt und Seelsorger 184
Der Seelsorger als Fels? 185
Borderline-Seelsorge als Grenzerfahrung 187

Kapitel 12:
Möglichkeiten und Grenzen der Seelsorge (H. Bräumer) . 189
Mitleben und Mitfeiern 190
   Die Grenze des Mitlebens 190
   Die Chance des Mitfeierns 191
Lebens- und Glaubenshilfe 195
   Seelsorge als Lebenshilfe 195
   Seelsorge als Glaubenshilfe 196
Schweigen und Ruf in die Nachfolge 198
   Das Schweigen und seine Grenzen 199
   Der Ruf in die Nachfolge 200

Anhang:
  I. Psychotherapeutische und seelsorgerliche Hilfen im Umgang mit Inzestopfern 205
 II. Mögliche Hinweise auf sexuellen Mißbrauch oder körperliche Mißhandlung in der Kindheit 208
III. Beispiel für einen Therapievertrag 210
IV. Therapeutische Hilfestellungen für den Therapieprozeß beim Borderline-Syndrom 211

Literatur 213

DIE AUTOREN

Bräumer, Hansjörg
Dr. theol., geboren 1941, Leiter der Lobetalarbeit in Celle, einer Einrichtung für behinderte Menschen, mit Fachschulen für Sozialpädagogik, Alten- und Heilerziehungspflege.

Brenner, Lothar
Dr. med., geboren 1947, Facharzt für Psychiatrie, Oberarzt an der Psychiatrischen Klinik Sonnenhalde in Riehen bei Basel.

Jonckers Nieboer, Anneke
lic., phil., geboren 1947, Psychologin an der Psychiatrischen Klinik Sonnenhalde, Riehen.

Kaldewey, Kathi
geboren 1951, therapeutische Seelsorgerin (BTS und ITS) und Familientherapeutin an der Psychiatrischen Klinik Sonnenhalde, Riehen.

Pfeifer, Samuel
Dr. med., geboren 1952, Facharzt für Psychiatrie und Psychotherapie, Chefarzt der Psychiatrischen Klinik Sonnenhalde, Riehen.

Schleising, Mechthild
Dr. med., geboren 1956, Oberärztin an der Psychosomatischen Klinik Bad Pyrmont.

VORWORT

Es ist etwas Besonderes, daß hier ein Psychiater und ein Theologe miteinander über ein brennendes Thema der therapeutischen Seelsorge schreiben, nämlich über Borderline-Störungen. Dieses Buch ist aus Referaten entstanden, die an einem Seminar der Psychiatrischen Klinik Sonnenhalde gehalten wurden. Dabei wurden bewußt ganz unterschiedliche Perspektiven eingebracht, vom psychiatrischen bis zum theologischen Blickwinkel. Die Darstellung der Probleme von Borderline-Patienten sind nicht von einer einzelnen therapeutischen Schule her geprägt. So finden die Leser nicht in erster Linie tiefenpsychologisch-analytische Deutungen, sondern eine vielschichtig beschreibende Darlegung der Problematik; nicht nur eine psychologische Analyse, sondern auch eine theologische Standortbestimmung; nicht nur theoretische Aspekte, sondern auch praktische Hilfen für die Seelsorge und die Begleitung.

Das ist ja gerade unser Anliegen, nämlich den Graben zwischen Psychologie und Psychiatrie auf der einen Seite und Theologie und Seelsorge auf der anderen Seite zu überbrücken. An dieser Stelle möchte ich Pfr. Dr. theol. Hansjörg Bräumer dafür danken, daß er es gewagt hat, sich auf dieses Unterfangen einzulassen; daß er sich so intensiv in die Thematik eingearbeitet hat und daß er aus der Sicht der Theologie ganz neue und andere Aspekte für die Begleitung fruchtbar gemacht hat.

Auch wenn die Fachliteratur möglichst breit berücksichtigt wird, haben wir in erster Linie von den Menschen gelernt, die uns begegnet sind. An erster Stelle möchte ich den Patientinnen und Patienten danken, die uns an ihrem Erleben teilhaben ließen. In den Beispielen kommt etwas von ihrem direkten Erleben zum Ausdruck, auch wenn es nötig war, die Geschichten so zu verfremden, daß ein Wiedererkennen nicht möglich ist. Danken möchte ich auch Frau B.B. für die Genehmigung zum Abdruck ihrer Gedichte in Kapitel 3, die so eindringlich wiedergeben, wie sich Menschen in ihren Krisen erleben können.

Ein Problem beim Schreiben eines solchen Buches soll nicht verheimlicht werden. Wie kann man Frauen und Männer ansprechen,

Therapeutinnen und Therapeuten, Seelsorgerinnen und Seelsorger, Patientinnen und Patienten, ohne jeweils in komplizierte Wortwiederholungen zu verfallen, die den Sprachfluß hemmen? Wir haben uns die Freiheit genommen, die Formen abzuwechseln, ohne uns jedesmal zu rechtfertigen. Die sprachlich sensibilisierten und politisch korrekten Leserinnen und Leser möchte ich bitten, sich sowohl von den männlichen als auch von den weiblichen Sprachformen ansprechen zu lassen.

Meine Arbeit an diesem Buch wäre unvollständig gewesen ohne die wesentlichen Impulse, die mir meine Mitarbeiterinnen und Mitarbeiter an der Klinik Sonnenhalde in Riehen gegeben haben. Besonders nennen möchte ich Lothar Brenner, Anneke Jonckers Nieboer, Kathi Kaldewey und Mechthild Schleising. Ihre Bereitschaft, ihre Arbeit in Workshops und Fortbildungen einzubringen, hat mir den Mut gegeben, das breitgefächerte Thema anzugehen. Nun konnten ihre Beiträge als wesentliche Bausteine in einzelne Kapitel eingebaut werden, die dadurch eine weitere Abrundung und Bereicherung erfuhren.

Schließlich möchte ich auch Dr. Ulrich Brockhaus für seine Ermutigung danken, unser Seminar in ein Buch umzuwandeln. Sein Interesse und seine Anteilnahme waren eine ganz wesentliche Hilfe, den langen Weg von der Vorläufigkeit einzelner Vorträge zu den ausformulierten Kapiteln eines umfassenden Buches zu gehen. Begleitet wurden wir dabei von Frau Hanna Schott, der wir an dieser Stelle für die professionelle und engagierte Lektoratsarbeit herzlich danken.

Wir hoffen, daß dieses Buch nicht nur als Quelle für dramatische Fallbeispiele, psychopathologische Überlegungen und theologische Betrachtungen dient, sondern daß es zu einer echten Hilfe für Seelsorgerinnen und Seelsorger wird, die in der Einzelberatung und in therapeutischen Einrichtungen mit der Vielgestaltigkeit instabiler Menschen konfrontiert werden. Möge das Buch mithelfen, den Weg mit belasteten und verletzten Menschen zu gehen, der oft erst dann entsteht, wenn wir den nächsten Schritt tun.

Riehen, im Januar 1997 Dr. med. Samuel Pfeifer

Kapitel 1

Borderline-Störungen – eine Herausforderung an die Seelsorge

Borderline – von diesem Wort geht eine eigene Faszination aus. Borderline, das bedeutet eigentlich Grenzlinie. Doch um welche Grenzen handelt es sich, wenn wir von Borderline-Störungen und von Borderline-Patienten sprechen? Dieses Buch beschäftigt sich mit Grenzgängern besonderer Art. Verschiedene Autoren haben versucht, das Wesen von Borderline-Störungen in Metaphern zu fassen, etwa »Wenn Haß und Liebe sich umarmen«[1] oder »Ich hasse dich, verlaß mich nicht!«[2]. In Kommentaren und Essays wird die Borderline-Störung als typische Störung unserer Zeit beschrieben. Und in der Tat spiegelt sich die Befindlichkeit des modernen Menschen in ihrer Zerrissenheit und Unbeständigkeit, in ihrer Zerrissenheit und Traumatisierung, in ihrer Vielgestaltigkeit und Unberechenbarkeit hier wider. Bei Menschen mit einer Borderline-Störung begegnen uns höchst widersprüchliche Gefühle zwischen Anlehnungsbedürftigkeit und schroffer Zurückweisung, zwischen Eigensucht und Selbsthaß, zwischen Verletzlichkeit und Selbstverletzung, Rückzug und Sehnsucht nach Gemeinschaft, Lebenshunger und Todeswunsch.

Borderline-Patienten sind eine besondere Herausforderung an die Seelsorge. Das folgende Beispiel, das bewußt verfremdet wurde, schildert etwas von den Spannungen, die in der Begleitung entstehen können.

Sie ist eine attraktive blonde Frau, zweimal geschieden, künstlerisch begabt und aktiv in einem kreativen Beruf. Seit Jahren ist sie bei verschiedenen Therapeuten in Behandlung gewesen. Hinter ihren Problemen steht eine fürchterliche Kindheit. Mehrfach wurde sie vom Freund

[1] Gneist 1995
[2] Kreisman und Strauß 1992

ihrer Mutter sexuell mißbraucht. Vor zwei Jahren hat sie sich dem Glauben zugewendet und geht jetzt in Therapie zu einem christlichen Arzt, daneben auch zu einer therapeutischen Seelsorgerin. Im Vordergrund ihrer Beschwerden steht das Gefühl der Leere, der Sinnlosigkeit, der erdrückenden Depressivität. Sie hat unsägliche Angst davor, nicht mehr kreativ zu sein, und erlebt oft intensive Spannungen, bevor sie einem Kunden ihre neusten Entwürfe vorstellt. Dennoch gelingt es dem Arzt und der Seelsorgerin, sie zu begleiten und ihr zu helfen, ihr Leben zu meistern. Manchmal entstehen aber auch Situationen, die etwas davon illustrieren, was ihre Begleitung so schwierig macht.

An einem Donnerstag erzählte sie ihrer Seelsorgerin, sie habe vor einer Woche einen sehr netten Mann kennengelernt. Sie hätten ein gemeinsames Wochenende vor, und sie fühle sich sehr zu ihm hingezogen. »Bitte geben Sie mir einen Rat. Ich bin ja jetzt gläubig und möchte auch so leben. Aber meine Gefühle sind so stark, daß ich gerne mit ihm schlafen möchte. Was meinen Sie dazu?« – In einem längeren Gespräch vermittelte die Seelsorgerin ihr, daß sie eher davon abraten würde. Die Patientin war offensichtlich unglücklich und ging schmollend heim. Am Freitagabend um 9 Uhr rief ein Mann bei der Seelsorgerin privat an und stellte sich als der neue Freund von Frau S. vor: »Meine Freundin hat mich gebeten, Sie anzurufen. Sie hat sich eben die Handgelenke aufgeschnitten. Sie sagt, Sie seien schuld, daß es ihr so schlecht geht. Unser gemeinsames Wochenende ist im Eimer! Was soll ich jetzt machen?« Nach kurzem Hin und Her tat die Seelsorgerin das einzig Richtige und riet dem Mann: »Bringen Sie sie in die Notfallstation, damit die Wunden genäht werden können!« – Am nächsten Montag kam die Patientin strahlend in die Sprechstunde des Arztes, immer noch mit einem kleinen Verband am linken Handgelenk. Als er sie nach dem Grund ihrer Freude fragte, antwortete sie: »Ich hatte ein wunderbares Wochenende mit meinem neuen Freund! Er hat sich so lieb um mich gekümmert...«

Noch eine zweite Situation: Nur einen Tag nach der letzten Konsultation schreibt Frau S. ihrem Arzt eine Karte, die ganz als ein appellativer Abschiedsbrief aufzufassen ist. Da finden sich Sätze wie: »Mein Leben hat keinen Sinn mehr. Ich brauche Hilfe, aber Sie wollen doch nur Ihr ruhiges Wochenende mit Ihrer Familie! – Ich bin für alle nur eine Belastung, auch für Sie.« Der Arzt ist im Dilemma: Jetzt hatte er sie erst am Mittwoch gesehen und ihr am Montag wieder einen Termin angeboten. Er fragt sich: »Soll ich einen Notfalleinsatz machen? Bin ich schuld, wenn sie sich das Leben nimmt?« Immer wieder liest er den Text durch, der in seiner schreienden Not eigentümlich mit dem Bild auf der Vorderseite kontrastiert: Die von der Patientin selbstgemalte Karte zeigt eine sanfte, saftig grüne hügelige Landschaft. Schließlich wird er durch die friedliche Botschaft dieses Bildes etwas ruhiger und wartet ab, wenn auch mit unterschwelligen Schuldgefühlen.

Am Freitagnachmittag, kurz vor Arbeitsschluß und einem freien Wochenende mit der Familie, erfolgt ein Anruf, und Frau S. meldet sich mit schleppend-monotoner Stimme: »Heute ist ein schrecklicher Tag. Am Morgen wollte ich noch sterben. Dann ging ich doch arbeiten. Im Moment geht es mir gerade gut. Aber vor dem Wochenende habe ich einen Horror: Jetzt weiß ich wieder nicht mehr, was tun: durch die Straßen irren oder vielleicht schlafen gehen. Ich weiß noch nicht, ob ich Sie am Montag wiedersehen werde.« Der Arzt wird erneut in Alarm versetzt. »Soll ich sie sofort aufsuchen? Sie zwangsweise in die psychiatrische Klinik einweisen? Doch dann wird sie mir ewig Vorwürfe machen. Mehr noch: Sie wird dort (wie schon früher) alles verharmlosen und so darstellen, als ob sie nur eine kleine Krise hatte. Und ich bin der trottelige Arzt, der die Spannung nicht ausgehalten hat.« Wie oft hat sie ihm schon vorgeworfen: »Statt mir ein Gespräch anzubieten, wollen Sie mich einfach in der Psychiatrie versenken!«

Schließlich ringt er sich nach längerem innerem Kampf dazu durch, nichts zu unternehmen. Er versucht, die Sache bewußt bei Gott abzulegen, nicht als billiges Abschieben der Verantwortung, sondern als tiefe Gewißheit, daß er seine Hand auch in dieser Krise über diese Frau halten werde. »Gott befohlen!« – Diesen Satz sagt er sich immer wieder, und doch: es bleibt eine innere Spannung, ja auch Wut auf die Patientin: »Sie bringt es fertig, daß ich mich täglich mit ihr beschäftigen muß. Sie stört mein freies Wochenende, mein Familienleben. Wie kann ich damit umgehen?«

Nicht immer verläuft die Begleitung von Borderline-Patienten so dramatisch, und doch kennen alle, die in Seelsorge und Therapie stehen, Menschen, die solche Verhaltens- und Erlebnismuster zeigen. Sie sind in der Regel nicht so krank, daß man sie in eine Klinik einweisen müßte, und doch lösen sie enorme Spannungen aus, die den Umgang mit ihnen sehr erschweren.

Borderline-Persönlichkeiten kommen nicht nur selbst an ihre Grenzen, sie führen auch Seelsorger, Therapeuten, Betreuer und Angehörige an ihre Grenzen. Sie befinden sich nicht nur selbst auf einer Achterbahn der Gefühle, sondern sie lösen auch beim Therapeuten eine breite Palette von Gefühlen aus:
- abgrundtiefe Erschütterung über ihre schweren Lebensschicksale und kaum zu verhehlende Wut über ihre ständigen »Störaktionen«;
- warmes Mitgefühl und Angst vor der immer stärker werdenden Anklammerung;
- Beschützerinstinkte und Angst, ausgelaugt zu werden;
- eine erotisierende Faszination und Abwehr gegen allzu große Nähe;
- Bereitschaft zum Engagement und wiederholte Enttäuschungen durch maßlose Forderungen;
- Erfolgserlebnisse durch plötzliche Besserungen und hilflose Erschöpfung bei einem erneuten Rückfall.

Erfahrene therapeutische Teams in Kliniken und Wohngemeinschaften sind sich bewußt, daß diese Muster der emotionalen Instabilität die Atmosphäre in einer Abteilung oder einer Wohngruppe stark anspannen können. Oft erträgt man nicht mehr als drei solcher Personen in einer Gruppe von zwölf, und auch dann nur, wenn ein tragfähiges Therapeutenteam vorhanden ist.

Wie schwer ist es dann erst für Ehepartner, Eltern und Kinder, die mit einem Menschen leben, der an Borderlinezügen leidet! Sie können sich nicht nach acht Stunden therapeutischer Betreuung ins Privatleben zurückziehen und wie professionelle Betreuer ihre freien Tage nehmen. Nicht selten kommt der therapeutische Seelsorger oder der Pfarrer in die Situation, Angehörige zu beraten, die nicht mehr weiter wissen. Auch das System Gemeinde[3] kann in der Betreuung solcher Personen an seine Grenzen kommen. Wie kann man Men-

---

[3] Der Begriff Gemeinde wird hier als Sammelbegriff für die verschiedensten kirchlichen Gemeinschaftsstrukturen genommen, wie z.B. Hauskreis, Bibelkreis, Gebetskreis oder Pfarrgemeinde.

schen mit Borderlinezügen ernstnehmen, ohne daß sie zum Zentrum der Aufmerksamkeit werden? Wie kann man ihnen Grenzen setzen, ohne sie auszugrenzen? Wie kann man sie auch auf dem Hintergrund des Glaubens ernstnehmen, ihre Instabilität verstehen, ohne sie zu verurteilen und abzustempeln? Oft tragen die Betroffenen selbst die Not an christliche Betreuer heran, daß sie anders sein wollen, aber dann doch keine Kraft haben, sich reif und stabil in Beziehungen einzubringen. Wovon werden sie denn bestimmt? Von ihrer Vergangenheit, von ihren seelischen Verletzungen, von ihren »Wünschen und Begierden« oder gar von destruktiven Kräften außerhalb ihres Einflusses? Wie soll man sie beraten, wie ihre Störungen erklären?

Es ist das Ziel dieses Buches, den Leserinnen und Lesern zu helfen, das Erleben und »Funktionieren« von Borderline-Persönlichkeiten besser zu verstehen. Dabei geht es nicht nur um das äußerlich schwierige Verhalten und Agieren, sondern auch um eine Erhellung der Hintergründe dieses Verhaltens, um ein Mitleiden (nicht Mitleid) mit den Betroffenen, um Einfühlung ohne Verschlungenwerden, um Verständnis ohne konturlose und desillusionierte Beratung. Das Buch soll ihnen helfen, die Schwachheiten der Betroffenen zu tragen, ohne die Destruktivität ihres Verhaltens widerspruchslos hinzunehmen. Und es soll Hoffnung geben, auch in den Zeiten, wo die Begleitung schwierig erscheint.

Kapitel 2

Borderline-Störungen – eine Begriffsbestimmung

Borderline-Störungen sind nicht neu. Die Psychotherapeuten unserer Zeit haben lediglich einen neuen Namen für die massive seelische Instabilität eines Menschen geschaffen. Dramatische »Borderliner« hat es in der Geschichte wohl immer gegeben:
- Opern-Divas und launische Prinzessinnen;
- Flagellanten und Stigmatisierte[1];
- Sogenannte Hexen, Seherinnen und Besessene;
- Hysterikerinnen und Hypnotisierte im Paris der Jahrhundertwende.

Es wäre ein Irrtum zu meinen, diese Frauen und Männer hätten nur versucht, Aufmerksamkeit auf sich zu ziehen. Während launische Prinzessinnen ein verwöhntes Leben im Prunk führten, waren sie eben doch nur Puppen im großen Theater eines Königshofs, in dem es keine persönliche Freiheit gab. Andere flüchteten vor den unsäglichen Verletzungen und Konflikten ihrer Kindheit in die Einsamkeit oder in die Askese, die weit hinausging über den Wunsch, Gott zu dienen. Wer durch die Pest alles verloren hatte, wer beinahe irrwitzig wurde am Grabe seiner Lieben, dem gab die öffentliche Zurschaustellung seiner Schmerzen durch blutende Geißelstriemen vielleicht noch eine letzte Lebensaufgabe. Manche dieser emotional sensiblen und instabilen Menschen haben ihren »sechsten Sinn« in einer manipulativen und geschäftsorientierten Weise eingesetzt, der sie zu Wahrsagerinnen werden ließ.[2] Diese Phänomene an der

---

[1] Flagellanten: eine Gruppe von Menschen, die sich selbst geißelten, um damit die Sünden ihres Volkes zu sühnen und z.B. die Pest abzuwenden. Stigmatisierte: Menschen, die aus Wunden an Händen und Füßen bluten und damit an die Leiden des Gekreuzigten erinnern.
[2] Als Beispiel sei die »Seherin von Prevost« genannt, die im letzten Jahrhundert

Grenzlinie zum Okkulten sollen in einem späteren Kapitel noch besprochen werden. Im 19. Jahrhundert weckten hysterische Frauen die Aufmerksamkeit der Wissenschaft und wurden zu vielbeachteten Demonstrationsobjekten von Ärzten und Hypnotiseuren.[3] Eines war all diesen Menschen gemeinsam: Sie waren in ihrem auffälligen Verhalten immer auch Leidende, zutiefst unerfüllte, deprimierte und oft auch von der Gesellschaft ausgeschlossene Menschen, die mit dem Leben nicht mehr zurechtkamen.

Modebegriff oder echtes Leiden?

Der Begriff der Borderline-Störungen ist nicht unumstritten.[4] Kritiker wenden ein, es handle sich um einen modischen Jargon-Begriff, der nicht ausreichend scharf von anderen Zustandsbildern abzugrenzen sei. So wie die Hysterie die klassische Neurose zur Zeit Sigmund Freuds gewesen sei, so sei Borderline das typische Problem unserer Zeit. Darin steckt sicher viel Wahrheit, zumal die schillernden Zustandsbilder hysterischer Patienten denen von heutigen Borderline-Persönlichkeiten sehr ähnlich sind. Warum verwenden wir dann hier den Begriff »Borderline«? Ganz einfach: Es geht nicht in erster Linie um den Namen, sondern um die Zustandsbilder, die damit umschrieben werden. Wir streiten nicht um Etiketten, sondern versuchen eine Verständnishilfe zu geben, instabile Persönlichkeiten besser zu verstehen und sie therapeutisch und seelsorgerlich zu begleiten. Mehr noch, der Begriff hat sich mittlerweile derart eingebürgert, daß er seinen festen Platz in den international gebräuchlichen diagnostischen

---

Aufsehen erregte. Es könnte aber auch sein, daß die junge Frau, die Paulus in Philippi nachlief (Apg 16,16 ff.), eine vielfältig mißbrauchte und abhängige Person war, die auf dem Hintergrund ihrer Verwundungen das Fenster zur jenseitigen Welt etwas aufstoßen konnte und prompt wieder ausgenutzt wurde.
[3] Vgl. Shorter 1994, S. 285–340.
[4] Saß und Koehler 1983

Handbüchern[5] gefunden hat. Ein Blick in die Geschichte seiner Entstehung führt hinein in die heutige Sicht dieser Störungen.

Die Geschichte des Borderline-Begriffs

Instabile Persönlichkeiten waren immer eine Herausforderung für die helfenden Berufe. Sigmund Freud sah die Ursachen schwerer Neurosen in dem Konflikt zwischen primitiven, unbewußten Impulsen und den Bemühungen des Bewußtseins, diese verabscheuungswürdigen, unannehmbaren Gedanken ins Bewußtsein eindringen zu lassen. Man geht davon aus, daß manche seiner Fallgeschichten wie z.B. der Rattenmann oder Anna O. eigentlich Borderline-Patienten waren. Der Begriff »Borderline« wurde zum ersten Mal 1938 von Adolph Stern geprägt, um eine Gruppe von Patienten zu beschreiben, die nicht in die diagnostischen Kategorien der klassischen Neurosen und der primären Psychosen zu passen schienen. Diese Patienten waren zwar offenbar kränker als andere neurotische Patienten, aber dennoch zeigten sie keine verzerrte, wahnhafte Deutung der Umwelt wie etwa schizophrene Menschen. Obwohl sie wie neurotische Menschen unter einer großen Auswahl von Angstsymptomen litten, fehlte es ihnen an der bei andern neurotischen Patienten beobachteten relativen Stabilität. Im Gegensatz zu Borderline-Patienten zeigen »durchschnittlich neurotische« Menschen meist ein solideres, beständigeres Identitätsgefühl, und sie wenden reifere Bewältigungs- und Abwehrmechanismen an, um mit ihren Konflikten umzugehen.

Die Grenzlinie zeigte sich in drei Bereichen:
- *Vordergründig leichter neurotische Patienten,* die zuerst nur wenig neurotische Symptome und ein paar Lebensprobleme zu haben schienen, dann aber in der Therapie rasch schwere Symptome wie akute Suizidalität, selbstschädigendes Verhalten oder ausgeprägte Identitätsstörungen entwickelten.
- *Vordergründig psychotische Patienten,* die zwar mit deutlichen wahnhaften Symptomen, Schlaflosigkeit, Ängsten oder bizarrem

---

[5] DSM-IV, ICD-10

Verhalten in die Klinik kamen, sich dann (entgegen dem klassichen Verlauf schizophrener Störungen) aber erstaunlich rasch erholten und dann eher ein Muster von Instabilität und neurotischen Symptomen zeigten. Hier wurde manchmal der Begriff der »pseudoneurotischen Schizophrenie« verwendet.[6]
– *Vordergründig depressive Patienten,* die aber im Gegensatz zur tiefen Traurigkeit und Apathie des durchschnittlich Depressiven rasche Stimmungsschwankungen, einschießende Suizidalität und ausgeprägt wechselhafte Beziehungsmuster zeigten, die Angehörige und Betreuer in Atem hielten.

Alle drei beschriebenen Verläufe passen also nicht ins herkömmliche Bild dieser Störungen und machten es nötig, eine neue gemeinsame Beschreibung zu suchen. In der Literatur setzte sich zunehmend der Begriff »Borderline« durch.

1968 beschrieb Grinker[7] vier Untertypen des Borderline-Syndroms:
– eine schwer leidende Gruppe, die an der Grenze zur Psychose lag;
– eine »Kern-Borderline«-Gruppe, mit stürmischen zwischenmenschlichen Beziehungen, intensiven Gemütszuständen und einem Gefühl chronischer Leere;
– eine »Als-ob«-Gruppe, die sich leicht von andern beeinflussen ließ, und der es an einer stabilen Identität fehlte;
– eine leicht beeinträchtigte Gruppe mit geringem Selbstvertrauen, die an das neurotische Ende des Spektrums grenzte.

Im Jahre 1980 wurde die Diagnose in die amerikanische Klassifikation psychischer Störungen (DSM-III) übernommen[8] und erhielt damit die breite Anerkennung der Fachwelt. Der Psychoanalytiker Otto Kernberg[9] stellt die Borderline-Persönlichkeit genau zwischen neurotische und psychotische Persönlichkeitsorganisation. Ein Patient mit einer Borderline-Persönlichkeitsstörung ist zwar weniger

---

[6] Eine neuere Arbeit zum Thema Borderline-Störung und Schizophrenie stammt von Steinert und Schmidt-Michel 1995.
[7] Grinker et al. 1968
[8] Grundlage waren die Arbeiten von Gunderson und Singer 1975 und Kernberg 1975/83.
[9] Kernberg 1975/83

beeinträchtigt als ein Psychotiker, bei dem die Wahrnehmung der Realität stark verzerrt ist, so daß eine normale Funktion unmöglich gemacht wird. Andererseits ist ein Mensch mit einer Borderline-Störung stärker behindert als ein Mensch mit einer neurotischen Persönlichkeit, dessen Ängste sich als Resultat emotionaler Konflikte deuten lassen. Die Identitätswahrnehmung des neurotischen Menschen und seine Bewältigungs- und Abwehrmechanismen sind meist anpassungsfähiger als die des Borderline-Patienten. Borderline-Patienten zeigen zudem oft eine Vielfalt an zusätzlichen Persönlichkeitsstörungen (paranoide, schizoide, narzißtische, histrionische[10], antisoziale, zwanghafte oder phobische Züge sowie sexuelle Störungen und dissoziative Reaktionen), die sehr wechselhaft ausgeprägt sein können. Die ständig wechselnde Befindlichkeit von Borderline-Patienten wurde mit einem Kaleidoskop verglichen, das bei jeder noch so kleinen Drehung immer neue Farb- und Kristallmuster vor dem staunenden Betrachter erstehen läßt.

Wechselhaft, unreif, frustriert

Für Kernberg waren folgende Eigenschaften wichtig:
- ein brüchiger und wechselnder Wirklichkeitsbezug;
- Schwierigkeiten im Umgang mit Frustrationen und Enttäuschungen;
- unreifes Denken[11];
- unreife Abwehrmechanismen;
- verzerrte Selbstauffassung;
- verzerrte Auffassung von anderen.

Wechselnder Wirklichkeitsbezug: Die meiste Zeit über haben Borderline-Patienten einen angepaßten Bezug zur Wirklichkeit. Unter Streß kann der Betroffene jedoch kurzzeitig in eine psychotische Verzerrung der Realitätswahrnehmung geraten. Borderline-Persönlichkeiten haben große Schwierigkeiten, Frustrationen und

---

[10] Der Begriff »histrionisch« hat in der neueren Diagnostik den Begriff »hysterisch« ersetzt.
[11] Von Kernberg auch als »primitiv« bezeichnet.

Enttäuschungen zu ertragen und mit Angst zurechtzukommen. Impulsives Verhalten ist der Versuch, diese Spannung abzubauen. Die Betroffenen haben Schwierigkeiten mit der Sublimation. Sie sind also nicht in der Lage, Frustrationen und Unbehagen auf sozial angepaßte Art zu kanalisieren. Oft zeigen sie starke Wechsel in den Gefühlen. Eine Borderline-Persönlichkeit kann sich so verhalten, als ob sie einen dramatischen Ausbruch, der Augenblicke vorher stattgefunden hat, völlig vergessen hat, ähnlich wie ein Kind, das nach einem Trotzanfall plötzlich wieder lacht. Diese Ähnlichkeit mit dem impulsiven Verhalten von Kindern ist auch der Grund für die Bezeichnung »unreif« oder »infantil« für solches Verhalten.

Unreifes Denken: Obwohl Borderline-Menschen vordergründig an einem strukturierten Arbeitsplatz ihre Aufgaben gut erfüllen können, bestehen unter der Oberfläche schwere Selbstzweifel, Ängste und Argwohn weiter fort. Dieses Denken wird auch als »primitiv« bezeichnet, weil es dem angstbeherrschten Denken bei Kindern oder bei animistischen Urstammvölkern ähnlich ist. Jeder Umstand, der die schützende Struktur des Betroffenen durchbricht (Streß, Kritik, Frustration), kann eine Flut chaotischer Gefühlsregungen, die im Innern versteckt sind, freisetzen. Die Ängste lassen sich mit den überwältigenden Ängsten des Kleinkindes vergleichen, das sich von seiner Mutter entfernt.[12] So wird das Borderline-Syndrom als auch ein mißlungener Autonomie-Abhängigkeits-Konflikt bezeichnet.

»Primitive« Abwehrmechanismen

Unter Abwehrmechanismen versteht man heute ganz allgemein den Umgang eines Menschen mit schwierigen Situationen oder Gefühlserfahrungen. Dabei unterscheidet man unreife (neurotische) Abwehrmechanismen und reife Abwehrformen, die auch als Bewältigungsmechanismen bezeichnet werden. Psychisch gesunde Menschen gehen mit Konflikten realitätsgerecht (reif) um.

Borderline-Patienten hingegen nehmen die Welt in Extremen

---

[12] Vgl. die Entwicklungspsychologie von M. Mahler (1975/1992).

wahr. Die Menschen um sie herum sind entweder gut oder böse, freundlich oder feindlich, geliebt oder gehaßt. Zwischentöne gibt es nicht, weil diese zuviel Unsicherheit auslösen würden. Diese Spaltung führt oft zu magischem Denken: Aberglaube, Phobien, Zwangsgedanken (Obsessionen) oder zwanghaftes Verhalten werden wie ein Zaubermittel eingesetzt, um unbewußte Ängste abzuwehren. Daraus entstehen die sogenannten sekundären Abwehrmechanismen:

Primitive Idealisierung: Ein Mensch (oder »Objekt«) wird einseitig als »gut« und »lieb« ohne Wenn und Aber erlebt. Die Binsenwahrheit, daß jeder Mensch auch Fehler haben kann, wird völlig verdrängt, so wie ein Kind seine Welt nur in Gut und Böse ohne Zwischentöne einteilt.

Eine Patientin lernt einen neuen Seelsorger kennen und fühlt sich von ihm ernstgenommen. Sie schwärmt: »Er ist der verständnisvollste Mensch, den ich je kennengelernt habe. Und er blickt durch! Er hat wirklich den Geist Gottes! Mit seiner Hilfe werde ich alle meine Probleme überwinden!«

Abwertung: Das Gegenteil von Idealisierung, die unerbittlich negative Sichtweise eines Menschen. Damit vermeidet die Borderline-Persönlichkeit Schuldgefühle wegen ihres Zorns – der »böse« Mensch verdient ihn ja voll und ganz.

Ein Beispiel: Nachdem ein Seelsorger durch äußere Umstände gezwungen war, einer Patientin zu empfehlen, sich nach drei Jahren intensiver Betreuung eine andere Begleitung zu suchen, verwandelte sich ihr früheres Vertrauen in abgrundtiefen Haß. Sie redete überall negativ über ihn und drohte ihm sogar einen Prozeß um Schmerzensgeld an, weil er ihr durch die Beendigung der Begleitung seelischen Schmerz zugefügt habe.

Omnipotenz: Das Gefühl von grenzenloser Macht. Der Betroffene meint (zumindest in gewissen Momenten unrealistischer Selbstüberschätzung) allen anderen überlegen zu sein, alles schaffen und nicht versagen zu können. Man spricht bei dieser Eigenschaft auch von Narzißmus, dem Fachbegriff für eine allzu starke Bezogenheit auf sich selbst. Oft fehlt es in diesen Momenten der Selbstüberschätzung auch an der nötigen Selbstkritik, an den nötigen »sozialen Antennen« für die Reaktionen der anderen. – Ein junger Mann mit einer Borderline-Störung meinte z.B., er sei für Frauen unwiderstehlich und drängte sich einer jungen Frau regelrecht auf. Sie fühlte sich zuerst geschmeichelt, mußte sich dann aber zunehmend abgrenzen. Dies führte bei ihm wieder zu einer depressiven Reaktion, in der er versuchte, sich das Leben zu nehmen.

Projektion: Bestimmte Züge werden als inakzeptabel für das eigene Ich verleugnet und anderen zugeschrieben.

»Mein Mann ist oft so gereizt und zornig!« klagt eine Frau. Erst mit der Zeit wird klar, daß sie selbst intensive Aggressionen in sich hat, die sich manchmal sehr heftig entladen. Ihre eigenen Zornesausbrüche verharmlost sie und hat immer gute Gründe dafür, daß sie »etwas ungehalten« sei.

Projizierende Identifikation: Diese Form des Umgangs mit Konflikten ist wohl am schwersten zu verstehen. Da wird die Beziehung zu einer Person fortgesetzt, die eigentlich alle negativen Eigenschaften hat, die man ablehnt. Der Vorteil: Der andere »trägt« diese unangenehmen Eigenschaften für den Projizierenden, der wiederum daran arbeitet, sie weiter fortbestehen zu lassen (»Ich hasse dich – verlaß mich nicht!«). Ein Mann mit Borderlinezügen erlebt seine Frau als zornig, aber er provoziert immer wieder Situationen, die den Zorn seiner Frau herausfordern. Damit bestätigt sich seine negative Bewertung der Frau, ohne daß er sich selbst seinen eigenen Zorn eingesteht.

Mangel an Identität

Schließlich beschrieb Kernberg zwei weitere Eigenschaften, die einer Borderline-Persönlichkeit das Leben schwer machen: eine verzerrte Selbstwahrnehmung und eine pathologische Auffassung von anderen. Kernberg beschreibt eine »Identitätsdiffusion«: Es fehlt die Gewißheit: »Das bin ich – mit meinen Eigenschaften, meinen Gaben, meinem Körper.« Analytisch gesprochen fehlt ein Kernidentitätsgefühl. Die Persönlichkeit habe die Konsistenz von Wakkelpudding: dieser kann in jede beliebige Form gebracht werden, aber er rinnt durch die Finger, wenn man versucht, ihn festzuhalten. Dieses *Fehlen von Substanz* führt zu Identitätsstörungen und höchst wechselhaften Reaktionen im Umgang mit anderen Menschen.

Pathologische Auffassung von anderen: Wer selbst keine innere Stabilität hat, erlebt auch die Beziehung zu anderen als sehr unsicher und angsterzeugend. So wie die eigene Selbstachtung von den aktuellen Umständen abhängt, so stützt sich die Borderline-Persönlichkeit auch in ihrer Haltung gegenüber anderen auf die letzte Begegnung und nicht auf eine stabilere und anhaltendere Wahrnehmung, die in einer beständigen, zusammenhängenden Serie von Erfahrungen begründet ist. Wie ein Kind, das nicht mehr sicher ist, ob seine Mutter da ist, wenn es sie nicht sieht, haben auch Borderline-Menschen Mühe bei der Abwesenheit einer für sie wichtigen Person. Ist eine Trennung dennoch nötig, so brauchen sie ein sogenanntes »Übergangsobjekt«, ähnlich einem Kind, das eine Schmusedecke, eine Puppe oder einen Teddybär braucht, um einzuschlafen. Es werden Bilder, Kleidungsstücke und andere persönliche Objekte mitgenommen, um beruhigende Erinnerungen an zu Hause oder einen lieben Menschen zu haben.[13] Kuscheltiere begleiten sie ins Bett, Fotos der Familie werden sorgfältig im Zimmer verteilt. Trennung oder drohende Trennung von einem geliebten Menschen löst bei den Betroffenen quälende Angst aus. Um dem panikartigen Gefühl von Verlassenwerden und Einsamkeit zu entgehen, versuchen die Betroffenen verzweifelt, sich anzuklammern – sie rufen an, schreiben Briefe und setzen viele Mittel ein, um den Kontakt aufrechtzuerhalten.

Vier Begriffe

Wenn man von Borderline spricht, so trifft man auf vier verschiedene Begriffe:

---

[13] Oft geben Therapeuten während ihres Urlaubs ihren Patienten einen Gegenstand mit, der sie an die Beziehung erinnert und ihnen zusichert, daß sie bald wieder mit dieser Person Kontakt haben können (z.B. ein Buch, eine Pflanze zum Gießen).

Die *Borderline-Struktur* (Borderline Personality Organization) umschreibt die oben genannten pathologischen Eigenschaften einer Persönlichkeit, die sich durch ihr ganzes Dasein ziehen.

Das *Borderline-Syndrom* kann als Oberbegriff für alle Borderline-Störungen aufgefaßt werden, bei denen die Symptome sich konkret beobachten lassen. Es bezeichnet das Zusammentreffen von verschiedenen Symptomen wie Impulsivität, selbstschädigendes oder manipulatives Verhalten, ohne daß eine Aussage über eine tiefere durchgehende (»ich-strukturelle«) Störung oder ein episodisches Auftreten gemacht wird.

Borderline-Zustände (»Borderline States«) stellen eine kurzfristige Entgleisung von ansonsten gut strukturierten Patienten dar, die in charakteristischen Situationen einer besonderen Nähe zum innerpsychischen »traumatischen Bereich« auftritt. Dazu ein Beispiel:

Eine junge Frau sitzt im Zug, als ein offensichtlich alkoholisierter Mann durch den Gang torkelt. Irgend etwas an seinem Gesicht weckt eine Erinnerung, die sie längst vergraben hat: diese Alkoholfahne, die Bartstoppeln, die buschigen Augenbrauen... Vor ihr taucht schemenhaft ein Erlebnis im Keller auf: Als kleines Mädchen wurde sie von einem Nachbarn sexuell mißbraucht. Sie kann nicht mehr abgrenzen: Ich bin jetzt erwachsen und kann mich wehren, ich sitze hier im sicheren Zug, und andere sind um mich herum. Nein, sie fühlt das lähmende Gefühl der Angst, des Ausgeliefertseins. An der nächsten Station stürzt sie hinaus an die frische Luft und findet sich erst zwei Stunden später wieder – in der Notfallstation des Krankenhauses einer Stadt, die doch gar nicht ihr Ziel gewesen war.

Das Gesicht des Mannes hatte den »traumatischen Bereich« aktiviert und tiefsitzende Erinnerungen wie einen Vulkan zur Eruption gebracht. Ihr Verstand war wie von Lava verschüttet worden; Todesangst und Identitätsverlust folgten.

Der vierte Begriff wurde im Rahmen der Diagnostik nach DSM[14] geschaffen: die *Borderline-Persönlichkeitsstörung*. Anhand der neun Kriterien läßt sich bei den Betroffenen eine Persönlichkeits-

---

[14] Diagnostisches und Statistisches Manual psychischer Störungen, deutsche Fassung: DSM-IV, 1996.

störung beschreiben, die von anderen Störungen klar abgrenzbar und zeitlich überdauernd ist, indem sie ein immer wieder auftretendes Muster darstellt.

Neun Kriterien der Borderline-Persönlichkeitsstörung nach DSM-IV

Menschen mit einer Borderline-Persönlichkeitsstörung zeigen ein durchgängiges Muster von
- Instabilität der zwischenmenschlichen Beziehungen,
- Instabilität des Selbstbildes,
- Instabilität im Bereich der Stimmung,
- ausgeprägter Impulsivität mit Beginn in der frühen Erwachsenenzeit.

Dabei sollten mindestens fünf der folgenden Kriterien erfüllt sein:
1. verzweifeltes Bemühen, ein reales Alleinsein oder nur schon die Vorstellung des Alleinseins zu verhindern;
2. ein Muster von instabilen, aber intensiven zwischenmenschlichen Beziehungen, das sich durch einen Wechsel zwischen den beiden Extremen der Überidealisierung und Abwertung auszeichnet;
3. ausgeprägte und andauernde Identitätsstörung, die sich in Form von Unsicherheit in mindestens zwei der folgenden Lebensbereiche manifestiert:
   - Selbstbild,
   - sexuelle Orientierung,
   - langfristige Ziele oder Berufswünsche,
   - Art der Freunde oder Partner,
   - persönliche Wertvorstellungen;
4. Impulsivität bei mindestens zwei möglicherweise selbstschädigenden Aktivitäten, z.B. Geldausgeben, Sexualität, Substanzmißbrauch, risikoreiches Autofahren oder Freßanfälle;
5. wiederholte Suiziddrohungen, -andeutungen oder -versuche oder andere selbstverletzende Verhaltensweisen;
6. Instabilität im Gefühlsbereich, z.B. ausgeprägte Stimmungs-

änderungen von der Grundstimmung zu Depression, Reizbarkeit oder Angst, wobei diese Zustände gewöhnlich einige Stunden oder in seltenen Fällen, länger als einige Tage andauern;
7. chronisches Gefühl der Leere oder Langeweile;
8. unangemessene starke Wut oder Unfähigkeit, die Wut zu kontrollieren, z.B. häufige Wutausbrüche, andauernde Wut oder Prügeleien;
9. Vorübergehende, durch Streß ausgelöste paranoide Gedankengänge oder dissoziative Symptome.

Begleitende Probleme

Etwa zwei Prozent der Bevölkerung leiden an einer Borderline-Persönlichkeitsstörung. Unter den Patienten, die ambulant behandelt werden, sind es etwa zehn Prozent. Dabei kommen sie nicht nur mit Depressionen und Angststörungen, sondern häufig auch mit Selbstverletzungen, von denen später noch geredet werden muß (vgl. S. 40 ff.). Der Anteil von Borderline-Patienten unter denjenigen Patienten, die in stationäre psychiatrische Behandlung kommen, wird auf etwa zwanzig Prozent geschätzt. Häufig ist es ein Suizidversuch, der zur Einweisung in eine Klinik führt.

Borderline-Persönlichkeiten haben natürlich vielfältige Begleitprobleme. Im DSM werden sie etwa wie folgt beschrieben: Menschen mit einer Borderline-Störung zeigen ein Muster, sich selbst zu unterminieren, oft gerade in dem Moment, wo sie ein Ziel erreichen würden (z.B. Schulversagen gerade vor dem Abschluß; schwerer innerer Rückzug in dem Moment, wo ein Therapeut endlich aufatmet und der Person mitteilt, wie gut die Therapie läuft; Zerstörung einer Beziehung in dem Moment, wo diese zu einer bleibenden Beziehung werden könnte). Manche Betroffenen entwickeln psychose-nahe Symptome (z.B. Halluzinationen, Verzerrung des Körpergefühls, Beziehungsideen und hypnose-ähnliche Phänomene) unter Streß. Sie fühlen sich mit »Übergangsobjekten« (z.B. einem Tier oder einem materiellen Besitz) sicherer als in einer echten zwischenmenschlichen Beziehung. Bei Depressionen und Drogenproblemen ist die Suizidhäufigkeit erhöht. Körperliche Behinderungen können das Resultat von Selbstverletzungen oder Suizidversuchen sein. Wiederholter Stellenverlust, Unterbrüche in der Ausbildung und zerbrochene Ehen sind häufig. Körperlicher und sexueller Mißbrauch finden sich häufig in der Vorgeschichte von Personen mit einem Borderline-Syndrom. Dazu können Depressionen, Substanzabhängigkeit, Eßstörungen (besonders Bulimie), Posttraumatische Belastungsstörung und Hyperaktivität mit Aufmerksamkeitsstörung (POS[15]) kommen.

Der *Verlauf* einer Borderline-Störung gestaltet sich sehr unterschiedlich. Häufigstes Muster ist eine chronische Instabilität im frühen Erwachsenenalter mit Episoden, in denen es den Betroffenen nicht gelingt, ihre Stimmung und ihre Impulse zu kontrollieren. Die Behinderung durch die Störung sowie das Suizidrisiko sind in der Jugend am größten und lassen mit zunehmendem Alter allmählich nach. Ein Großteil der Menschen mit dieser Störung erreicht im Alter von etwa 30 bis 40 Jahren eine größere Stabilität in ihren Beziehungen und Lebensaufgaben.

Unterscheidung von anderen Störungen

Oft ist es in der Psychiatrie nicht einfach, eine klare Diagnose zu stellen. Gerade die Borderline-Störung ist so schillernd, daß sie in ein und derselben Person auf ganz unterschiedliche Weise zum Ausdruck kommen kann. Abbildung 1 zeigt die Überlappungen der Borderline-Störung mit anderen psychiatrischen Zustandsbildern und Persönlichkeitsstörungen.

Die Berührungspunkte zu Depression, Angst und Psychose wurden schon dargestellt. Dazu kommen verschiedene Persönlichkeitsstörungen, die ähnliche Eigenschaften zeigen können, wie sie bei Borderline-Störungen auftreten können. Hier sind einige Unterscheidungsmerkmale:

---

[15] POS = Psycho-Organisches Syndrom, auch Minimal Brain Dysfunction genannt. Heute wird diese Störung als »Hyperaktivität mit Aufmerksamkeitsstörung« bezeichnet.

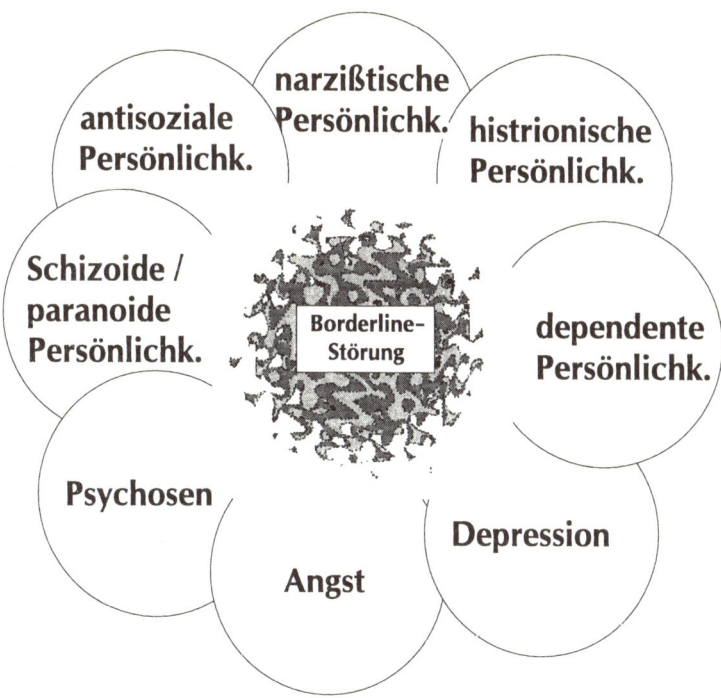

- *Histrionische Persönlichkeitsstörungen*[16]: auch hier trifft man das Verlangen nach Aufmerksamkeit, manipulatives Verhalten und rasch wechselnde Stimmungen. Borderline-Persönlichkeitsstörungen unterscheiden sich durch Selbstzerstörung, zornige Ausbrüche in nahen Beziehungen und chronischen Gefühlen von tiefer Leere und Einsamkeit.
- *Schizotype und paranoide Persönlichkeitsstörungen* zeigen auch paranoide Ideen und schwer nachvollziehbare Illusionen. Bei Borderline-Persönlichkeitsstörungen gehen diese rasch vorbei und sind stärker von aktuellen Beziehungen abhängig.

---

[16] Eine ausführliche Beschreibung der hysterischen bzw. histrionischen Persönlichkeitsstörung findet sich bei Sigmund 1994, sowie im Wörterbuch Psychologie und Seelsorge, hrsg. von Dieterich 1996.

- *Narzißtische Persönlichkeitsstörungen:* Auch hier kommt es zu rascher Kränkbarkeit durch kleine Auslöser, aber es fehlt die tiefe Angst vor dem Verlassenwerden, außerdem die Selbstaggression und Impulsivität.
- *Antisoziale Persönlichkeitsstörungen* zeigen ebenfalls manipulatives Verhalten. Im Gegensatz zu Borderline-Patienten manipulieren sie jedoch, um Gewinn, Macht oder anderen materiellen Besitz zu erreichen. Borderline-Betroffene suchen eher die Aufmerksamkeit einer fürsorglichen Person.
- *Abhängige (dependente) Persönlichkeitsstörungen:* Auch hier besteht eine Angst vor dem Verlassenwerden; Menschen mit einer Borderline-Persönlichkeitsstörung reagieren jedoch mit Gefühlen einer tiefen Leere oder Wut und mit Forderungen, während dependente Menschen mit zunehmender Beschwichtigung und Unterwerfung reagieren, um bald wieder in eine haltende Beziehung zu gelangen. Zudem fehlt das typische Muster der Instabilität von Borderline-Patienten.

Eine interessante Studie über die Unterscheidung zwischen Borderline-Störungen und anderen Persönlichkeitsstörungen stammt von der Arbeitsgruppe um den bekannten Persönlichkeits-Forscher Gunderson[17]. Sie erarbeitete eine Liste von sieben Eigenschaften, die bei Borderline-Störungen besonders ausgeprägt sind und die Diagnose dieser Störung nahelegen:

1. psychose-nahes Erleben und Denken[18];
2. Selbstverletzung;
3. manipulative Suizidversuche;
4. Gefühle des Velassenwerdens / Verschlungenwerdens / Ausgelöschtwerdens;
5. eine fordernde Grundhaltung / Anspruchshaltung;
6. ausgeprägte Entwicklung von Abhängigkeit in der Therapie;
7. Auslösung von besonderen Reaktionen beim Therapeuten und Schaffung von speziellen Therapie-Beziehungen.

---

[17] Zanarini et al. 1990
[18] Eine genauere Beschreibung psychotischen Erlebens findet sich in Kapitel 3.

Posttraumatische Belastungsstörung

Ein Zustandsbild, das manche Ähnlichkeiten mit dem Erleben von Borderline-Patienten hat, muß hier unbedingt erwähnt werden: die Posttraumatische Belastungsstörung (PTDS[19]). Beobachtet wird sie bei Menschen, die durch ein außerordentliches, psychisch sehr belastendes Erlebnis gegangen sind, z.B. bei Soldaten, die aus dem Krieg heimkehren, oder bei Menschen, die eine Katastrophe miterlebt haben. Im Unterschied zur Borderline-Störung bestand vor dem einschneidenden Erlebnis eine psychische Stabilität. Erst die Belastung führte zu den unten aufgeführten Symptomen. Hier die Kriterien für die Posttraumatische Belastungsstörung (vereinfacht nach DSM-IV):

A. Das Erlebnis liegt außerhalb der üblichen menschlichen Erfahrung und stellt eine ernsthafte Bedrohung dar.

B. Das traumatische Ereignis wird immer wieder nacherlebt – als Erinnerung, als belastender Traum oder durch plötzliches Handeln oder Fühlen, als ob das Ereignis noch einmal stattfände, oder im intensiven Leiden bei der Konfrontation mit symbolisch gehaltvollen Ereignissen (z.B. Todestag).

C. Intensives Meiden von Gedanken und Gefühlen im Zusammenhang mit dem Trauma oder von Aktivitäten und Situationen, die Erinnerungen auslösen; oder psychogene Erinnerungslücke oder vermindertes Interesse an wichtigen Aktivitäten; oder Entfremdungsgefühl, eingeschränkte Affekte; oder Gefühl einer überschatteten Zukunft.

D. Erhöhtes Erregungsniveau mit Ein- und Durchschlafstörungen, Reizbarkeit und Wutausbrüchen, Konzentrationsstörungen, Überwachsein, übertriebene Schreckreaktionen, Reaktionen bei Konfrontation mit Bestandteilen, die das Trauma symbolisieren.

E. Dauer: mindestens ein Monat.

[19] PTDS = Posttraumatic Distress Syndrome

Mißbrauch der Diagnose

Tabelle 1: *Sechs Formen des Mißbrauchs der Borderline-Diagnose (nach Reiser & Levenson)*

1. Ausdruck von Gegenübertragungs-Haß
2. Maskierung von unsorgfältigem und ungenauem diagnostischem Denken
3. Nachträgliche Begründung von Behandlungsfehlern oder Therapieversagen
4. Rechtfertigung für unprofessionelles Handeln (Ausagieren) in der therapeutischen Beziehung
5. Abwehr von sexuellen Problemen, die Patienten in ein Therapiegespräch einbringen
6. Rechtfertigung für die Unterlassung einer notwendigen medikamentösen Behandlung

---

Man würde es sich zu billig machen, wenn man das Borderline-Syndrom in unkritischer Weise auf alle Formen einer seelischen Instabilität beziehen würde. Ja, es besteht die Gefahr, jede schwer verständliche Reaktion gleich als Borderline-Störung zu bezeichnen. Damit täte man den wirklich Betroffenen unrecht: Menschen mit einer Borderline-Störung leiden schwer an ihrer Persönlichkeit. In einer Übersichtsarbeit[20] wurden sechs Formen des Mißbrauchs der Diagnose zusammengestellt (vgl. Tabelle 1). Man muß dabei in Erinnerung behalten, daß Borderline-Patienten zu den schwierigsten überhaupt gehören, weil sie durch ihre Impulsivität und ihre Schwankungen eine geordnete Gesprächstherapie erschweren und häufig Sonderwünsche an den Therapeuten herantragen, von denen sich dieser abgrenzen muß. So ist bei manchen Therapeuten der Borderline-Begriff gleichbedeutend mit »schwieriger Patient« geworden. Doch auch Menschen mit anderen Problemen können fordernd sein; mehr noch: manchmal tragen sie ihre reale Not intensiv

---

[20] Reiser und Levenson 1984

an den Therapeuten heran, und dieser ist nicht in der Lage, ihr Problem zu bewältigen. Wenn er dann einfach das Etikett »Borderline« für eine solche Person verwendet, so kann dies auch Ausdruck einer gehässigen Abwertung sein (in der Fachsprache: Gegenübertragungshaß).

Ein zweites Problem ist das unsorgfältige Denken bei vielen Psychiatern und Psychotherapeuten. Es ist eine beklagenswerte Tatsache, daß viele Ärzte und Psychologen sich nur als Gesprächspartner ihrer Ratsuchenden sehen, im übrigen eine Abneigung gegen klare Diagnostik haben und diese dann auch nicht sauber anwenden. Wenn eine Person mit einer komplexen Problematik zu ihnen kommt, greifen sie vorschnell in die Kiste der Verlegenheitsdiagnosen und zaubern den Begriff »Borderline« hervor. So kann es zu einer unsorgfältigen und ungenauen Diagnose kommen.

Eine dritte Form des Mißbrauchs besteht darin, schlecht verlaufene Therapien oder offensichtliche Fehler in einer Therapie mit der Bemerkung zu überdecken: »Sie ist eben eine Borderlinerin. Das konnte nicht gutgehen!«

Schlimmer noch wird es, wenn eine Therapeutin oder ein Therapeut sich unprofessionell verhält (sei dies eine kühle Abwehrhaltung ohne Mitgefühl oder aber erotische Avancen) und dies nicht eingestehen will (Punkt 4).

Ein weiterer Mißbrauch der Diagnose liegt vor, wenn der Therapeut nicht mit sexuellen Themen umgehen kann, die eine Person in die Besprechung einbringt. Nicht jede sexuelle Störung deutet gleich auf »Borderline« hin, wenn sie nicht eingebettet ist in das typische Muster dieser Persönlichkeitsproblematik.

Und schließlich ist noch ein letzter Punkt zu erwähnen: Viele Therapeuten unserer Zeit tun sich schwer, psychische Störungen mit Medikamenten zu behandeln, nicht zuletzt auch auf Wunsch der Patienten. Nun gibt es aber Störungen, insbesondere Psychosen, die durch eine medikamentöse Behandlung deutlich gebessert werden könnten. Wer sich hier unter Hinweis auf eine Borderline-Störung seiner Verantwortung entzieht, macht sich nicht nur unklarer Diagnostik schuldig, sondern verpaßt möglicherweise auch eine effektive Behandlung.

Diese nüchternen Beschreibungen und Abgrenzungen sind der Versuch, die immense Tragik von Borderline-Patienten in Worte und Kriterien zu fassen, die eine Eingrenzung erlauben. Doch wer die obigen Beschreibungen der neun Kriterien nach dem DSM und die Liste der möglichen Komplikationen durchliest, kann sich der Dramatik nicht entziehen, die hinter den Worten steht. Das nächste Kapitel soll deshalb etwas von dem Erleben der Betroffenen schildern, weitere Vorgehensweisen zur Diagnostik beschreiben und einen ersten Blick auf mögliche Ursachen werfen.

Kapitel 3

Wie erleben sich Borderline-Patienten?

Zu leben braucht so viel Kraft.
Manchmal,
da ist jeder Augenblick eine Qual,
und es gibt Momente,
da hab ich Angst vor mir selber.
Ich weiß selber nicht
wo ich stehe,
fühle mich nicht verstanden,
und habe auch Mühe, euch zu verstehen.   B. B.

Dieses Gedicht einer jungen Frau drückt etwas von der Last aus, die Borderline-Patienten zu tragen haben. Der amerikanische Psychiatrie-Professor J. Kroll[1] hat das Erleben dieser Menschen etwa wie folgt beschrieben: »Borderline-Patienten werden ständig von einem unaufhörlichen, sich aufdrängenden Bewußtseinsstrom vereinnahmt und gequält, der aus Erinnerungen, Flashbacks[2] und inneren Stimmen der Verurteilung besteht. Diese mischen sich mit selbstkritischen Abwertungen, selbst wenn die Patienten versuchen, einfach in der Routine des Alltags zu leben. Damit einher geht das dauernde Gefühl von Zorn, Hilflosigkeit, Ekel und dumpfer emotionaler Anspannung, die sich auch in körperlichen Beschwerden ausdrückt, in Bauch- und Unterleibsschmerzen, Atemklemmung und Kopfweh, die sich einfach nicht ignorieren lassen. Das Bewußtsein ist immer am Rand der emotionalen Überflutung, nahe daran, sich aufzuspalten in scheinbar unzusammenhängende

---

[1] Kroll, 1993, S. 102 f.
[2] Unter Flashbacks versteht man einschießende Panikgefühle, bei denen sich der Betroffene wieder genauso erlebt, wie damals in dieser Situation; häufig auch bei Drogenpatienten.

Splitter der Vergangenheit, z.T. mit fotografisch scharfer Wahrnehmung, z.T. in dumpf verschwommener Verzerrung.

Und doch ist der Borderline-Patient nicht nur passives Opfer im reißenden Strom des verletzten Bewußtseins, sondern auch aktiv Teilnehmender, der bewußt schmerzliche Erinnerungen heraufholt, Verletzungen aus der Kindheit immer neu betrachtet und nach Wiederholungen in der Gegenwart sucht, in jeder zwischenmenschlichen Situation, in jeder neuen Beziehung. So baut sich eine zunehmende Spannung auf, die schließlich kaum mehr auszuhalten ist und oft in selbstverletzendes Verhalten mündet, das kurze Zeit Ruhe bietet, bevor der ganze Prozeß von neuem beginnt.«

Borderline und Depression

Liest man die verschiedenen Bücher über Borderline-Störungen, so wird das Manipulative, Unbeständige, das Spaltende und Intrigierende oft überbetont. Man unterschätzt dabei die Tatsache, daß Borderline-Patienten oft an starken Depressionen leiden. Klinische Interviews mit Borderline-Patienten zeigen immer wieder die tiefe Verzweiflung dieser Menschen. Auch wenn manchmal das instabile, spaltende Verhalten sowie häufiges Agieren die Therapie in der ersten Phase besonders schwierig machen, darf der schwere depressive Anteil in der Therapie nicht vernachlässigt werden. Der Aktionismus (hektische Telefonate, Weglaufen, z.B. um den Freund wiederzusehen und ihn zur Rückkehr zu bewegen, Abwertungen und Vorwürfe an Therapeuten und Teammitglieder, Selbstverletzungen und Suizidversuche) ist oft ein verzweifelter Versuch, dem drohenden Loch der Leere und der Hoffnungslosigkeit zu entgehen, von dem sich viele Borderline-Patienten verschlungen fühlen.

In einer Studie[3] wurde untersucht, wie sich Borderline-Patienten selbst erleben. Dabei kristallisierten sich drei wesentliche Stichworte heraus: *Entfremdung, Gefühl der Unfähigkeit* und

[3] Miller 1994

schiere Verzweiflung. Tabelle 2 zeigt einige der Aussagen im Wortlaut.

Tabelle 2: *Aussagen von Borderline-Patienten über ihr Erleben*[4]

Entfremdung:

- Ich hatte viel Freunde, aber ich habe mich nie als Teil der Gruppe erlebt.
- Schon als ich in den Kindergarten ging, hatte ich den Eindruck, ich gehöre nicht zu den andern.
- Vielleicht sondere ich mich von den anderen ab, weil ich mich schon ständig so anders fühle.

Gefühl der Unfähigkeit:

- Das ist schon ganz lange so bei mir, so lange ich mich zurückerinnern kann . . . Schon in der Schule habe ich mich immer mit den andern verglichen, und ich habe nie jemand getroffen, dem gegenüber ich mich gleich oder besser gefühlt hätte. Selbst der letzte Mensch auf der Straße hat etwas an sich, das ihn besser macht als mich. Nicht daß ich etwas Schlechtes getan hätte; es scheint, als wäre ich da hineingeboren worden.
- Ich habe so ein schlechtes Selbstwertgefühl. Ständig vergleiche ich mich . . . Ich habe den Eindruck, jedermann sei mir überlegen. Und ich bin einfach nichts wert.
- Ich habe immer den Eindruck, mir fehle etwas, und so schaue ich auf andere Menschen, um zu sehen, ob sie ähnlich fühlen, aber ihnen geht es besser . . . In meinem Kopf läuft ein ständiger Bürgerkrieg ab – wer ich sein möchte und mit wem ich vorlieb nehmen muß.
- Ich kann es nicht erklären, aber . . . du fühlst dich so nutzlos, wertlos . . .

---

[4] nach Miller 1994

Verzweiflung

- Am liebsten würdest du sterben. Du möchtest einfach raus aus diesem Leben, raus aus dem Schmerz. Ich glaube nicht, daß es irgend etwas oder irgend jemand gibt, der mir helfen könnte, mich anders zu fühlen.
- Ich wünsche das keinem anderen. Wenn jemand sagen würde, du kannst es loswerden, indem du es jemand anderem abgibst, ich weiß nicht, ob ich's tun würde, nach all dem, was ich durchgemacht habe.
- Ich weiß nicht ob ich den Schneid habe, mir das Leben zu nehmen. Oft denke ich daran, mindestens einmal pro Woche.

Dissoziation als Bewältigungsversuch

Oft fragt man sich, wie die Betroffenen diese Empfindungen bewältigen. Auf entsprechende Fragen gaben die Patienten an, sie fänden es leichter, die chronische Verzweiflung anzunehmen und mit ihr zu leben, als ständig vergeblich zu hoffen, daß sie vergehe. Und dennoch waren sie immer wieder bereit, irgend etwas zu probieren, wenn es nur Hilfe versprach.

Als wesentliche Bewältigungsstrategie erwies sich das Phänomen der *Dissoziation*.[5] Man versteht darunter eine Abspaltung des Bewußtseins von dem, was man gerade erlebt. Eine junge Frau, die als Kind mehrfach sexuell mißbraucht wurde, antwortete mir auf die Frage, wie sie damit habe leben können: »Es war, als wäre ich aus mir herausgegangen, in die Tapete, die ich über mir sah. Auf dem Bett lag noch mein Körper, aber ich selber spürte nichts mehr. Erst viel später, als der Mann schon lange gegangen war, fand ich mich wieder und wußte, daß irgend etwas Schlimmes passiert war.«

Im späteren Leben können belastende Erlebnisse, innere Spannungen und zwischenmenschliche Konflikte wieder dazu führen,

---

[5] Ausführliche Informationen zum Thema Dissoziation finden sich bei Andreasen und Black 1993, S. 249-256. Es gibt auch einen Fragebogen von Bernstein und Putnam (1986) mit 27 Detailfragen zum dissoziativen Erleben.

daß der seelische Schmerz derart intensiv wird, daß er nicht mehr auszuhalten ist. Dann schaltet das Gehirn sozusagen ab, die Betroffenen scheinen vordergründig noch bei Bewußtsein, spüren sich aber nicht mehr. Sie laufen vielleicht ziellos davon oder ziehen sich in innere Phantasien zurück. Manche verletzen sich selbst, ohne Schmerz zu verspüren. Die Erfahrungen während dieser Zeit der Dissoziation bleiben oft in einer versteckten »Besenkammer« des Bewußtseins, an die die Erinnerung kaum herankommt. Die Betroffenen können sich am nächsten Tag nicht erinnern, merken aber manchmal, daß irgend etwas passiert sein muß.

Ein Beispiel: Eine junge Frau mit einer Borderline-Persönlichkeit wachte eines Morgens auf und merkte, daß ihre Jacke mit Blut verschmiert war. Um den linken Unterarm trug sie einen Verband. Die Schuhe waren schmutzig, in der Küche lag ein Faltblatt, das sie nicht dort hingelegt hatte. Sie wußte, irgend etwas war am Vorabend geschehen, aber sie konnte sich nicht mehr erinnern. Erst mit Hilfe der Nachbarin konnte sie die Szene rekonstruieren. »Du hattest doch gestern Besuch von deinem Ex-Freund! Und ihr habt euch so laut gestritten, daß ich fast jedes Wort verstanden habe. Schließlich hast du ihn weggeschickt. Um halb elf bist du auch noch einmal weggegangen. Etwa gegen ein Uhr hat dich eine Polizistin nach Hause begleitet. Du seist in der Straßenbahn aufgefunden worden, in einer Art Traumzustand, mit blutenden Schnitten in deinem Unterarm.«

In der oben erwähnten Studie gaben alle Befragten an, sie könnten ihre »Gefühle abstellen«, sich selbst mit ihren Gefühlen aus einer Situation herausnehmen, sich nicht mehr spüren oder »sich abschalten«. Wenn sie auf diese Weise nicht ihre Gefühle abstumpfen konnten, dann suchten sie Ablenkung in hektischen Aktivitäten, in Drogen oder Alkohol.

Die Betroffenen sehen ihre Wohnung oder ihr Zimmer als »sicheren Hafen«, als »Zufluchtsort«, an den sie sich zurückziehen können. Nur in Zeiten, in denen sie stark depressiv waren, erscheint es ihnen gefährlich, allein zu sein, weil dann der Impuls am größten wird, sich zu verletzen oder immer höhere Dosen von Medikamenten zu nehmen, um abzuschalten. Die meisten haben gelernt, in diesen Zeiten das Alleinsein zu vermeiden; sie verlassen die Wohnung, laufen ziellos durch Einkaufsstraßen, wo sie niemand kennt. Sie sind dann außerhalb der quälenden Enge, ohne den Streß naher Beziehungen.

Als besonders anstrengend werden Beziehungen zu anderen Menschen erlebt. »Wie bringe ich mich ein ins Gespräch, obwohl ich solche Angst habe und mich so wertlos fühle?« Auch diejenigen, die nach außen aktiv wirken, berichten, wie sie ihre Minderwertigkeitsgefühle durchbrechen müssen. Jede Begegnung ist eine gewaltige Anstrengung. Danach fühlen sie sich ausgepumpt, kraftlos, wie nach einem schlechten Rausch.

Schneid-Sucht

*Langsam schleicht sich
der Gedanke bei mir ein.
Zuerst leise, dann immer lauter.
Schneide dich,
und es wird den Schmerz, der in dir ist,
übertönen.
Das hämische Gelächter
läßt mich nicht mehr los,
bis ich tief verletzend
mich geschnitten habe
und dann niederschmetternd feststelle
– ich schaffe den letzten Schnitt nicht.
Und so gebe ich dem Lachen in mir Raum,
lache mich selber aus,
verhöhne mich,
lasse mir keine Ruhe,
bis der Schmerz am Handgelenk
so groß ist, daß mein Innerstes übertönt wird.
Ich kann mich nicht wehren
gegen diesen Zwang,
bin ihm ausgeliefert,
bin in ihm Gefangene.
Das Schneiden wird für mich zur Sucht.* B. B.

Selbstverletzung (Autoaggression)

Selbstverletzungen sind bei Menschen mit Borderline-Störungen häufig. Allerdings läßt sich aus der Selbstverletzung allein noch nicht die Diagnose einer Borderline-Störung stellen. Die Autoren eines Fachartikels betrachten deshalb Selbstverletzungen »eher als suchtartiges Verhalten denn als Ausdruck einer spezifischen Störung.«

Selbstverletzungen erfolgen in der Regel *nicht* als Suizidversuch. Vielmehr dienen sie den Betroffenen dazu, »sich selbst zu spüren«. Häufig erleben die Betroffenen vor der Selbstverletzung einen intensiven inneren Konflikt, die Erinnerung an belastende Ereignisse, eine Enttäuschung oder eine aktuelle neue seelische Verletzung. Sie berichten häufig, daß sie sich dann nicht mehr spüren, ja Angst haben, sich zu verlieren *(Dissoziation, Depersonalisation)*.

Tabelle 3: *Formen der Selbstverletzung bei 240 Frauen*[6]

- Schnitte   72 %
- Hautverbrennungen (z.B. mit Zigaretten)   35 %
- Schlagen von Körperteilen   30 %
- Verhindern der Wundheilung   22 %
- Kratzen   22 %
- Haar-Ausreißen   10 %
- Knochenbrüche   8 %

Verletzte Körperteile:
Arme, spez. Unterarme und Handgelenke (74 %), Beine (44 %), Bauch (25 %), Kopf (23 %), Brust (18 %), Geschlechtsteile (8 %).

---

[6] nach Favazzo & Conterio 1989

Dieses Gefühl der Taubheit und der Entfremdung kann auch als Schutz dienen, der hilft, unter dem intensiven seelischen Schmerz nicht zu zerbrechen. Die Betroffenen meinen keinen anderen Weg mehr zu haben, mit den schmerzlichen Gefühlen umzugehen. Die Selbstverletzung dient dann dazu, sich wieder zu spüren oder den seelischen Schmerz mit dem Körperschmerz zu übertönen. Allerdings kann sich das Muster der Selbstverletzung suchtartig verselbständigen, so daß es oft auch ohne die ursprünglichen Auslöser auftritt (vgl. obiges Gedicht).

Dabei spielen zwei Faktoren eine Rolle:
a) *Entlastung:* Die Selbstverletzung mindert den seelischen Schmerz;
b) *Manipulation:* Die Betroffenen merken, daß sie mit ihrer Selbstverletzung die Umgebung (Eltern, Vorgesetzte, Betreuer) in Alarm versetzen und etwas erreichen können.

Selbstverletzung in früheren Zeiten

Auch in der Geschichte sind Beispiele von Selbstverletzung bekannt. Dabei ist zu unterscheiden zwischen Selbstverletzungen, die Bewunderung einbrachten und sozial akzeptiert wurden, und denjenigen, die auf Ablehnung stießen. Sozial akzeptiert wurden selbstverletzende Handlungen oft aus religiösen Motiven: Indianische Krieger ritzen sich blutig, um Regen zu erbitten; im Mittelalter zogen Flagellanten durch Europa, die sich öffentlich geißelten, um für die Sünden des Volkes Buße zu tun und die Pest abzuwehren. In der mittelalterlichen Literatur werden mehrfach heilige Frauen (häufig Nonnen) beschrieben, die in ihrer Askese mit Fasten und Selbstgeißelung weit über das übliche Maß ihrer Mitschwestern hinausgingen.[7] Manche Aspekte dieser Selbstverletzungen lassen sich mit heutigen Beobachtungen vergleichen:
- Selbstverletzung wird vor allem von jungen Frauen praktiziert.
- Selbstverletzung wird in einem Zustand erhöhter emotionaler Erregung begangen.

[7] nach Kroll 1993, S. 89 ff.

- Das Ziel ist es, einen anderen Bewußtseinszustand oder eine Stimmungsveränderung zu erreichen.
- Es gibt einen wichtigen öffentlichen Faktor bei Selbstverletzungs-Handlungen: Die sich selbst verletzende Person zeigt ihre Wunden in der Öffentlichkeit, und die Gesellschaft reagiert darauf, indem sie gleichzeitig für die Person sorgt, sie beschützen will, sie aber auch kritisiert und abwertet.
- Oft wird die Person, die sich selbst verletzt, für nicht voll verantwortlich gehalten, weil sie entweder wie im (Mittelalter) in Trance oder (wie heute) in Dissoziation handelt.

Doch es gibt auch *Unterschiede*:
- Die selbstverletzende Person im Mittelalter war geprägt durch das Bild des gekreuzigten Christus, während die moderne Person vom Bild des mißbrauchten Kindes verfolgt wird.
- Das Ziel der mittelalterlichen Askese bzw. Selbstverletzung war es, die geistigen Hindernisse und die »fleischlichen Lüste« zu kreuzigen, die die Person von der mystischen Einheit mit Gott abhielten. Das moderne Ziel ist es hingegen, zerstörerische Bilder und quälende Erinnerungen zum Verschwinden zu bringen, die eine Person daran hindern, einen friedlichen Seelenzustand zu erreichen.

Andere Formen selbstschädigenden Verhaltens

Geldausgeben: Bei manchen seelisch instabilen Perönlichkeiten kommt es zu einer wahren Kaufsucht. Das Einkaufen wird zur Sucht, die vorübergehend seelischen Schmerz dämpft. »Es tut mir einfach gut!« sagte mir eine Patientin. »Aber nachher bin ich wieder entsetzt, wieviel ich ausgegeben habe für unnötige Sachen!« Eine andere versuchte, ihr suchtartiges Kaufen von christlichen CDs, Bildkarten und Büchern zu rationalisieren: »Ich möchte doch nur anderen Freude machen. Wenn ich selbst schon nicht geliebt werde, sollen andere wenigstens ein Zeichen meiner Liebe erhalten.« – Durch ihr Verhalten zwang sie den Ehemann, ihr die Kreditkarte wegzunehmen, nur um ihm vorzuwerfen: »Du bevormundest mich ständig! Du traust mir nichts zu!«

An diese Stelle gehört auch die Sucht der Glücksspieler, die trotz Schulden immer wieder in die Glitzerwelt der Casinos abtauchen, wo sie wenigstens für einige Stunden ihr Elend verdrängen können, um nachher umso mehr unter zerbrochenen Beziehungen und beruflichem Absturz zu leiden.

Riskantes Autofahren: In unserer westlichen Gesellschaft wird das Auto zunehmend zu einem Instrument, mit dem Flucht- und Risikoverhalten ausgelebt werden. Nicht wenige Patienten haben mir beschrieben, wie sie nach einem Konflikt aus dem Haus stürzen und ziellos in der Gegend herumfahren, manchmal, obwohl sie vorher noch vier Tabletten Valium geschluckt haben. Andere fahren bewußt mit überhöhter Geschwindigkeit: »In diesen Momenten ist es mir egal, ob ich gegen eine Mauer fahre. Dann wäre ich wenigstens tot!« Daß sie damit auch andere Menschen gefährden, spielt dabei für sie keine Rolle.

Auch *Sexualität* kann zum Roulette mit unsicherem Ausgang werden. Die Sehnsucht nach Nähe und Geborgenheit führt bei manchen Betroffenen zum Geschlechtsverkehr mit Zufallspartnern ohne Kondom. Die Gefahr, sich dabei AIDS oder andere Krankheiten zu holen, wird verdrängt oder bewußt in Kauf genommen.

Bewußtes Inkaufnehmen von Risiken: Eine Frau spaziert nachts um 1 Uhr durch einen dunklen Stadtpark. »Haben Sie keine Angst vor einem Überfall oder einer Vergewaltigung?« »Ach – in diesen Momenten ist mir alles egal. Ich leide schon genug.«

Substanzmißbrauch: »Ich weiß, daß Drogen eigentlich schädlich sind. Aber vielleicht kann der Kick mich aus meiner Leere herausreißen. Mir ist egal, was die andern über mich denken; ich hasse ihr ganzes fürsorgliches Getue. Jetzt besorge ich mir etwas, das meinem Leben einen neuen Impuls geben kann!«

Suizidalität (Selbstmordgefährdung)

Suizidalität ist die wohl schwerste Auswirkung von Borderline-Störungen. Oft ist die Verzweiflung über die innere Leere, die Erinnerung an schmerzliche Erfahrungen und die Angst vor erneuten Verletzungen so überwältigend, daß die Betroffenen keinen anderen Ausweg mehr sehen können.

Die häufigen Suiziddrohungen und die ernsthaften Versuche können für Angehörige und Helfer sehr belastend sein. Sie sind hin- und hergerissen zwischen innerem Alarm und Sorge um die betroffene Person und der Unmöglichkeit, ständig die Verantwortung für deren Leben zu übernehmen. Oft entwickeln sich Erschöpfung und Rückzug bei den Betreuern, was ihnen dann wieder als Im-Stich-lassen ausgelegt wird.

Bei einer ernsthaften Suizidalität ist eine Einweisung in eine Klinik oft der einzige Weg zur Entlastung (vgl. S. 156). Deshalb überrascht es nicht, daß bei einer Hospitalisation in den meisten Fällen Suizidalität oder ein Suizidversuch der Anlaß für die Einweisung ist. Manchmal sind diese Aufenthalte nur kurz, weil die Suizidalität bereits nach kurzer Zeit wieder abklingt.

Borderline und Sexualität

Sexuelle Schwierigkeiten sind bei Borderline-Patientinnen häufig: Die folgenden Beispiele sind stark verfremdet, geben aber in den Kernaussagen etwas von der Not der Betroffenen wieder.

Ein junges Ehepaar kam in die Beratung. Sie war eine sehr attraktive, modisch gekleidete, künstlerisch hochbegabte junge Frau. Hinter der glänzenden Fassade verbarg sich eine chaotische Kindheit, die nicht nur durch wechselnde Männerbeziehungen ihrer Mutter getrübt war, sondern auch durch sexuelle Übergriffe ihres Onkels. Der Ehemann war ein ruhiger, etwas zurückhaltender Angestellter aus einer geordneten Familie. Die beiden lernten sich in einer christlichen Jugendgruppe kennen, und er war sofort von ihrer Schönheit und ihrer lebhaften, chaotischen Art angesprochen, die ihn aus seinem Alltagstrott herausriß. Schon in der Zeit vor der Heirat war sie sehr zurückhaltend mit Zärtlichkeiten. (»Weil ich warten will bis zur Ehe.«) Doch auch nach der Hochzeit reagierte sie auf seine Avancen sehr gehemmt und verletzt. Wenn es doch einmal zum Geschlechtsverkehr kam, konnte sie plötzlich anfangen zu weinen und sich wegdrehen, noch bevor er zum Höhepunkt kam.

In ihr kamen dann immer wieder Bilder ihrer schamlosen Mutter hoch, aber auch Erfahrungen mit ihrem Onkel.

Doch es gibt auch andere Erlebnisformen, wie die folgenden Zitate belegen:

»Der einzige Weg, wie ich mir Beziehungen erkaufen kann, geht über meinen Körper. Obwohl ich mich selbst häßlich finde, sagen mir die Männer immer wieder, wie attraktiv ich sei. Schon als Teenager haben sie ständig versucht, mich zu begrapschen. Meinen einzigen Orgasmus hatte ich beim Petting mit 17, danach nie mehr. Ich verachte mich für meine ständig wechselnden Beziehungen. Einerseits ist es ein Gefühl der Macht, Männer anmachen zu können, andererseits will ich gar keinen Sex, nur Nähe und Geborgenheit. Aber ich glaube, um Liebe zu erhalten, muß ich alles tun, was die andern wollen, sonst verlassen sie mich.« (eine 35jährige geschiedene Frau)

»Ich habe so einen Mangel an Zärtlichkeit, daß ich mich gar keinem Mann zuwenden kann, obwohl dies längst mein Wunsch ist. Denn Männer habe ich noch nie zärtlich und liebevoll erlebt. Das erste Mal wurde ich von meinem Halbbruder vergewaltigt, und später ließ ich alles willenlos über mich ergehen, obwohl ich es gar nicht wollte.« (eine 30jährige ledige Hilfspflegerin)

»Sexualität habe ich schon mit 11 erlebt, durch den Freund meiner Mutter. Sie schimpfte immer mit mir, weil ich ihren Wünschen nach einer neuen Karriere im Wege stand. Aber er war zärtlich zu mir, zu zärtlich . . . Ich hatte ein paar Männerbeziehungen, aber ich ließ einfach mit mir geschehen, was sie wollten. So war ich wenigstens nicht allein. Heute lebe ich mit einer Frau zusammen. Ich weiß nicht, ob ich lesbisch bin, das kommt ganz darauf an, wer mir gerade Liebe gibt.« (die heute 38jährige Tochter einer Schauspielerin)

»Mit meinem Mann habe ich eigentlich eine gute Beziehung, auch im sexuellen Bereich. Aber als ich diese Krise hatte, da verlor ich jeden inneren Halt. Ich wollte sterben oder hinaus auf die Straße, um Drogen zu kaufen. Mein Körper schrie nach Zuwendung, aber meinen Mann stieß ich von mir. Ich wanderte nachts ziellos durch die Straßen, bis in die Rotlichtviertel – und es wäre mir egal gewesen, mit irgend jemandem in die Wohnung mitzugehen.« (eine 32jährige Pfarrfrau während einer Borderline-Krise)

Schwarz-Weiß-Denken

Immer wieder wird bei Borderline-Patienten eine Neigung beschrieben, in Schwarz-Weiß-Kontrasten zu denken. Zwischentöne gibt es nicht. Ja mehr noch, sie schwanken oft in kürzester Zeit zwischen den Extremen hin und her. Das kann sie enorm unberechenbar machen, was für eine stabile Beziehung oft sehr belastend ist. Die nächste Abbildung vermittelt einen Eindruck dieser widerstrebenden Persönlichkeitszüge:

Gegenpole der Persönlichkeit[8]

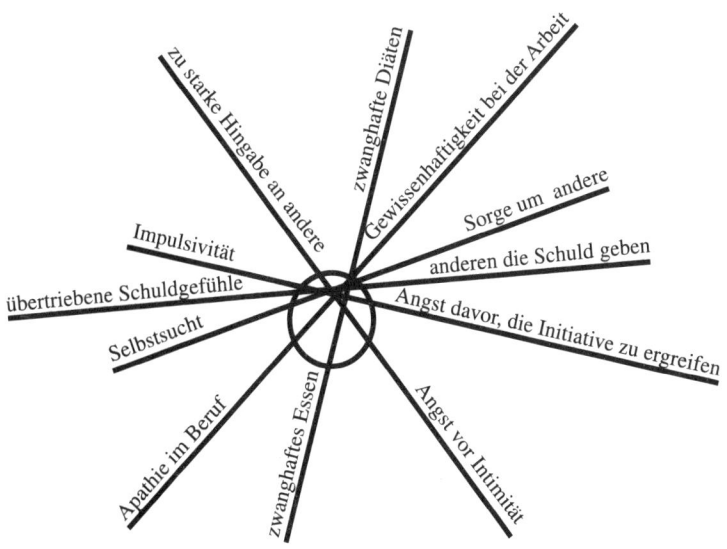

---

[8] nach Kreisman & Straus, 1992, S. 135

Psychotische Durchbrüche

Ein besonders schwer verständliches Element bei Borderline-Störungen sind psychotische Durchbrüche, die unter starken Belastungen entstehen können. Unter einer Psychose versteht man den (teilweisen) Verlust der Fähigkeit, Gefühle, Denken und Verhalten zu kontrollieren und an die Wirklichkeit anzupassen. Psychotisches Erleben wird beispielsweise durch folgende Fragen erfaßt:

- Haben Sie während der letzten drei Monate empfunden, daß die Dinge um Sie herum unwirklich waren? So als würden sie ihre Gestalt und Größe verändern? Hatten Sie manchmal den Eindruck, Sie träumten oder etwas stünde zwischen Ihnen und den Dingen, etwa wie eine Fensterscheibe?
- Haben Sie sich jemals unwirklich gefühlt? So als wenn Ihnen Ihr Körper oder Teile davon fremd wären oder verändert vorkämen, obwohl in Wirklichkeit nichts passiert war? Haben Sie sich so gefühlt, als wären Sie außerhalb Ihrer selbst? Haben Sie sich körperlich von Ihren Gefühlen getrennt wahrgenommen?

Dazu können vorübergehend weitere psychotische Erlebnisse kommen: Hören von Stimmen und Geräuschen, obwohl niemand da ist; Gefühl der Beeinflussung oder Kontrolle der Gedanken durch andere; Gefühl der Gedankenausbreitung; Verdacht, andere reden oder lachen über einen; Verdacht, andere Leute hätten die Absicht, einen zu verfolgen oder zu verletzen.

Die folgenden drei Beispiele sollen etwas von der Vielgestaltigkeit solcher Durchbrüche illustrieren:

Paranoide Beschuldigungen gegen die Umgebung: Elisabeth, eine 29jährige Sozialarbeiterin, verheiratet mit einem Sozialarbeiter, zwei Kinder, allgemein stürmische Ehebeziehung. Nach einem Ehestreit zieht der Ehemann aus dem gemeinsamen Schlafzimmer aus und schläft im Büro. Die Frau bleibt allein zurück, mit einem zunehmenden Gefühl der Verlassenheit und Hoffnungslosigkeit. Zuerst fällt sie in einen unruhigen Schlaf. Nachts um 2 Uhr schreckt sie auf, vor Horror versteinert in der Gewißheit: »Mein Mann will mich umbringen«. Sie rennt im Nachthemd durch die Straßen, schreit laut um Hilfe, findet schließlich in panischer Angst eine

Telefonzelle, von wo aus sie die Polizei anruft, die den Ehemann wirklich im Büro antrifft, selbst sehr deprimiert, ohne Anzeichen für eine begründete Angst der Patientin.

Vorübergehende Wahrnehmungs- und Erlebnisstörung: Dagmar, eine 27jährige, erfolgreiche und gutaussehende TV-Journalistin, alleinerziehende Mutter einer 5jährigen Tochter, wird von ihrem Ex-Mann, einem Möbel-Designer, bedrängt, das Kind für drei Wochen mit ihm in die Ferien fahren zu lassen. Den Urlaub möchte er zusammen mit seiner neuen Freundin auf Gran Canaria verbringen. Doch die Kleine möchte nur mit ihrer Mutter in die Ferien. Dagmar hat eine heftige Auseinandersetzung mit ihrem Ex-Mann. Es brechen wieder intensive Erinnerungen an die Zeit mit ihm auf. Sie kann nicht mehr schlafen, hat plötzlich wieder Verlangen nach Drogen, sieht die ganze Umgebung »wie durch Zellophan«, entwickelt panische Angst. Nach der Klärung des Konflikts und unter der kurzfristigen Behandlung mit einem antipsychotischen Medikament beruhigt sie sich innerhalb weniger Tage und ist wieder in der Lage, ihre anspruchsvolle Aufgabe mit ihrem bekannten Lächeln am Bildschirm zu erfüllen.

Das dritte Fallbeispiel kommt vor allem durch das Bild zum Tragen. Gemalt wurde es von einer jungen Frau mit einem Borderline-Syndrom. Es illustriert eindrücklich die Angst vor dem psychotischen Verschlungenwerden. Es entstand nach einer Begegnung mit ihrem Vater, der sich vor Jahren von ihrer Mutter hatte scheiden lassen und der ihr in der Kindheit oft sehr gewalttätig begegnet war.

Was ist diesen Fallbeispielen gemeinsam? Vor allem in den beiden ersten Beispielen bestand eine Persönlichkeit mit emotionaler Instabilität, ohne daß die Betroffenen ständig darunter gelitten hätten. Beide haben das Leben erstaunlich gut gemeistert. Beide leben in spannungsgeladenen Paarbeziehungen. Der akute Streß von Auseinandersetzungen führte aber zur Dissoziation, zur psychotischen Entgleisung. Die Malerin des Bildes erlebte durch die Begegnung mit ihrem Vater ein Wiederaufflammen der schweren seelischen Wunden ihrer Kindheit, die sie emotional nicht mehr verkraften konnte. Meist lassen sich solche psychotische Episoden durch klärende Gespräche, eine allgemeine Beruhigung der Situation und durch medikamentöse Unterstützung auffangen.

Erarbeiten der Symptommuster

Hilfreich für die Erarbeitung von Symptommustern kann es sein, wenn die Betroffenen einen Fragebogen zum Erleben ihrer Störung ausfüllen, der besonders auf Borderline-Störungen ausgerichtet ist (Tabelle 4). Die vorformulierten Sätze können gleichzeitig auch als Einstieg in ein besseres Verständnis des Erlebens sowie zur Grundlage einer besseren therapeutischen Beziehung werden.

Tabelle 4: *Borderline-Fragebogen*[9]

Anleitung: Die folgenden Sätze umschreiben Gedanken, Gefühle und Erfahrungen, die manche Menschen häufiger als andere machen. Bitte lesen Sie jeden Satz durch und kreuzen Sie diejenige Antwort an, die für den Zeitraum der letzten Woche am ehesten für Sie zutrifft.

	Nein	*Ja*
1. Ich habe nie das Gefühl dazuzugehören.	○	○
2. Ich habe Angst, verrückt zu werden.	○	○
3. Ich möchte mich selbst verletzen.	○	○
4. Ich habe Angst, enge persönliche Beziehungen einzugehen.	○	○
5. Oft scheint jemand zuerst großartig, doch dann werde ich von ihm enttäuscht.	○	○
6. Menschen enttäuschen mich häufig.	○	○
7. Ich habe den Eindruck, daß ich mit dem Leben nicht fertig werde.	○	○
8. Es scheint lange her, seit ich mich zuletzt glücklich gefühlt habe.	○	○
9. Ich fühle mich innerlich leer.	○	○
10. Ich habe den Eindruck, daß mein Leben außer Kontrolle geraten ist.	○	○
11. Ich fühle mich meistens einsam.	○	○

[9] nach Conte HR et al. 1980

Nein *Ja*

12. Ich bin eine andere Person geworden, als ich sein wollte. ○ ○
13. Ich habe Angst vor allem Neuen. ○ ○
14. Ich habe Schwierigkeiten, mich an Dinge zu erinnern. ○ ○
15. Es ist schwer für mich, Entscheidungen zu treffen. ○ ○
16. Ich habe das Gefühl, daß um mich herum eine Wand ist. ○ ○
17. Ich bin oft nicht ganz sicher, wer ich bin. ○ ○
18. Ich habe Angst vor der Zukunft. ○ ○
19. Manchmal habe ich das Gefühl auseinanderzufallen. ○ ○
20. Manchmal habe ich Angst, in der Öffentlichkeit ohnmächtig zu werden. ○ ○
21. Ich habe nie soviel erreicht, wie ich eigentlich könnte. ○ ○
22. Ich fühle mich, als würde ich mich selbst dabei beobachten, wie ich eine Rolle spiele. ○ ○
23. Meine Familie wäre besser dran ohne mich. ○ ○
24. Ich denke immer mehr, daß ich überall den Kürzeren ziehe. ○ ○
25. Ich kann nicht sagen, was ich als nächstes tun werde. ○ ○
26. Wenn ich mich auf eine Beziehung einlasse, fühle ich mich wie in einer Falle. ○ ○
27. Keiner liebt mich. ○ ○
28. Ich kann oft nicht unterscheiden, was wirklich passiert ist und was ich mir nur eingebildet habe. ○ ○
29. Die Menschen behandeln mich wie ein Ding. ○ ○
30. Manchmal kommen eigenartige Gedanken in meinen Kopf, und ich kann sie nicht loswerden. ○ ○
31. Ich habe den Eindruck, daß mein Leben hoffnungslos ist. ○ ○
32. Ich habe keinen Respekt mehr vor mir selber. ○ ○
33. Ich scheine in einem Nebel zu leben. ○ ○
34. Ich bin ein Versager. ○ ○
35. Es macht mir Angst, Verantwortung für jemanden zu übernehmen. ○ ○

Nein Ja

36. Ich habe den Eindruck, daß ich nicht gebraucht werde. ○ ○
37. Ich habe keine wirklichen Freunde. ○ ○
38. Ich habe den Eindruck, daß ich mein eigenes Leben nicht im Griff habe. ○ ○
39. Ich fühle mich in einer Menge unwohl (z.B. beim Einkaufen oder im Kino). ○ ○
40. Ich habe Schwierigkeiten, Freundschaften zu schließen. ○ ○
41. Es ist zu spät zu versuchen, eine eigenständige Person zu werden. ○ ○
42. Es ist schwer für mich, einfach stillzusitzen und zu entspannen. ○ ○
43. Ich habe den Eindruck, als ob andere Menschen mich lesen könnten wie ein offenes Buch. ○ ○
44. Ich habe oft das Gefühl, daß jetzt gleich etwas geschehen wird. ○ ○
45. Ich werde von Mordgedanken geplagt. ○ ○
46. Ich bin mir oft nicht sicher, ob ich eine wirkliche Frau (ein wirklicher Mann) bin. ○ ○
47. Ich habe Schwierigkeiten, Freundschaften aufrechtzuerhalten. ○ ○
48. Ich hasse mich selbst. ○ ○
49. Ich habe oft Sex mit Menschen, die mir nichts bedeuten. ○ ○
50. Ich habe Angst auf weiten Plätzen und Straßen. ○ ○
51. Manchmal rede ich einfach, um mich davon zu überzeugen, daß ich existiere. ○ ○
52. Manchmal bin ich nicht ich selber. ○ ○

Auswertungs-Richtlinien:

Der in der Quelle angegebene vorläufige Bericht ergab deutliche Unterschiede zwischen verschiedenen diagnostischen Gruppen. Diagnostizierte Borderline-Patienten erreichten die höchste

Punktzahl mit einem Mittelwert von 23,9 (plus/minus 11,7). Der Fragebogen darf allerdings nicht allein die Grundlage für die Diagnose einer Borderline-Störung sein. Doch eine hohe Punktzahl zusammen mit dem klinischen Eindruck gibt einen deutlichen Hinweis auf eine solche Störung. Der Unterschied zwischen Borderline-Störungen und einer psychotischen Depression (die auch einen hohen Punktewert erreicht) kann durch einen erfahrenen Psychiater anhand der DSM-IV-Kriterien problemlos herausgearbeitet werden.

Ursachen der Borderline-Störung

Die Frage drängt sich auf: Wie kommt es eigentlich zu den schwerwiegenden Auswirkungen einer Borderline-Störung? Was steht hinter der ausgeprägten Instabilität der Gefühle? In der Forschung haben sich vier Faktoren herauskristallisiert:

1. *Traumatisierung in der Kindheit:*
Die therapeutischen Erfahrungen und wissenschaftliche Studien weisen darauf hin, daß die meisten Patienten mit einer Borderline-Störung in der Kindheit vielfältige seelische Verletzungen durchgemacht haben. Je schwerer die Traumatisierung, desto ausgeprägter ist das Muster seelischer Instabilität. In einer Studie[10] zeigte sich ein Zusammenhang zwischen der Schwere der frühkindlichen Traumatisierung und der Ausprägung des Borderline-Syndroms. Im Vordergrund der Traumatisierungen liegen körperliche und emotionale Mißhandlung, sexueller Mißbrauch und das Miterleben von Gewalt in der Familie. Dabei wurde sorgfältig differenziert: Es gibt Alltagsgewalt, wie Raufereien in der Schule, und »kulturell übliche Körperstrafen« (wie z.B. eine Ohrfeige oder nicht-verletzende Schläge auf den Hintern). Diese fügen der kindlichen Seele in der Regel keinen bleibenden Schaden zu, weil sie eingebettet sind in ein geordnetes und tragendes familiäres Umfeld. Worum es geht, ist außergewöhnliche und unberechenbare Gewalt. Die Geschichten, die man in der Sprechstunde hört, sind oft erschütternd und man

---

[10] Herman et al. 1989

wagt kaum, sie in Worten wiederzugeben, weil selbst die Vorstellung schon beinahe körperlichen Schmerz beim Leser auslösen kann. Extremgewalt ist beispielsweise der Versuch eines alkoholisierten Stiefvaters, seine vierjährige Tochter im WC zu ertränken.

Ein Beispiel für emotionale Mißhandlung ist eine Mutter, die ihren achtjährigen Sohn wegen eines geringfügigen Vergehens ohne Essen in sein Zimmer einsperrt und dann das Haus für Stunden verläßt, ohne daran zu denken, daß das Kind Hunger haben könnte oder auf die Toilette gehen müßte. Das Miterleben von Gewalt in der Familie ist für ein Kind traumatisch, selbst wenn es nicht persönlich angegriffen wird. Gerade in Alkoholikerfamilien kann es zu gräßlichen Szenen kommen, die sich unauslöschlich in die verletzliche Psyche eines Kindes eingraben können. Die Angst und Hilflosigkeit, die es dabei erlebt, kann ihm den festen Grund seelischer Stabilität entziehen und es anfällig machen für eine lebenslange Instabilität. Mit dem Problem des sexuellen Mißbrauchs beschäftigt sich Kapitel 7. Auch hier muß man sorgfältig unterscheiden. Während harmlose »Doktorspiele« zwischen Gleichaltrigen gar nicht als Mißbrauch gewertet wurden, ergibt sich bezüglich des Schweregrades eine weite Spanne vom einmalig aufgezwungenen Zungenkuß bis zu schwersten, wiederholten sexuellen Handlungen unter Gewaltandrohung.

Nun also zu den Ergebnissen der erwähnten Studie: 81 Prozent der untersuchten Borderline-Patienten hatten schwere Kindheitstraumata erlebt. 71 Prozent waren körperlich mißhandelt worden, 67 Prozent sexuell mißbraucht und 62 Prozent mußten Gewalt in der Familie miterleben.

2. *Familienkonstellation:*
Menschen mit einer Borderline-Störung berichten häufig über schwierige Familienverhältnisse, wenig Zusammenhalt der Eltern, Überforderung der Eltern, Unfähigkeit, den Kindern Geborgenheit zu geben.[11] Sie erlebten häufig Streit oder Alkoholprobleme und wurden Zeuge von depressiven Phasen ihrer Eltern bis hin zu Suizidversuchen. Häufig müssen die betroffenen Kinder viel zu

---

[11] Ludolph et al. 1990

früh Verantwortung übernehmen, beispielsweise den betrunkenen Vater aus dem Wirtshaus holen oder den Nachbarn gegenüber den depressiven Rückzug und die Verwahrlosung der Mutter irgendwie vertuschen. Oft müssen Mädchen die Verantwortung für die jüngeren Geschwister übernehmen und versuchen, ihnen durchs Leben zu helfen, weil keiner mehr da ist, der sie sonst unterstützen würde.

3. *Gehäufte Verluste in der Kindheit:*
Borderline-Patienten haben in ihrer Kindheit häufiger als andere Kinder die Scheidung ihrer Eltern oder den frühen Tod eines Elternteils erlebt. Sie wurden häufiger fremdplaziert und erlebten vermehrt wechselnde Bezugspersonen. An dieser Stelle muß aber auch darauf hingewiesen werden, daß Heranwachsende mit einer Borderline-Struktur eine enorme Belastung für ihre Eltern bzw. für ihre Betreuer werden können. Selbst wohlmeinende Menschen, die solche instabilen »Jugendlichen« in ihre Familie aufnehmen, kommen an den Rand ihrer Kräfte durch die intensiven und stark wechselnden Beziehungen. »Manchmal kann sie so lieb sein und sich an mich anlehnen«, erzählt die Pflegemutter einer 17jährigen. »Aber wenn ich ihr dann einmal etwas nicht erlauben kann, wird sie unglaublich zornig, schlägt die Türen, daß sie fast aus den Angeln fallen und rennt aus dem Haus in die Dunkelheit. Wir haben sie schon mehrmals voller Angst gesucht, weil sie noch nach Mitternacht nicht zurück war. Neulich ließ sie sich von einem Mann nach Hause nehmen, den sie gar nicht kannte. Wir können die Verantwortung nicht mehr übernehmen. Jetzt beginnt unsere Ehe zu leiden!« Man kann sich vorstellen, wie durch solche Vorkommnisse ein Teufelskreis von Beziehungsabbrüchen in Gang kommt, in dem die Ursachen nicht mehr eindeutig zuzuschreiben sind.

An dieser Stelle ist auch ein Wort der Vorsicht angebracht: Obwohl sich in der Vorgeschichte vieler Borderline-Persönlichkeiten eine Traumatisierung in der Kindheit findet, müssen zwei Dinge festgehalten werden: a) Nicht jede Traumatisierung in der Kindheit führt zu einer Borderlinestörung. b) Nicht jede Borderline-Persönlichkeit weist in der Kindheit eine extreme Traumatisierung auf. Deshalb ist zur Abrundung der Ursachen ein weiterer Faktor wichtig, nämlich die erbliche Disposition.

4. *Biologische bzw. erbliche Anlage:*
Obwohl sich bei vielen Borderline-Patienten eine schwierige Kindheit findet, erklärt diese allein noch nicht das Auftreten einer so schweren Störung. Offensichtlich gehört auch eine seelische Anfälligkeit (Disposition) dazu, um auf schwere Erlebnisse mit längerdauernden Schwankungen zu reagieren. Ein Hinweis auf eine genetische Anlage ergibt sich aus der Tatsache, daß in der Verwandtschaft von Borderline-Patienten etwa fünfmal häufiger Persönlichkeitsstörungen und schwere psychische Krankheiten auftreten als in der Normalbevölkerung. Besonders häufig sind die Eltern selbst betroffen.[12] Sie sind deshalb oft nicht in der Lage, ihren Kindern die Geborgenheit zu vermitteln, die diese brauchen würden. Nicht selten verbringen die Eltern wegen ihrer Probleme viele Monate in der Klinik und erleben wegen ihrer Krankheit einen sozialen Abstieg.

Nun würde man hoffen, ein Wechsel des Kindes in ein stabiles Umfeld, z.B. durch eine Adoption, könnte den zerstörerischen Einfluß kranker Eltern aufheben. Doch es sind nicht nur die traumatischen Erfahrungen, sondern auch die Gene, die Kinder mitbekommen.

Ein Beispiel: Martina, 22, kam auf Drängen ihrer Eltern in die Sprechstunde, weil sie das Leben einfach nicht mehr aushielt und ein zunehmend klassisches Muster von vielfältigen Borderline-Symptomen zeigte. Die Eltern waren sehr freundliche und aufgeschlossene Menschen, die in geordneten Verhältnissen lebten und versuchten, Martina ein gutes Umfeld zu geben. Ich konnte weder in der Persönlichkeit der Eltern, noch in der Art ihrer Erziehung Gründe für eine Borderline-Störung finden. Und doch litt ihre (übrigens hochintelligente) Tochter an ständigen Schwankungen, heftigen Gefühlsausbrüchen, Beziehungs- und Schulabbrüchen, an Zerstörungswut, Freß-Brechsucht und wiederholter Suizidalität. Was stand dahinter? Martina war bald nach der Geburt adoptiert worden. Ihre leibliche Mutter litt an einer schweren psychischen Störung und sah sich nicht in der Lage, das unehelich geborene Baby zu erziehen. Martina lebte also in einem stabilen Fami-

---

[12] Goldman et al. 1993

lienumfeld ohne außergewöhnliche seelische Verletzungen. Aber in ihren Genen trug sie die Disposition zu psychischen Problemen in sich, die sich zunehmend unbarmherziger über ihr ganzes Leben legten.

Ein letzter Hinweis: Die biologische Anfälligkeit drückt sich auch in einem mangelnden Gleichgewicht der chemischen Überträgerstoffe im Gehirn aus. Dies könnte erklären, warum Medikamente manchmal zu einer eindrücklichen Besserung der Störung führen können.

Betrachtet man diese vier großen Gruppen von möglichen Ursachen für eine Borderline-Störung, so ist es wichtig zu verstehen, daß es hier zu einem Zusammenspiel kommt, das sich schließlich im einzelnen Lebensschicksal fast unentwirrbar verknotet – ein unüberschaubares Muster von frühkindlicher Sensibilität, Sehnsüchten und seelischen Verletzungen, von intensiven Beziehungen und Enttäuschungen, von erlittenem Unrecht und eigenem Fehlverhalten, von Selbstheilungsversuchen und ernüchternder Entmutigung. Jedes Schicksal ist anders, einzigartig und tragisch – so sehr, daß alle unsere Verstehensversuche immer nur vorläufig bleiben. Das nächste Kapitel soll eine »Nahaufnahme« eines solchen Schicksals geben.

Kapitel 4

Marilyn Monroe – ein klassisches Beispiel

Die bekannte Schauspielerin Marilyn Monroe (1926-1962) verkörperte wie kaum eine Figur des öffentlichen Lebens die Problematik von Borderline-Persönlichkeitsstörungen. Norma Jean Baker, so ihr bürgerlicher Name, wurde als uneheliches Kind einer Frau geboren, die den größten Teil ihres Lebens in einer psychiatrischen Klinik verbringen mußte. Die Großmutter, bei der sie zuerst lebte, war ebenfalls psychisch krank und mißhandelte das kleine Mädchen. Marilyn wurde von einer Pflegefamilie zur nächsten weitergereicht. Immer wieder vermittelte man ihr das Gefühl, sie sei unerwünscht und verachtenswert. Allerdings stand sie schon als Kind unter dem Eindruck, allenfalls als Sexualobjekt wertvoll zu sein. »Das Kind ... mußte sowohl unerbittlich sittenstrenge Personen als auch laszive, lüsterne Männer ertragen.« Bereits mit neun Jahren wurde sie von einem Untermieter sexuell mißbraucht. Als sie davon ihrer Pflegemutter zu berichten wagte, schlug ihr diese ins Gesicht, als Strafe, weil sie »einen so anständigen Mann« mit so etwas Schlimmen in Verbindung brachte. Auch in späteren Jahren wurde sie immer wieder Opfer von Anzüglichkeiten und sexuellen Übergriffen durch Jungen ihres Alters.

Während sie in manchen Familien übermäßig streng gehalten wurde, gab man ihr in anderen Familien fast zuviel Freiheiten. In einer Familie wurde sie jeden Samstag ins Kino geschickt. »Hier verstrickte sich das Kind in eine Phantasiewelt, hier entstand die Frau, die später alles von sich wies, was sie in irgendeiner Form mit jener Norma Jean ihrer Kindheit in Berührung brachte ... Im Vordergrund all dieser Kindheitsjahre stand ... ihr Trauma, vollkommen wertlos zu sein, respektlos behandelt zu werden, nicht würdig zu existieren, unter Liebesentzug leiden zu müssen ... Es ist nicht verwunderlich, daß dieses Kind mit dem Wort Liebe nichts anzufangen wußte und zu einer Frau heranwuchs, die zwar begehrenswert war, aber doch zurückhaltend und verwundbar blieb, so daß ihr die Männer keine Hilfe waren, auch wenn sie sie noch so sehr bewunderten.«

Auch später, als sie längst zum begehrten Sex-Symbol und Filmstar geworden war, »blieb sie ein herrenloses Gut, war eine Heimatlose. In ihren Rollen spielte Marilyn Monroe immer die Kreatur, die um Verständnis fleht, die Gehorsam erweist und dabei lächerlich gemacht wird.« Einmal für den Film entdeckt, wurde sie regelrecht für den Publikumsgeschmack »aufgepeppt«: Blondfärbung der Haare, Zahnkorrektur, Schönheitschirurgie, und immer lächeln... Sie ging drei Ehen ein und fand doch keine Erfüllung. Sie lehnte sich gegen die Filmbosse auf und erstritt sich ihre Rechte, selbst Drehbücher und Regisseure auszuwählen. Und doch lebte sie mit einem ständigen Minderwertigkeitsgefühl und trug immer intellektuelle Bücher mit sich herum, die sie offenbar kaum verstand. Sie »unternahm alle möglichen Versuche, die schulischen, sozialen und kulturellen Mängel ihrer Kindheit zu beseitigen. Ihr Wille, Nichterlerntes nachzuholen, war sehr ausgeprägt.«

Trotz vieler Erfolge holten sie die Entbehrungen der Kindheit immer wieder ein. »Die Folge waren neue Qualen, neue Pein und Hoffnungslosigkeit, obwohl die Leinwandperson eine Figur hätte sein sollen, hinter der man sich hätte verbergen können. Um Furcht und Qualen zu verdrängen, um das wahre Ich abzutöten, griff Marilyn in ihrer Not zu unzähligen Schlafmitteln und zu großen Mengen Alkoholika, für gewöhnlich Champagner oder Wodka. Diese Frau kämpfte mit sich selbst, mit ihrem Ich. Sie hatte gehofft, durch das Leinwand-Image das Gefühl der Wertlosigkeit zu verlieren, doch genau das Gegenteil trat ein.«

Todeswünsche, suizidale Impulse und Suizidversuche begleiteten sie ihr Leben lang. In einem Gedicht äußerte sie einmal: »Help Help Help, I feel life coming closer, when all I want is to die!« (Hilfe Hilfe Hilfe, ich spüre das Leben näher kommen, obwohl ich doch nur noch sterben möchte!). Sie suchte Hilfe in der Psychoanalyse und in stundenlangen Telefonaten mit allen möglichen Leuten.

Sie sprach davon, in zwei Personen gespalten zu sein, die des sexy Mega-Stars Marilyn und die andere der kleinen, zu kurz gekommenen Norma Jean, die so vieles nachzuholen hatte. In einem Interview sagte sie: »Ich habe das Gefühl, ich stehe neben mir. Ich fühle und höre, aber ich bin es nicht wirklich.« Viele ihrer exzentrischen Szenen entsprangen einer tiefen Angst. In ihrem Notizbuch fanden sich folgende Worte: »Wovor fürchte ich mich? Ich weiß, daß ich spielen kann. Doch ich habe Angst, sollte aber keine Angst haben.« Ihre raschen Stimmungsschwankungen, ihre Reizbarkeit, ihre Gefühlsausbrüche und ihre hysterischen Anfälle waren bekannt und gefürchtet. Die Last wurde ihr zunehmend zu schwer: »Immer wieder wurden in ihrem Leben jene Situationen ihrer Kindheit heraufbeschworen, die zu seelischen Schocks geführt hatten.

Mit Hilfe von Alkohol, Medikamenten und Drogen versuchte sie verzweifelt, jene quälenden Bilder zu verdrängen, die ihr regelmäßig das Gefühl der Verlassenheit gaben, das Gefühl, wertlos und ungeliebt zu sein.« Sie starb schließlich mit nur 36 Jahren an einer Überdosis von Medikamenten und Alkohol. In der Hand hielt sie noch den Telefonhörer.

Zitate aus: Mellen, Joan: *Marilyn Monroe. Ihre Filme – ihr Leben*, Heyne, München 1983.

Kapitel 5
Seelische Instabilität –
theologische und seelsorgerliche Aspekte

Der Seelsorger steht bei der Begleitung einer Borderline-Persönlichkeit vor genau derselben Schwierigkeit wie der Fachmediziner und der Therapeut. Sein Gegenüber ist ein einmaliges und mit keinem andern austauschbares Geschöpf Gottes. Seine Borderline-Persönlichkeitsstörung jedoch zeigt ein durchgängiges Muster von
- Instabilität der zwischenmenschlichen Beziehungen,
- Instabilität des Selbstbildes,
- Instabilität im Bereich der Stimmung,
- ausgeprägter Impulsivität mit Beginn in der frühen Erwachsenenzeit.[1]

Mitarbeiter am St. John's Mercy Medical Center in St. Louis entwickelten einen strukturierten Kommunikationsrahmen für den Umgang mit Borderline-Persönlichkeiten. Es sind drei Schritte der Kommunikation, der sie nach den ersten Buchstaben der englischen Begriffe den Namen SET-Kommunikation gaben.[2]

Support – Unterstützung, Ermutigung

Empathy – Einfühlung, Empathie

Truth – Wahrheit, Realität, Grenzen

Die SET-Kommunikation wurde für Borderline-Persönlichkeiten in der Krise entwickelt und ist damit zunächst eine Leitlinie für die

---
[1] Zu den Kriterien der Borderline-Persönlichkeitsstörungen im einzelnen vgl. oben, Pfeifer, Kap. 2.
[2] Vgl. Kreisman/Straus, S. 148 f.

therapeutische Behandlung. Nach Kreisman und Straus, den Autoren und Herausgebern des Buches: »Ich hasse dich – verlaß mich nicht«, ist die SET-Kommunikation zugleich eine Hilfe für Verwandte, Freunde und Kollegen[3] und damit auch für Seelsorger, die Borderline-Persönlichkeiten begleiten. Der Einsatz der Seelsorge ersetzt in keinem Fall die fachmedizinische und therapeutische Hilfe. Der Seelsorger ist gut beraten, im Zusammenspiel von Arzt und Seelsorger auf den Klassiker unter den Seelsorgern, Johann Christoph Blumhardt (1805–1880), zu hören. Er schreibt: »Wenn es auf eine Handauflegung und auf Gebet nicht besser wurde und man nachher den Rat gibt, man müsse alle Arzneien lassen, so will mir das nicht gefallen. Man will damit einen Grund angeben, warum jenes nicht geholfen habe, und die Meinung beibringen, es fehle nur an diesem, indem sonst unfehlbar die Hilfe käme. Hierin steckt viel Unlauteres und fast das Streben, die Heilung erzwingen zu wollen. Ich nun rede nie gegen den Arzt und lasse den machen, wenn ich auch unter Umständen Vorsicht anrate . . . Solange Gott nicht direkt und plötzlich hilft, sind wir genötigt, Männer zu Rate zu ziehen, die es verstehen, und an ihre Mittel uns zu halten.«[4]

Der Seelsorger kann und darf den Arzt nicht ersetzen wollen. Der Seelsorger aber erreicht eine Ebene des Herzens, die sich dem rein psycho-therapeutischen Vorgehen nicht erschließt. Er steht »an einer Stelle, wohin kein Arzt gelangt«.[5]

Support – Unterstützung, Ermutigung

These: » Wenn wir verzweifelt sind, sind wir unleidlich, unsachlich und ungerecht. «[6]

Unterstützung und Ermutigung sind »eine persönliche Stellungnahme, die Sorge ausdrückt«.[7] Im wesentlichen sind sie das persönliche Bekenntnis, begleiten und helfen zu wollen. Der Seelsorger

---

[3] Vgl. Kreisman/Straus, S. 148.
[4] Blumhardt in einem Brief an Pfarrer Supper; zitiert nach Tacke, S. 156
[5] Guardini, Der Herr, S. 46
[6] Voigt, 2. Mose 14, S. 110
[7] Kreisman/Straus, S. 148

signalisiert mit immer neuen unterstützenden Aussagen seine Bereitschaft, zu hören und ein Stück des Weges mitzugehen.

Der Schritt vom Jammern und Klagen[8]

Der Seelsorger ermutigt sein Gegenüber, seinen ganzen Jammer auszupacken. Gerade an diesem Punkt hat der Betroffene viele Enttäuschungen und große Ablehnung erfahren.

Freunde und Angehörige können das beständig sich wiederholende Jammern nicht ertragen. Sie haben es bald satt, wenn ihnen immer nur etwas vorgejammert wird. Sie ziehen sich zurück. Der Jammernde wird immer einsamer. So bleibt ihm nur noch eines: sich selbst zu bejammern.

Im Seelsorger hat der Jammernde wieder ein Gegenüber, das zunächst nichts anderes tut, als zuzuhören. Jammern erleichtert, und dennoch bleibt der Jammernde mit seinem Elend allein. Hier setzt bereits in der ersten Phase der Kommunikation die spezifische Aufgabe des Seelsorgers ein. In einem ermutigenden Gespräch zeigt der Seelsorger den Weg vom Jammern zum Klagen.

Der Begründer der Logotherapie, Victor Frankl, greift in seinem Werk auf das Beispiel der Wüstenwanderung zurück. Da war die Wolke, die Israel voranzog, und in, mit und unter ihr die Herrlichkeit Gottes. »Fragen wir uns aber einmal, was denn geschehen wäre, wenn Gottes Herrlichkeit nicht Israel vorangeschritten wäre, vielmehr inmitten dieses Volkes geweilt hätte – es liegt auf der Hand, was geschehen wäre: die Wolke wäre nimmermehr imstande gewesen, Israel durch die Wüste zu geleiten und ans Ziel, an seinen Bestimmungsort zu bringen, sondern die Wolke hätte alles eingenebelt, niemand hätte sich zurechtgefunden, und Israel wäre irregegangen.«[9]

Das 40 Jahre durch die Wüste ziehende Volk »murrte« bei jeder Gelegenheit. Das Wort murren (hebräisch »lûn«) ist ein Bildwort. Der Murrende ist einem knurrenden Hund zu vergleichen. Murren im Sinne von knurren wie ein Hund heißt soviel wie sich auflehnen,

---

[8] Vgl. Bräumer, Hiob 1-19, S. 109-112 und Schatten, S. 48-52.
[9] Frankl, Ärztliche Seelsorge, S. 78

rebellieren.[10] Die Israeliten schrien ihren ganzen Unmut heraus. Sie jammerten Mose etwas vor und bejammerten sich. Mose, von Gott beauftragt, das Volk zu leiten, tut nur eins: Er sagt: Ich bringe euer Knurren vor Gott. »Euer Murren ist nicht gegen uns (Mose und Aaron) gerichtet, sondern gegen den Herrn« (2Mo 16,8).

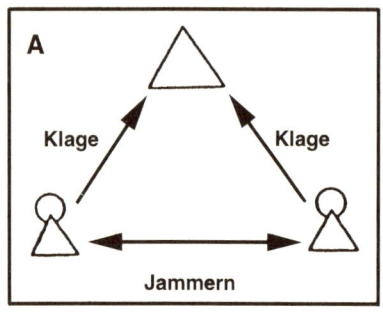

Damit macht Mose aus dem Murren und Sich-selbst-Bejammern eine an Gott gerichtete Klage.

Die Klage ist ein zu Gott hin gerichtetes Sprechen. Der Klagende beklagt sich bei Gott: Wie lange soll ich das alles noch ertragen? (vgl. Ps 13,3). Der Klagende spricht Gott direkt an: Wie lange verbirgst du, Gott, dein Angesicht? (Ps 13,2b). Der Klagende ringt mit Gott und kämpft darum, ein neues Vertrauen zu Gott zu gewinnen, auch wenn zwischen ihm und Gott ein dicker Vorhang zu hängen scheint.

In der Klage sprengt der Leidende den Teufelskreis des Sich-immer-nur-um-sich-selbst-Drehens. Er hat ein Gegenüber außerhalb der Welt des Leidens und der Unzulänglichkeit des Seelsorgers.

Nach Victor Frankl kommt der Mensch nur zu sich selbst, indem er über sich hinausgelangt. »Menschsein heißt auch schon über sich selbst hinaussein. Das Wesen der menschlichen Existenz liegt in deren Selbsttranszendenz.«[11] Dabei denkt Frankl an ein »Hingegebensein an ein Werk, dem sich der Mensch widmet, an einen Menschen, den er liebt, oder an Gott, dem er dient«.[12]

Bei den ersten Schritten in der Begleitung einer Borderline-Persönlichkeit bleibt es in der Regel nur beim Aufzeigen biblischer Grundmuster. Es wird nicht gelingen, das Jammern spontan in Klagen zu verwandeln. Eines jedoch kann der Seelsorger von Anfang

---

[10] Vgl. Schunck, lûn, Sp. 528+529.
[11] Frankl, Pluralismus, S. 501; vgl. Frankl, Der Mensch, S. 75: »Das Wesen der menschlichen Existenz liegt in deren Selbsttranszendenz.«
[12] Frankl, Pluralismus, S. 501

an tun: das Jammern seines Gegenübers vor Gott bringen! Er kann, ohne daß er dies ausspricht oder mitteilt, für sein Gegenüber beten. Fürbitte nennt Dietrich Bonhoeffer »den verheißungsvollsten Weg zum Anderen«.[13]

Große Bedeutung schreibt Blumhardt der Fürbitte zu: »Was ich fürbittend tue, hat sein Absehen darauf, daß die Betreffenden merken sollen, daß es sich um eine Rückkehr der Geistesgaben handle, die nicht als daseiend vorausgesetzt werden dürfen, und dann um den Glauben an die Nähe des Herrn. Ohne diese höheren Gedanken hätte ich auch wenig Drang zur Fürbitte . . . Ich möchte die Fürbitte als etwas Heiliges und Göttliches nehmen und aus ihr nicht gleichsam etwas Handwerkmäßiges machen.«[14]

Das Bild von der Brücke, die nicht existiert

Im Gespräch mit Borderline-Persönlichkeiten ist der Seelsorger auf Bilder angewiesen, die die Situation des Leidenden verdeutlichen. Ein Bild ist die Möglichkeit, etwas Unsagbares auszusprechen oder etwas Unerklärliches klarzumachen.

Manès Sperber (* 1905), von 1927-1933 Lehrer für Individualpsychologie in Berlin, hat ein Lieblingsbild, auf das er immer wieder zurückgreift: das Bild der Brücke. »Zu den Gleichnissen, die ich seit Jahrzehnten am häufigsten in Romanen, Essays und Vorträgen benutzt habe, gehört eines, in dem es sich um eine Brücke handelt, die nicht existiert, sondern sich Stück um Stück unter den Schritten dessen ausbreitet, der den Mut aufbringt, seine Füße über den Abgrund zu setzen . . .«[15] Der Mensch ist für Manès Sperber der werdende, nie vollendete Mensch auf der Brücke. – Die Brücke reicht immer nur so weit wie der Mut des Menschen!

Die Borderline-Persönlichkeit kann dieses Bild verstehen, aber es fehlt ihr der Mut, den ersten Schritt ins Nichts zu tun. Hier kann das Erzählen biblischer Grunderfahrungen weiterhelfen.[16] Der

---

[13] Bonhoeffer, Nachfolge, S. 91
[14] Blumhardt in einem Brief an Pfarrer Supper; zitiert nach Tacke, S. 157
[15] M. Sperber, zitiert nach Bours, S. 190
[16] Vgl. Sundén, Religionspsychologie, S. 38: »Der Bibelleser kann in irgendeiner Situation dieser Art menschliche Verhaltensweisen und Antworten finden, die

Seelsorger erzählt gezielt biblische Begebenheiten und Beispiele. Dabei zeigt er zum einen Situationen auf, in denen sich der bei ihm Hilfesuchende wiederfindet, zum andern lädt er den Menschen in seinen Konflikten dazu ein, Wege zu suchen und zu gehen, die in biblischen Grundmustern vorgezeichnet sind. Geht es darum, die Vergangenheit einer Borderline-Persönlichkeit zu bewältigen, so ist ein gutes Beispiel der Bericht von der Mutlosigkeit, die das Volk Israel gleich nach dem Auszug aus Ägypten befallen hatte.

Die Einbeziehung der Vergangenheit

Sobald die Israeliten der Verfolgung der Ägypter gewahr wurden, befiel sie begreiflicherweise ein großer Schrecken. Das, was sich am Horizont abzeichnete, war wie eine Horrorvision. Sie sahen sich dem sicheren Tod ausgeliefert.

In dieser Situation dachten sie zurück an die Vergangenheit. 400 Jahre hatten die Israeliten in Ägypten gelebt. Es waren nicht nur Zeiten der Versklavung gewesen, sondern auch Höhepunkte. Die Vergangenheit war und blieb unvergessen.

Die Söhne Israels ließen die sterblichen Überreste des von seinen Brüdern nach Ägypten verkauften Josef nicht im Land Pharaos, im Land des Todes, zurück, sondern nahmen sie mit ins Land Jahwes, ins Land des Lebens. Die Mitnahme der Gebeine Josefs schlägt den Bogen zurück zum Abschluß der Josefsgeschichte und zeigt den heilsgeschichtlichen Zusammenhang auf, in dem die Geschichte des Auszugs steht. »Das Neue ist nicht ohne den Zusammenhang zum Alten.«[17] Zur Zeit Josefs wurde den Israeliten das Land Goschen als ihr Land übertragen (1Mo 47,6).

Nach Josefs Tod begann die Geschichte der Versklavung. Der Auszug nun war der Beginn der Freiheit. Allein die Tatsache, daß

---

er in seiner eigenen Situation ohne Schwierigkeiten zu seinen eigenen machen kann. Das bedeutet, daß er die in der biblischen Situation gegebene menschliche Rolle übernimmt; aber in demselben Augenblick wird die in der biblischen Situation gegebene Rolle ›Gott‹ sein Wahrnehmungsmuster, was dazu führt, daß seine eigene Situation sich ändert. Er nimmt sie in einer neuen Weise wahr.«
Vgl. auch Sundén, Gott erfahren, S. 51 ff.

[17] Pákozdy, 2. Mose 14, S. 77

die sterblichen Überreste Josefs durch vier Jahrhunderte hindurch aufbewahrt wurden, ist ein Hinweis dafür, daß der Gedanke an die Rückkehr in das Land, das Gott bereits Abraham zugesprochen hatte, nie ganz geschwunden war.

Am Schilfmeer eingekesselt, sah es so aus, als ob die Israeliten das Land des Lebens nie erreichen würden. Eine unbeschreibliche Mutlosigkeit machte sich breit und damit verbunden eine Verherrlichung der Vergangenheit. Der ganze Unmut des Volkes richtete sich gegen Mose, den Knecht Jahwes. Auf ihn prasselten die Vorwürfe nur so hernieder.

Was Mose hier und in Zukunft noch oft erfahren mußte, ist geradezu eine natürliche Reaktion verzagter Menschen. »Wenn wir verzweifelt sind, sind wir unleidlich, unsachlich und ungerecht.«

Die Vergangenheit der Borderline-Persönlichkeit ist durchzogen von überwiegend negativen Erfahrungen, die zu neurotischen Prägungen führten. Hier muß das Sich-Erinnern einmünden in die Vergebung. Jesus sagt: »Wenn ihr den Menschen ihre Fehler vergebt, so wird euch euer himmlischer Vater auch vergeben. Wenn ihr den Menschen ihre Fehler nicht vergebt, so wird euch euer himmlischer Vater auch nicht vergeben« (Mt 6,14.15).

Es ist eine der wenigen Zusagen Jesu, die an eine Bedingung gebunden ist. Die Bedingung heißt: Ich kann vergeben!«

Vergangenheit bewältigen heißt: »Es ist vergeben.«

»Es ist vergeben« ist nicht das im herablassenden Ton gesprochene: »Ich vergebe Dir«, sondern die frohe Bestätigung: »Vater, Mutter, es ist vergeben! Freund, es ist vergeben! Kollege, es ist vergeben!«

Empathy – Einfühlung, Empathie

These: »Der ist ein Narr, der sich an der Vergangenheit die Zähne ausbricht, denn sie ist ein Granitblock und hat sich vollendet.« (Saint-Exupéry)[18]

---

[18] Saint-Exupéry; zitiert nach Grüninger/Brandes (Hrsg.), S. 14.

Eine der Grundvoraussetzungen der Seelsorge ist die »einfühlende Begegnung mit dem leidenden Nächsten«.[19] Diese konsequent partnerzentrierte Grundeinstellung wird mit dem Fachausdruck *Empathie* umschrieben. Empathie wird in den einzelnen Seelsorgeschulen verschieden gedeutet. H.S. Sullivan übersetzt Empathie mit »Einfühlung«, wie sie in der Mutter-Kind-Beziehung gegeben ist. Emotionen in der Mutter strahlen auf das Kind aus, ohne daß man genau sagen kann, wie dies geschieht.[20] C.R. Rogers versteht unter Empathie, daß der Therapeut die private Welt des Klienten verspürt, als wäre sie die eigene, ohne jedoch je die »Als-Ob-Qualität« außer acht zu lassen.[21]

Wenn sich ein Seelsorger »empathisch« seinem Gesprächspartner zuwendet, wird er zuerst mit Wunden konfrontiert, die sein Mitleid hervorrufen. Er steht in Gefahr, sich der »Wunde des Mitleides zuzuwenden, aber am wesentlichen Leben und Bedürfen des Mitmenschen vorüberzugehen«.[22] Gerade bei Borderline-Persönlichkeiten ist es wichtig, Mitgefühl nicht mit Mitleid zu verwechseln. Eine Aussage wie: »Du tust mir so leid« könnte zu einem Zornausbruch führen, da der Betroffene sich herablassend behandelt fühlt.

Der Seelsorger wird einem Hilfesuchenden nicht gerecht, wenn er diesen nur als leidendes Gegenüber sieht und sich ausschließlich mit den Störungen und Einbußen seines Lebens befaßt. Im Unterschied zu dem Mitleidenden sieht der sich einfühlende Seelsorger den andern als ganzen Menschen, das heißt auch unter dem Gesichtspunkt seiner von Gott entfremdeten Geschöpflichkeit. Gott hat den Menschen als freies Wesen geschaffen. Er gab ihm die Möglichkeit, frei zu wählen: das Leben als Geschenk anzunehmen oder es eigenmächtig selbst zu lenken. »Die Paradiesgeschichte zeigt, daß der Mensch den Eigenentwurf und die Selbstmacht gewählt hat.«[23] Seit diesem Augenblick heißt sich des ganzen Menschen anzunehmen immer auch die konkrete Schuld des einzelnen ernst

---

[19] Tacke, S. 116
[20] Vgl. Bärenz, S. 113
[21] Vgl. ebd.
[22] Tacke, S. 116
[23] Bours, S. 136

zu nehmen und ihm auf das Bekenntnis der Schuld hin die Vergebung zuzusprechen. »Vom ganzen Menschen reden heute alle. Gesehen wird er nur von wenigen.«[24]

Auf der Suche nach Identität

Zum Kernproblem der Borderline-Persönlichkeit gehört das Fehlen eines klaren Identitätsgefühls.

Der Begriff Identität ist sehr jung. Er kann ganz allgemein übertragen werden mit: »Das Wissen des Menschen um sich selbst, und zwar von seiner Existenz her.«[25] In der Vorgeschichte des Begriffes Identität, der nur bis zum Ende des letzten Jahrhunderts zurückreicht, spielt die Rede vom Selbst eines Menschen die entscheidende Rolle. Es war Erik Erikson, der den Begriff Identität oder genauer den der »Ich-Identität« prägte und ihm in den Sozialwissenschaften zum Durchbruch verhalf.[26] Erikson versteht unter »Ich-Identität« die spannungsreiche Erfahrung, sich einer Gemeinschaft zugehörig zu fühlen und dabei dennoch einmalig und unverwechselbar zu bleiben.

Diese beiden untereinander in Spannung stehenden Erfahrungen nennt man in der Folgezeit »soziale Identität« und »persönliche Identität«. Zur sozialen Identität eines Menschen gehören seine Familie, sein Lebenskreis, seine Berufswelt;

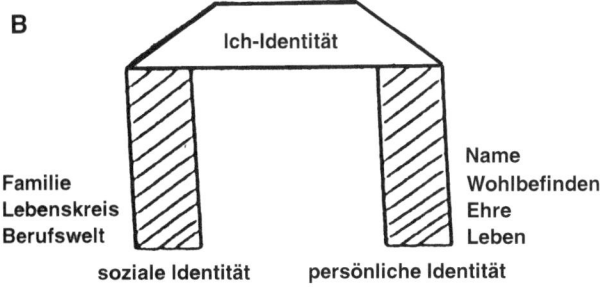

[24] Seitz, Praxis, S. 76
[25] Langemeyer, S. 283
[26] Zur Würdigung des Ansatzes von E. Erikson vgl. Fraas, S. 47.

zur persönlichen Identität sein Name, sein Wohlbefinden, seine Ehre, sein Leben.

Bei der Borderline-Persönlichkeit sind beide Pfeiler der Ich-Identität ins Wanken geraten, so daß das Haus der Ich-Identität ständig einzustürzen droht.

Zu den häufigsten Ursachen der Borderline-Störung gehören Verluste und Traumatisierungen in der Kindheit, z.B. Vaterverlust durch Scheidung und Tod, Ablehnung, Fremdplazierung (z.B. Adoption), sexueller Mißbrauch und Zeugesein von elterlichem Streit. Aufgrund dieser Erfahrungen gelingt es der Borderline-Persönlichkeit nicht oder nur schwer, sich einen eigenen Freundes- und Lebenskreis aufzubauen und längerfristige Ziele oder Berufswünsche zu verfolgen. Der Pfeiler der sozialen Identität droht einzustürzen. Die persönliche Identität ist erschüttert durch Gefühle des Verlassen-, Verschlungen- und Ausgelöschtwerdens. Dies führt u.a. zu Selbstverletzungen und Suizidversuchen. Der Pfeiler der persönlichen Identität ist erschüttert. Für Borderline-Persönlichkeiten gilt in besonderer Weise, was für das Haus der Identität jeder Persönlichkeit notwendig ist: Das Haus der Ich-Identität braucht einen dritten Pfeiler.

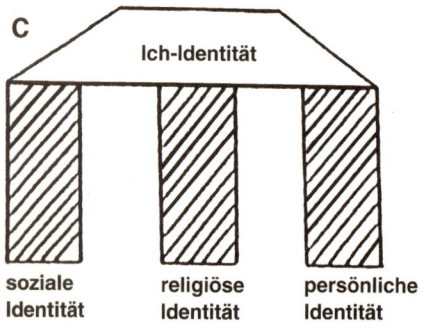

Klaus Seybold nennt diesen dritten Pfeiler die »religiöse Identität«.[27] Der Pfeiler umfaßt die Fragen des Glauben- und Betenkönnens. Dabei ist auch die religiöse Identität nichts Statisches, keine Größe, die man ein für allemal hat; auch sie ist beim Einstürzen bedroht. Deshalb muß sie in einem dynamischen Prozeß immer neu errungen werden. Das heißt, auch für den Glaubenden ist eine Krankheit – speziell die Borderline-Störung – nicht nur eine Lebens-, sondern auch eine Glaubenskrise.

---

[27] Seybold, S. 126+130

Auf dem Ausweg aus der Lebens- und Glaubenskrise ist das Sich-Erinnern nur der erste Schritt. Denn das bloße Erinnern bedeutet noch nicht Bewältigung. Es kann sogar in eine verhängnisvolle Sackgasse führen, in Not, Verzweiflung und Unmut. Das ausschließliche Sich-Beschäftigen mit der Vergangenheit bewirkt, daß das Gegenwärtige und Kommende fremd wird. Auch hier ist es hilfreich, wenn der Seelsorger der Anregung Victor Frankls folgt und seinem Gegenüber von den Grunderfahrungen Israels in der Wüste berichtet.

Die Annahme der Gegenwart

Die Israeliten hatten große Wunder erlebt. Ihre Unterdrückung hatte ein Ende gefunden, doch sie waren in eine neue Zukunft gezogen. Am Schilfmeer aber schien alles zu Ende zu sein. Alles, was sie sahen, war Chaos, Vernichtung und Tod.

Entscheidend war in dieser Situation, daß die Israeliten ihre Verzweiflung und Furcht nicht einfach herausschrien, sondern daß sie ihre Worte an Jahwe adressierten. Sie »schrien zu Jahwe«, das heißt, sie wandten sich in ihrer Verzweiflung an Gott. Die Gegenwart Gottes war ihnen in ihrer Not problematisch geworden. Ihr Glaube war angefochten, dennoch hielten sie an Gott fest. Sie schrien zu Gott um ein Zeichen, das ihnen helfen sollte, es weiter mit Gott zu wagen. Das Zeichen für Israel war die Wolke, verbunden mit der Gewißheit: In, mit und unter der Wolke ist Gott, dessen Name heißt: »Ich bin da« (2Mo 3,14).

Dietrich Bonhoeffer schreibt in einer Nacht im Gefängnis in Tegel eine kurze Abhandlung unter der Überschrift »Optimismus«. Er grenzt sich ab von dem »dummen und feigen Optimismus«, der heiteren Auffassung von Welt und Leben.

Ein dummer und feiger Optimist ist der, der über alles hinwegsieht und sich mit allem zufriedengibt. Ein solcher Optimismus muß nach Bonhoeffer »verpönt« werden.

Den *wahren Optimismus* nennt Bonhoeffer »eine Lebenskraft«,
eine Kraft der Hoffnung, wo andere resignieren,
eine Kraft, den Kopf hochzuhalten, wenn alles fehlzuschlagen scheint,

eine Kraft, Rückschläge zu ertragen,
eine Kraft, die die Zukunft niemals dem Gegner läßt, sondern sie für sich in Anspruch nimmt.«[28]

Bonhoeffer hätte allen Grund dazu gehabt, an der Welt und am Leben zu verzweifeln. Das aber, was ihn Optimist im besten Sinne des Wortes sein ließ, war das Vertrauen auf die heilige Hand Gottes. Er wußte: Das Chaos ist nicht alles! Gott läßt mich nicht in der Tiefe versinken. Er läßt uns am Rand des Nichts nicht abstürzen. Bonhoeffer sah nicht nur das Chaos, sondern das Ganze. Er wollte nicht nur das Schöne haben und das Schlimme ausklammern. Er fand ein Ja zu beidem! So wurde er zu einem Menschen, für den die Nacht eine Möglichkeit wurde zu wachsen. Er wußte, daß das Schwere wie das Schöne zum Leben gehört. Das Standhalten im Schweren wurde ihm zum Gewinn. »Dem Leben standzuhalten, wie es kommt: einmal, weil man die Gefahr besser überwindet, wenn man ihr entgegensteht, als wenn man sich von ihr einschüchtern läßt; den Schmerz leichter bewältigt, wenn man ihn frei trägt, als wenn man sich in ihm verkrampft.«[29]

Bonhoeffers Geheimnis war das der Glaubenden aller Zeiten: Er war entschlossen, alles mit Gott zu wagen.

Truth – Wahrheit, Realität, Grenzen

These: Wahrheit, in nackten Worten ausgesprochen, verletzt und tötet. Wahrheit ist gekoppelt an die Liebe. Liebe kann Wahrheit offenlegen, ohne sie auszusprechen. Wahrheit wird nicht gesagt, sondern behutsam »entborgen«.[30]

Die sogenannte T-Aussage repräsentiert Wahrheit und Realität. Hier weisen der Therapeut und der Seelsorger darauf hin, »daß die Borderline-Persönlichkeit zu guter Letzt für ihr Leben selbst verantwortlich ist und daß Hilfeversuche anderer ihr diese Eigenverantwortung nicht abnehmen können«.[31] Dieser dritte Schritt ist für

---

[28] Bonhoeffer, Widerstand, S. 29
[29] Guardini, Tugenden, S. 116
[30] Seitz, Praxis, S. 140
[31] Kreisman/Straus, S. 149

die Borderline-Persönlichkeit der schwierigste und zugleich der wichtigste.
- *Der schwierigste Schritt* ist er, weil ein großer Teil der Borderline-Persönlichkeiten realistische Konsequenzen ausschließt oder zurückweist.
- *Der wichtigste Schritt* ist er, weil nur die Übernahme von Eigenverantwortung weiteren Verstrickungen entgegenwirkt.

Das Aufzeigen der Wahrheit, der Realität, kann nicht losgelöst von Unterstützung und Einfühlung geschehen. Die Wahrheit wird nur gehört im Verbund mit Unterstützung und Mitgefühl. Hier gilt wie bei jeder weiterführenden Begegnung: *Ein Mensch nimmt Korrektur und Weiterführung nur in dem Maße und Umfang an, wie er zuvor Annahme und Bestätigung empfangen hat.*

Die Bedeutung von Annahme im Sinne von »positiver Wertschätzung und emotionaler Wärme«[32] kann in zwei Sätzen zusammengefaßt werden:
- *Annahme* ist nicht an Bedingungen gebundene Wertschätzung und Wärme.
- *Annahme* äußert sich in der Bereitschaft, an allem Anteil zu nehmen, wobei das Gegenüber eine autonome Person bleibt.

Wie bei der Unterstützung und Einfühlung, so geht auch bei dem Aufzeigen der Wahrheit und Realität der christliche Seelsorger einen eigenen Weg[33]:

Das Proprium christlicher Seelsorge: Hoffnung

Das Zursprachebringen von Wahrheit und Realität orientiert sich an folgenden Leitlinien:

- Das ist geschehen . . .
- So sehen die Folgen aus . . .
- Das kann ich dazu beitragen . . .
- Was gedenkst du zu unternehmen . . .?[34]

---

[32] Tausch, S. 112
[33] Vgl. Thilo, S. 74.
[34] Vgl. Kreisman/Straus, S. 149.

Was unterscheidet aber nun christliche Seelsorge von anderen Wegen der Hilfestellung?

Auf die Frage nach dem unterscheidend Christlichen lautet die Antwort in aller Regel: Das ist die Liebe. In Wirklichkeit sind Christen, was die Liebe angeht, oft nicht besser als andere. Es gibt Nichtglaubende und Angehörige fremder Religionen, die in einem Maße Menschen der Nächstenliebe sind, daß sie viele Christen beschämen. Das unterscheidend Christliche ist nicht die Liebe, sondern die Hoffnung.[35] Wer an Jesus Christus glaubt, lebt in der Hoffnung. Was Hoffen bedeutet, läßt sich am ehesten mit den beiden alttestamentlichen Worten für das deutsche »hoffen« umschreiben:

Hoffen heißt im Alten Testament soviel wie Schnur, Leitfaden und Zukunft (hebräisch: tiqwah).[36] Allein der Hoffende hat Zukunft. Wer die Hoffnung aufgibt, schneidet sich selbst die Zukunft ab. Hoffnung gleicht einer bis zum äußersten gespannten Schnur, die nicht zerreißt. Hoffnung ist wie ein Leitfaden, den Gott als Spur in diese Welt legt, damit sich der Mensch daran orientieren kann. Hoffen heißt: Es gibt einen Leitfaden, der auch an den Grenzen des Lebens nicht zerreißt, einen Faden der Orientierung, der dem Menschen den Weg zeigt aus dem Labyrinth, in dem er sich verirrt hat.

Ein Labyrinth ist eine Anlage von verwirrender Unübersichtlichkeit. Sprichwörtlich wurde es durch den sagenumwobenen kretischen König Minos, dessen Tochter den Weg aus den Irrgängen, in denen auch noch ein Ungeheuer wohnte, ermöglichte. Sie gab nämlich Theseus, der das Untier töten wollte, ein Garnknäuel, mit dem er seinen Weg kennzeichnete. An dem ausgelegten Faden orientierte er sich auf seinem Rückweg und fand so den Ausgang aus dem Labyrinth.

In den Psalmen steht das Wort: »Ich hoffe auf sein Wort« (Ps 130,5). Gott hat mit seinem Wort den Menschen einen Leitfaden gegeben. Die Worte des Alten und Neuen Testaments sind eine von Gott in diese Welt gelegte Spur. Den Ausweg finden heißt an diesem Faden entlanggehen!

---

[35] Vgl. ebd., S. 48.
[36] Vgl. Waschke, Sp. 1225+1234. Die israelische Nationalhymne heißt hatiqwah: Die Hoffnung.

Eine Borderline-Persönlichkeit versteht das Bild des Labyrinths. Ihr helfen keine Seminare voller Selbstmitleidung und Selbstbestätigung, sondern nur Worte der Orientierung. Es gibt Worte für den Tag: Losungen, die tägliche Bibellese, Worte an besonderen Marksteinen des Lebens: Taufe, Konfirmation, Trauung u.a. Mit diesen Worten gilt es zu leben.

Ein zweites Wort für »hoffen« im Alten Testament beschreibt das vertrauende Warten und Hoffen (hebräisch: jahal). Es ist die Hoffnung, die die Zuversicht nicht aufgibt, auch dann nicht, wenn die Mauern unüberwindlich scheinen. Es umfaßt das Moment des Vertrauens und des persönlichen Hingebens an Gott.[37] Ein solches vertrauendes Warten erweist sich in der Haltung, es immer neu mit Gott zu wagen und immer neu anzufangen. Hoffnung gibt es auch dann, wenn es so aussieht, als sei der Hoffnungsfaden zerrissen!

Es gibt Situationen, wo aus den wirklich bestehenden bangen Tatsachen kein Weg herauszuführen scheint. Wenn kein Faden, keine Hoffnungsschnur mehr sichtbar ist, gilt es, immer neu anzufangen! Das Lateinische hat dafür zwei Worte: semper incipe. Allzeit fang an![38] Im Alten Testament wird der Beter aufgefordert: »Hoffe auf den Herrn!« Fang immer neu an, mit deinem Herrn zu gehen! »Denn bei dem Herrn ist Gnade, und viel Erlösung ist bei ihm« (Ps 130,7).

Paulus kennzeichnet Gott als Gott der Hoffnung: »Der Gott der Hoffnung möge euch erfüllen mit aller Freude und allem Frieden, indem ihr glaubt, daß ihr reich werdet an Hoffnung durch die Kraft des heiligen Geistes« (Röm 15,13).

Mit dem Namen »Gott der Hoffnung« wird Gott im Neuen Testament nur an dieser Stelle genannt. Als »Gott der Hoffnung« macht er die, die an ihn glauben, reich an Hoffnung, das heißt, es gehört zu den Kennzeichen Gottes, daß er die Hoffnung in die Menschheit legt.

»Das Hoffen«, so formuliert es Charles Péguy, »ist schwer!

---

[37] Vgl. Barth, jahal, Sp. 603–610.
[38] Vgl. Guardini, Tugenden, S. 52.

Und es ist leicht und der natürliche Drang geht dahin zu verzweifeln, und das ist die große Versuchung.«[39]
Gott ist ein Gott der Hoffnung!
– Er legt mit seinem Wort eine Spur in diese Welt.
Hoffen heißt, sich an diesem Leitfaden zu orientieren.
– Gott verbürgt sich dafür, daß jeder Mensch eine Zukunft hat. Kein Mensch muß verzweifeln. Mit Gott kann jeder Mensch immer neu anfangen.

Schritte in die Zukunft

Für Victor Frankl ist die Wüstenwanderung Israels ein Grundmuster, an dem abzulesen ist, wie Schritte in die Zukunft aussehen können. Da der Seelsorger nicht davon ausgehen kann, daß die biblische Geschichte der bei ihm Hilfe suchenden Borderline-Persönlichkeit bekannt ist, erzählt und erläutert er die biblischen Ereignisse.

Am Schilfmeer war Mose als einziger nicht entmutigt, weder durch die drohende Gefahr noch durch die Vorwürfe, die ihm sein Volk machte. Er antwortete mutig und mit ungemindertem Vertrauen auf Jahwe. »Fürchtet euch nicht! Stellt euch hin und seht euch die Rettung Jahwes an, die er euch heute widerfahren läßt. Denn wie ihr die Ägypter heute gesehen habt, werdet ihr sie in alle Zukunft nicht wiedersehen. Der Herr wird für euch kämpfen, ihr aber verhaltet euch still« (2Mo 14,13.14). Auf den Inhalt der Vorwürfe geht Mose überhaupt nicht ein. Er sah in ihnen einen hilflosen Ausdruck einer an Gott gerichteten Klage, und dementsprechend fiel auch seine Antwort aus:

»Fürchtet euch nicht!«
Mit dieser mutmachenden Zusage stößt Mose vor bis an die Wurzeln der Mutlosigkeit. Mose begegnet der Furcht des Volkes, die die Verzagtheit und das Murren auslöste, mit diesem Zuruf. Mose rechnet mit dem, was Gott zu tun versprochen hat. Sein Glaube reicht über die augenblickliche Situation hinaus. Mose nimmt sei-

---

[39] Ch. Péguy; zitiert nach Grüninger/Brandes (Hrsg.), S. 76

nen Standort im Zukünftigen. »Er ist über das, was jetzt ist, schon voraus. Vorn ist Gott!«[40]

Der zweite Zuspruch, den Mose weitergegeben hatte, lautete: *»Jahwe wird für euch kämpfen.«*
Mose fordert hier zu keinem Heiligen Krieg auf, an dem Menschen beteiligt sind, sondern er spricht von einem Krieg, den Jahwe allein führt. Das Alte Testament kennt durchaus Kriege, in denen zwar Jahwe der eigentlich Handelnde ist, Israel aber dennoch kriegerisch in den Kampf eingreift. Am Schilfmeer ist dies anders. Hier sind das alleinige Handeln Jahwes und das kriegerische Handeln Israels Gegensätze, die einander ausschließen. Jahwe wird alles selbst tun. Gottes Volk wird nicht einen einzigen Pfeil abschießen. Der Weg ins Schilfmeer wird zum Tor des Lebens. Ägypten wird auf so wunderbare Weise besiegt und vernichtet, daß Mose sagen kann: »Wie ihr die Ägypter heute gesehen habt, werdet ihr sie in alle Zukunft nicht wiedersehen« (2Mo 14,13).

Wenn Gott den Menschen einen Weg führt, dann erspart er ihm weder das Marschieren noch die Ängste, weder den Schweiß noch die Hilferufe.

Für die Israeliten gehörte ein unendlicher Mut dazu, auf das Meer loszumarschieren. Noch wußten sie nicht, was wirklich geschehen würde. Dennoch brachen sie auf. Sie erlebten buchstäblich, wie die Brücke unter ihren Füßen wuchs.

Der dritte Teil des die Zukunft eröffnenden Zuspruchs lautete: *»Ihr aber verhaltet euch still.«*
Die Israeliten werden von Mose zu keinerlei kriegerischer Aktivität angespornt. Sie sollen stehen und schauen, staunen und stille sein. Gott allein rettet – und das ohne Waffengewalt (vgl. Sach 4,6) und ohne menschliches Zutun. Die Rettung am Schilfmeer wird mit einer Begrifflichkeit erfaßt, die weit über die Vorstellung von einem rein kriegerischen Ereignis hinausgeht. Gott läßt Israel tatenlos beiseite stehen. Eine solche Haltung fordert höchste innere Aktivität. Sich hinstellen, standhalten und stille sein (2Mo 14,13f) heißt,

---

[40] Voigt, 2. Mose 14, S. 110

Jahwe ungeteilt zu vertrauen, jeglicher Angst zu wehren, die den Glauben auffressen will, und jeden aufkommenden Zweifel an Gottes Machterweisen zu verbannen.

Der Seelsorger, der einer Borderline-Persönlichkeit einen biblischen Text in der oben beispielhaft aufgezeigten Weise vermittelt, legt damit ein Grundmuster, das in den sich wiederholenden Situationen abrufbar ist. Gerade die Begebenheiten am Schilfmeer zeigen einer Borderline-Persönlichkeit die Umsetzung des Bildwortes von der Brücke, die gar nicht existiert, die sich aber Stück um Stück unter den Füßen dessen ausbreitet, der es wagt, seinen Fuß über den Abgrund zu setzen.

Reinhold Schneider (1903-1958) greift – ähnlich wie Manès Sperber – das Bild von der Brücke auf, die gar nicht existiert. Er sagt: »Der Weg wächst im Gehen unter deinen Füßen wie durch ein Wunder.«[41]

Ein solches Wort kann auch für eine Borderline-Persönlichkeit Wirklichkeit werden. Voraussetzung dafür ist, daß der Ratsuchende vertraut gemacht wird mit biblischen Grundmustern, mit Worten aus der Heiligen Schrift. Sie ist die Spur, die den Weg im Weglosen zeigt. Entscheidend dabei ist, daß der Seelsorger der Borderline-Persönlichkeit zweierlei zu vermitteln weiß:
- Gott hat für jeden Menschen ein Ziel. Er setzt keinen Menschen im Ewig-Weglosen aus.
- Keiner muß seinen Weg alleine gehen. »Verborgen geht ein Anderer mit.«[42] Dieser »Andere« ist Jesus.

Für den Christen – und dies gilt auch für die Borderline-Persönlichkeit – ist das Gehen im Weglosen kein blindes Abenteuer. Der Wanderer im Weglosen hört die Stimme Jesu: »Ich bin der Weg« (Joh 14,6).

---

[41] Reinhold Schneider; zitiert nach Bours, S. 190
[42] Bours, S. 191

Kapitel 6

Krankheit oder Dämonie?

Ein besonderer Aspekt in der seelsorgerlichen Begleitung von Borderline-Patienten

Christen mit Borderline-Störungen neigen dazu, ihre Erlebnisse durch übernatürliche Einwirkungen zu erklären. Nicht selten fassen Borderline-Persönlichkeiten das, was sie an sich und in sich erleben, in die Worte: »Das bin ich gar nicht mehr. Da ist etwas anderes, ja eine andere Person in mir, die mich bestimmt!« Sie steigern sich dabei oft so in ihre Vorstellung okkulter Kräfte hinein, daß sie die farbigsten Beschreibungen dämonischer Belästigungen geben können. Aus diesem Grund wird die Frage: Ist meine Zerrissenheit Krankheit oder Besessenheit? von der Borderline-Persönlichkeit an den Seelsorger herangetragen. Eine Antwort und Hilfe hängt von der Klärung dessen ab, was sowohl der Betroffene als auch der Seelsorger unter Dämonie verstehen.

Dämonie – eine Begriffsbestimmung

Sein Werk »Flucht vor dem Gewissen – Analyse von Über-Ich und Abwehr bei schweren Neurosen« beginnt Léon Wurmser mit dem Kapitel: »Wanderer zwischen zwei Welten.« Das Leitwort entnimmt Wurmser aus Goethes Faust: »Ich bin der Geist, der stets verneint.« In der Auswertung von Therapiebeispielen taucht immer wieder der Begriff des Dämons oder des Dämonischen auf. Drei kurze Beispiele sollen hier genannt werden:

- Nach 51 Therapiestunden kommt Wurmser bei einem jungen Mann zu dem Ergebnis: »Es ist eine wilde Macht in ihm, ein Dämon, der ihm auf der Wüstenstraße seines entleerten Dahinlebens aufgelauert und sich seiner bemächtigt hat.«[1]
- Von einer 30jährigen Frau, die nach Wurmsers Analyse in ständigem und zeitweise lebensgefährlichem Widerstreit mit ihrem Gewissen steht, schreibt er: »Aus diesem Widerstreit erwächst in ihr, wie eine giftige Blüte, die unheimliche Gestalt des Dämons.«[2]
- Um einen Dämon als fremde Gegenmacht geht es auch in den 157 Therapiestunden mit einer jungen Ärztin. Für Wurmser ist jedoch das, was von seinen Patienten als Dämon oder Dämonisches beschrieben wird, »letztlich nichts anderes als die zwingende Macht der Neurose, die sich gegen den bewußten Willen durchzusetzen und Handlungen und Gefühle so zu entscheiden vermag, daß Interessen und Glück immer wieder vergiftet und jeder Erfolg vernichtet wird«.[3]

Wurmser kennt nur eine »Als-ob-Besesssenheit«: »Es ist wirklich so, als ob der Patient besessen wäre: Im Ausnahmezustand übernimmt ein innerer Dämon die Herrschaft.«[4]

Léon Wurmser ist Jude und Humanist. Seine psychiatrisch-phänomenologische Ausbildung erhielt er in der Schweiz. In seiner Beurteilung der Dämonen und des Dämonischen steht Wurmser auf der Linie Rudolf Bultmanns (1884-1976). Für Bultmann ist das Wissen um die Macht der Dämonen antiquiert, »erledigt durch die Kenntnis der Kräfte und Gesetze der Natur«.[5]

Zu völlig anderen Ergebnissen kommen der Neutestamentler Julius Schniewind (1883-1948) und der systematische Theologe Helmut Thielicke (1908-1986). Schniewind nennt die Dämonen »die transsubjektive Wirklichkeit des Bösen«.[6] Nach Thielicke handelt es sich bei den Dämonen nicht »um einen Anthropomorphis-

---

[1] Wurmser, S. 1
[2] ebd., S. 2
[3] ebd., S. 3
[4] ebd., S. 263
[5] Bultmann, S. 17
[6] Schniewind, Antwort, S. 113

mus, sondern um reale Mächte«.[7] Ziel der dämonischen Mächte ist es, »ihr Opfer in den Zustand der Hörigkeit zu bringen«.[8]

Das Rechnen mit Dämonen als realen Mächten führte in manchen seelsorgerlichen Strömungen zu einer höchst bedenklichen, ja gefährlichen Praxis der Okkultdiagnostik und -therapie.[9] Bevor ein Seelsorger sich in diesen Bereich begibt, muß er sich deshalb konsequent auf das beschränken, was im Alten und Neuen Testament über Satan und die Dämonen ausgesagt und aufgeschlossen wird.

Der »Steckbrief« Satans und der Dämonen

Kommt eine Borderline-Persönlichkeit in ihrer Zerrissenheit und Not zu dem Ergebnis: »In mir ist eine fremde, satanische Macht, die mich bestimmt«, so ist ein Stück biblischer Verkündigung die erste und vornehmste Aufgabe des Seelsorgers. Verkündigung ist ein nie aufgebbarer Teil der Seelsorge. Der Seelsorger wendet sich dem Menschen in seiner Gesamtheit zu. Er sieht den Menschen in seiner Geschöpflichkeit, in seiner physischen und psychischen Not. Gleichzeitig weiß er um die Bestimmung des Menschen. Gott hat den Menschen nicht nur geschaffen, er hat ihn in Jesus erlöst. Er lädt ihn in seinem Wort ein zu einem Leben, das einmündet in die ewige Herrlichkeit. Für einen Seelsorger, der sich dem ganzen Menschen zuwendet, gibt es keine Trennung zwischen Wort und Tat, zwischen Fürsorge und Seelsorge, zwischen Lebenshilfe und Glaubenshilfe, zwischen Beratung und Verkündigung, zwischen Diakonie und Theologie.[10]

Wie ein Seelsorger einen von einem Dämon Besessenen ganzheitlich begleiten kann, zeigt ein Blick auf das seelsorgerliche Wirken Johann Christoph Blumhardts (1805-1880).

Für Blumhardt gab es kein glaubenstherapeutisches Handeln ohne die Einbeziehung der Hilfe- und Heilungsuchenden in den Gottesdienst. Er schreibt: »Auf den Gottesdienstbesuch lege ich

---

[7] Thielicke, Fragen des Christentums, S. 165
[8] ebd., S. 194
[9] Vgl. Pfeifer, Okkulte Belastung, S. 4 f.
[10] Vgl. Luther, H., S. 475.

einen Hauptwert, weswegen die Kranken meist nur am Sonnabend oder Sonntagmorgen, da sie mich erst nach der Kirche besuchen dürfen, hierherkommen.«[11] Zum Samstagabendgottesdienst lud Blumhardt in die Schule in Möttlingen ein. Er wurde »einfältig katechetisch gehalten, ohne daß ich anders, als ich's für meine Gemeinde dienlich finde, redete oder predigte«.[12]

Die Voraussetzung für hilfreiche Einzelgespräche mit Borderline-Persönlichkeiten, die ihre Zerrissenheit als satanisch bedingt bezeichnen, ist eine fundierte biblische Unterweisung über die Rolle Satans und seiner Dämonen.

Da Satan der Herr der Dämonen ist, gilt es, an erster Stelle seine Machtbefugnisse aufzuzeigen.

Der Satan, wie ihn das Alte Testament bezeugt, ist eine »durchaus analogielose Gestalt«.[13] An jeder Stelle des Alten Testaments, die von »dem Satan« bzw. von »Satan« berichtet, spielt dieser eine klar umrissene Rolle. Dabei ist zu beobachten, wie sich einzelne Wesenszüge Satans ganz unterschiedlich herauskristallisieren und zur Entfaltung kommen.[14]

Satan, der Widerspruchsgeist

Wie ganz selbstverständlich erscheint Satan vor Gottes Thron (Hiob 1,6-12). Er gehört zu den Söhnen Gottes. Er hat Zugang zu Gottes Thron. Er ist von seinem Ursprung her keine unabhängige oder eigenständige böse Macht, kein Gegengott, keine Dämonsfigur. Seiner Herkunft nach ist er einer der Boten Gottes. Satan war ursprünglich ein Gesandter, der wie alle anderen himmlischen Wesen im Auftrag des alleinigen Gottes handelte.

Satan, der Verleumder

Bei seinem zweiten Auftritt in der himmlischen Versammlung der Söhne Gottes behauptet Satan, Hiob habe sich wie alle anderen der

---

[11] Blumhardt, S. 15
[12] ebd.
[13] v. Rad, diabolos, S. 74
[14] Zum folgenden vgl. Bräumer, Hiob 1-19, Exkurs III: Satan, S. 48-57.

Ethik des Tausches verschrieben (Hiob 2,3-5). Seine erneute Anfeindung gegen Hiob leitet er mit dem Sprichwort »Haut für Haut« ein. Mit diesem Gleichniswort behauptet Satan, daß für Hiob seine Frömmigkeit nichts anderes als ein einträgliches Geschäft sei. Satan bringt Hiob in üblen Ruf, er verläßt seine Botenrolle und wird zum Verleumder. Er feindet Hiob an. Als Verleumder und Feind des Menschen ist Satan die verkörperte Bedrohung der menschlichen Existenz.

Als das Alte Testament im 3. Jahrhundert v.Chr. in das Griechische übersetzt wurde (Septuaginta), übertrugen die Übersetzer den Titel bzw. den Namen Satan mit »diabolos«. Das dem Substantiv »diabolos« zugrundeliegende Zeitwort bedeutet soviel wie »auseinanderbringen, abbringen, anklagen, verleumden, ablehnen, jemandem etwas angeben im Sinne von hinterbringen«.[15] Entsprechend der Vielfalt dieser Bedeutung ist der Diabolos
  der Angeber, der etwas hinterbringt,
  der Ausplauderer,
  der Auseinanderbringer,
  der Verleumder,
  der Verdächtiger,
  der Durcheinanderbringer und
  der Denunziant.
In seiner Funktion als »Durcheinanderbringer« gehört es zur Taktik Satans, das Gute so weit in das Extreme abzudrängen, daß es in der Radikalität endet und damit in sein Gegenteil, in Böses, verkehrt wird. »Es gibt keine Tugend, der der Teufel nicht sein Extrem beilegt.«[16]

Satan, der Ankläger

Im vierten Nachtgesicht sieht der Prophet Sacharja, wie der Hohepriester Jeschua vor dem Engel Gottes im Himmel stand, »während Satan sich zu seiner Rechten stellte und ihn anklagte« (Sach 3,1-4). Der Engel gebot Satan zu schweigen. Jeschua – so stellt der Engel

---

[15] Foerster, diaballo, S. 70
[16] Bezzel, S. 86

fest – war mit unreinen Kleidern bekleidet. Der Engel ordnete an: »Jeschua, ziehe deine schmutzigen Kleider aus!« und sagte: »Siehe, deine Verschuldung ist von dir genommen.« In diesem Nachtgesicht tritt Satan als Ankläger im Himmel auf; Sacharja schaut eine Gerichtsverhandlung, in der Satan die Anklage übernimmt. Die Anklage Satans gründet in diesem Fall aber nicht auf einer bloßen Verdächtigung oder einer menschenfeindlichen Verleumdung. Die vorgebrachte Anklage entspricht dem Tatbestand. Jeschua war schuldig geworden. Dennoch wird die Anklage niedergeschlagen, »dem Organ des Rechtes steht das der Gnade gegenüber«.[17]

Satan wird abgewiesen, weil Gott Gnade vor Recht ergehen lassen will. Satan kann den Menschen beobachten und aufgrund seiner Beobachtungen anklagen. Seine Anklage aber ist nicht schon eine Verurteilung. Es bleibt in Gottes Freiheit, trotz der berechtigten Anklage den Schuldiggewordenen freizusprechen (Sach 3,1-7).

Satan, der Verführer des Menschen

»Es trat aber Satan gegen Israel auf. Er verführte David, eine Zählung der Israeliten vorzunehmen« (1Chr 21,1).

Das Reden von Satan im Buch der Chronik hat zwei Besonderheiten:

Zum ersten und einzigen Mal im Alten Testament wird Satan ohne Artikel gebraucht. Satan ist damit eindeutig zum Eigennamen geworden. Satan ist nicht irgendein undefinierbares Phänomen, sondern eine vorstellbare Größe, nicht ein Etwas, eine Sache, sondern eine Person.

Die zweite Besonderheit ist die Aussage, daß Satan David verführt. Das Zeitwort »verführen« (hebräisch: sut) heißt: »zu etwas verleiten, zu etwas anstiften, den Ausschlag dafür geben, etwas zu tun, den Anreiz für etwas aussprechen«. Das mit diesem Zeitwort beschriebene verführerische Handeln beinhaltet »eine offensichtlich schädliche, ja böswillige Einwirkung«.[18]

---

[17] v. Rad, diabolos, S. 72
[18] v. Rad, diabolos, S. 73

Der Verführer ist Gott untergeordnet. Er ist von Gott abhängig und eingegliedert in die himmlische Versammlung der Söhne Gottes. Der Verführer ist wie alle Engel Gottes eine überirdische Person. Die Vorstellung von Satan als Verführer fordert unseren Glauben dazu heraus zu bekennen, »wie begrenzt die von uns gesehene Wirklichkeit ist, und daß Gottes Reich mehr umfaßt als die von uns erkennbare Wirklichkeit«.[19]

Die im Alten Testament deutlich aufgezeigte Kennzeichnung Satans ist gleichzeitig ein Steckbrief für die Macht der Dämonen. Zusammenfassend ist folgendes zu sagen:
– Satan und seine Dämonen haben keine göttliche Macht. Sie können den Menschen nicht vereinnahmen und überrumpeln oder besetzen, ohne daß dieser einwilligt bzw. zustimmt.
– Die Dämonen sind Boten Satans, deren einziges satanisches Ziel es ist, über den Menschen Herrschaft zu gewinnen und ihn von Gott zu scheiden.

Die Entmachtung Satans und der Dämonen

Der im C.G. Jung-Institut in Zürich diplomierte analytische Psychologe Nathan Schwarz-Salant geht in seinem Buch »Die Borderline-Persönlichkeit« an verschiedenen Stellen auf die Auseinandersetzung der Borderline-Persönlichkeit mit dem Dämonischen ein. Er spricht von einem inneren Kampf des Patienten, einem »Kampf auf Leben und Tod, bei dem sich Gott und der Satan als feindliche Kräfte gegenüberstehen«.[20]

Was immer sich Nathan Schwarz-Salant unter dem Dämonischen vorstellen mag, solange die Dämonen mit eigenständiger Macht ausgestattet sind und gegen Gott antreten können, ist ihnen der Mensch hoffnungslos ausgeliefert.

Nach dem Zeugnis des Alten, aber auch des Neuen Testamentes haben die Dämonen genausowenig wie Satan selbst eine Macht, die sie eigenständig und unabhängig einsetzen können. Im gesam-

---

[19] Westermann, S. 125
[20] Schwarz-Salant, S. 297

ten Alten Testament gibt es keine Stelle, die die Gestalt Satans dualistisch erklärt.[21] Satan ist keine »Dämonenfigur«, die Gott als eigenständige Macht gegenübersteht.[22]

Nach dem Zeugnis des Neuen Testaments erfährt Satan durch Jesus, den Erlöser, eine dreifache Entmachtung:

Die grundsätzliche Entmachtung Satans

Seit dem Kommen Jesu kann Satan seine Funktionen nicht mehr im Himmel, sondern nur noch auf Erden ausüben. Das Kommen Jesu auf die Erde ist damit verbunden, daß Satan aus dem Himmel verbannt wird. Als der aus dem Himmel Hinausgestoßene ist er der »Fürst dieser Welt« (Joh 12,31; 14,30; 16,11). Nach der Schau des Sehers Johannes wird mit der Erhöhung des Lammes der durch die Verbannung Satans aus dem Himmel freigewordene Platz neu besetzt. Es gibt für Satan keine Möglichkeit mehr, seine Anklage direkt vor Gottes Thron vorzutragen. Die Stelle, die früher Satan eingenommen hat, nimmt jetzt der Fürsprecher, Jesus, der Erhöhte, ein (vgl. Offb 5,6-10).

Für die Christen ist gemäß dem Zeugnis des Neuen Testaments der Platz vor dem Thron grundsätzlich nicht mehr durch den Ankläger besetzt, sondern durch den Erlöser Jesus Christus. Jesus, der Heiland und Erlöser, hat vor Gottes Thron die Rolle des Fürbittenden für den Menschen übernommen. Dem Teufel ist nur noch eines geblieben: seine Verführungskunst in Form von Verdächtigungen, Verleumdungen und Anklagen auf der Erde einzusetzen. Dabei ist es das erklärte Ziel Satans, den Menschen dazu zu bringen, daß er sagt: Ich verwünsche Gott! Ich sage mich los! Gott ist mir zu leicht, Gott ist mir zu wenig! Ich entscheide mich für eine andere Sicherheit! Mit diesem Ansinnen übernimmt Satan die Rolle des Verführers, die bereits im Alten Testament bezeugt ist.

---

[21] Zur dualistischen Deutung Satans in den Umweltreligionen des Alten Testaments und in der Gnosis vgl. Bräumer, Hiob 1-19, Exkurs III: Satan, S. 48 f.
[22] Vgl. Hölscher, S. 3.

Die gegenwärtige Entmachtung Satans

An allen Stellen, in denen im Neuen Testament von Satan die Rede ist, ist er der von Jesus Christus Besiegte. Er erscheint an den entscheidenden Wendungen im Leben Jesu, im Anfang bei der Versuchung (Mt 4,1ff) und an seinem Ende in Gethsemane (Mt 16,23). Satan steckt hinter dem Verrat des Judas (Lk 22,3; Joh 6,70; 13,2.27). Überall da, wo der Same ausgestreut wird, ist er geschäftig dabei, diesen wegzunehmen (Mk 4,15). Wann immer Satan nach den Christen greift, ist es Jesus Christus, der vor dem Teufel behütet (2Thess 3,3). Deshalb kann er von jedem Christen abgewehrt, »überwunden« (1Joh 2,13) werden. Der Christ, der »stark im Herrn« ist (Eph 6,10), tritt gegen Satan an. Dazu ruft Paulus immer wieder auf. Auch dann, wenn der Teufel »umhergeht wie ein brüllender Löwe« (1Petr 5,8), so »darf er nur noch knurrend umherschleichen, er darf sehen, wen er verschlinge, ohne doch wirklich verschlingen zu können, ohne es noch zu dürfen«.[23] Der Teufel ist eine »Realität«, die nicht unterschätzt werden darf. Als Glied des Hofstaates Gottes ist Satan der Widerspruchsgeist und der Verleumder. Er ist Ankläger und Verführer des Menschen. In keiner seiner Erscheinungsarten aber ist er der »teuflische Gegenspieler Gottes«.[24] Satan ist und bleibt Kreatur Gottes und war deshalb zu keiner Zeit autonom oder absolut. Er war immer, auch bevor Jesus der Herrschaft des Teufels ein Ende machte, wie es Martin Luther zugespitzt sagt, »Gottes Teufel«, und zwar in dem Sinn, daß er »seine Gewalt und sein Recht von Gott« hatte.[25]

Die endzeitliche Überwindung Satans

Sie steht noch aus (Offb 12,10-12). Bis zur Wiederkunft Jesu aber ist die Erde der Tummelplatz Satans. »Christus hat den Drachen nicht von der Erde verjagt und hier ein Weltreich des Friedens aufgerichtet, sondern er hat den Drachen auf die Erde gestürzt. Das ist

---

[23] Thielicke, Ethik, Bd. I, § 544
[24] v. Rad, Theologie, Bd. 1, S. 406
[25] M. Luther (WA 38,478); zitiert nach Thielicke, Ethik, Bd. II, 1, § 862 f.

sein Sieg, und das ist unser Sieg! Es muß uns erst wieder aufgehen, daß die Hoffnungen auf Weltverbesserung und Weltbeglückung nicht das mindeste mit dem Glauben zu tun haben, daß dieser Glaube uns wirklich nichts anderes zu bieten hat als die Gewißheit: ›Ist Gott für uns, wer mag wider uns sein?‹«[26]

Im Alten und Neuen Testament spielen Satan und die Welt der Dämonen eine untergeordnete Rolle. Weder Satan noch einer seiner Dämonen stehen Gott als auf eigenen Füßen stehende Feinde gegenüber. Ihr Wesen und ihre Existenz sind nichts anderes als »eine blasphemische Imitation des göttlichen Handelns«[27] Dabei verzerrt das Dämonische das bekannte Gesicht Gottes zur »Teufelsfratze«.[28]

Die Satan und den Dämonen verbleibende Macht

Nathan Schwarz-Salant schreibt Satan und den Dämonen eine negative Macht zu, eine Macht, die den Menschen daran hindert, sich, wie er es in Anlehnung an C.G. Jung ausdrückt, dem positiven Numinosum zuzuwenden. Vor dieser Macht hat die Borderline-Persönlichkeit eine schreckliche Angst.[29]

Die von Schwarz-Salant vorgenommene Kennzeichnung Satans als negative Macht stimmt mit den Aussagen des Neuen Testaments überein. Das Ziel Satans ist die Verwerfung Gottes, die Verkehrung der Welt und die Versuchung und Besetzung des Menschen.

Die Verwerfung Gottes

Satan und seine Boten[30] verneinen Gottes alleinige Gottheit, verfälschen Wahrheit in Lüge und versuchen, dem Menschen einzureden, daß Gott für sie zu gering, zu klein und zu schwach ist. Dies

---

[26] Bornkamm, S. 27 f.
[27] Thielicke, Ethik, Bd. I, § 826
[28] Ratchow, S. 145
[29] Vgl. Schwarz-Salant, S. 60.
[30] Vgl. Mt 25,41; 1Kor 6,3; 2Kor 12,7; 2Petr 2,4, Jud 6.

ist nichts anderes als ein Spiegelbild des Vorgehens Satans gegen Hiob (Hiob 1 u. 2). Es ist die »Dämonie des grundsätzlichen Mißtrauens«.[31]

Die Verkehrung der Welt

Dämonen haben es darauf abgesehen, Menschen zum Mißbrauch der Macht zu verführen. Wo Macht in Zwang und Gewalt umgesetzt wird, verfällt die Welt der »Selbstverderbnis«.[32]

Die Versuchung und Besetzung des Menschen

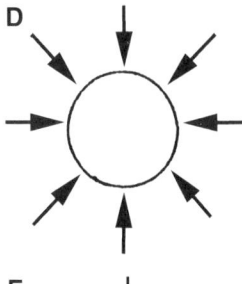

Dämonen, die Boten Satans, umkreisen den Menschen. Ihr aggressives Vorgehen richtet sich vornehmlich gegen die Menschen, die entschlossen sind, Gott die Treue zu halten. Kein Mensch ist vor solchen Angriffen Satans sicher. Zu Petrus sagt Jesus: »Satan hat sich euch ausgebeten« (Lk 22,31).

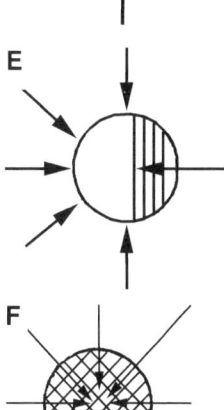

Dämonen haben immer dann einen Teilsieg errungen, wenn Menschen sich dämonischen Mächten öffnen oder als Unmündige Dämonen ausgesetzt werden (= Teilbesessenheit).

Dämonen tragen dann den Sieg davon, wenn Menschen sich bewußt Satan verschreiben und ihre Seele verpfänden und verkaufen (= Besessenheit).

Eine Besetzung des Menschen, das heißt Besessenheit, gibt es nicht ohne die Einwilligung eines Menschen oder dessen Eltern. Eine solche Zustimmung ist immer zugleich eine Absage an den Ausschließlich-

---

[31] M. Buber; zitiert nach Gloege, Dämonen, Sp. 5
[32] O. Piper; zitiert nach Gloege, Dämonen, Sp. 5

keitsanspruch Gottes und eine Übergabe an einen Götzen, an Satan und seine Engel. Die Folge der Besetzung durch Satan ist »Zerstörung und Verkehrung der schöpfungsgemäßen Gottebenbildlichkeit des Menschen, indem das Zentrum der Persönlichkeit, das Ich als bewußt wollendes und handelndes, von fremden Mächten lahmgelegt ist«.[33] Der Mensch liegt wie unter einem schweren Bann. Er handelt nicht mehr selbst. Alles geschieht nach dem Willen dessen, der ihn besetzt hat.

Ein Mensch, auf den das Zerstörungswerk des Bösen übergreift, erleidet eine Veränderung im Kern seiner Persönlichkeit. »Es geht da ein Schwund vor sich, der in die Substanz hineinfrißt. Der Mensch schrumpft, er wird weniger, weniger in seinem Menschen-Kerne, weniger an Ebenbild.«[34]

Bedenkt man die Tragweite dessen, was Besessenheit bedeutet, so ist es mehr als verständlich, daß Borderline-Persönlichkeiten von einer schrecklichen Angst vor Besessenheit umgetrieben werden.[35] Es ist gerade diese Angst, die Borderline-Persönlichkeiten veranlaßt, neben ihrer fachmedizinischen Behandlung einen Seelsorger aufzusuchen.

Die Austreibung von Dämonen

Christen mit Borderline-Störungen fordern und erwarten von ihren Seelsorgern die Austreibung von Dämonen, auf die sie ihre Zerrissenheit zurückführen. Wagt es ein Seelsorger, diesem Verlangen Grenzen zu setzen, so reagieren die Betroffenen in der Regel äußerst schroff. Sie suchen sich einen Seelsorger, der »mehr Vollmacht« hat. So geraten sie nicht selten in die Hände solcher, die eine leichtfertige Okkultdiagnose stellen und eine Okkulttherapie beginnen. Eine Okkulttherapie, ohne daß tatsächlich eine okkulte Bindung vorliegt, ist nicht nur eine Unterbrechung des Heilungsprozesses, der durch eine fachmedizinische Behandlung begonnen

---

[33] Foerster, daimon, S. 19
[34] Schütz, S. 243
[35] Vgl. Schwarz-Salant, S. 60

hat, sondern auch eine zusätzliche Belastung und Irreleitung der instabilen Persönlichkeit. Aus seiner Praxiserfahrung berichtet A. Lechler: »Ich habe in zahlreichen Fällen erlebt, welch ungünstige Wirkungen auf einen seelisch kranken Menschen ausgehen können, wenn er fälschlicherweise als dämonisch gebunden bezeichnet wird.«[36]

Einer Okkultdiagnose zugrunde liegen muß eine genaue Kenntnis dessen, was im Neuen Testament Besessenheit genannt wird und wie diese sich äußert.

Besessenheit und ihre Kennzeichen

In seiner Verkündigung und in seinem Wirken geht Jesus grundsätzlich davon aus, daß es in dieser Welt zwei Reiche gibt, das Reich des Fürsten dieser Welt und das Reich Gottes. Satan, der Fürst dieser Welt (Joh 12,31; 14,30; 16,11), kämpft mit aller Macht gegen das Gottesreich. Ihm nachgeordnet ist ein Dämonenreich, das im Epheserbrief als Luftreich bezeichnet wird. In ihm ist Satan der Machthaber, der Gewalt hat und der gegenwärtig ist in den Söhnen des Ungehorsams (Eph 2,2).

Wenn Jesus in seinen Abschiedsreden Satan den »Fürsten dieser Welt« nennt, so sagt er damit, daß dieser in irgendeiner Weise Herrschaftsrecht über die Welt und die Menschen hat. Entschließt sich ein Mensch, auf die Seite Jesu zu treten, dann findet ein Herrschaftswechsel statt. Das heißt, bevor Jesus einen Menschen seinen Jünger nennt, befindet sich dieser nicht in einem neutralen Niemandsland, sondern in einem Bereich, der Satan zuzurechnen ist. Er gehört zu Satan, und Jesus muß ihn ihm erst entreißen.[37] Gerade dagegen kämpft Satan an, und obgleich er weiß, daß Jesus der Stärkere ist, gibt er nicht auf, alles daranzusetzen, den Menschen auf seiner Seite zu behalten. Satan versucht, den Menschen zu gewinnen, sich ihm in Wort und Tat zu unterstellen und zu verpflichten. Wo ein Mensch dies aus freier Entscheidung tut, nimmt Satan durch seine Boten diesen Menschen ganz in Besitz. Ein solcher Mensch ist ein Besessener.

---

[36] Lechler, S. 82
[37] Vgl. Rohrbach, S. 43

Der einen Menschen besetzt haltende Dämon kann nach außen in dreifacher Weise sichtbar und erkennbar werden:
- Der von einem Dämon Besetzte kann Inhaber eines besonderen Wissens sein, das er dann auch aussprechen muß. So sagte ein Besessener zu Jesus: »Du bist der Heilige Gottes« (Mk 1,24; Lk 4,34). Die Geister wissen auch um ihr Schicksal (Mt 8,29; Jak 2,19).
- Dämonen können Verursacher von Krankheiten sein, deshalb sagt Jesus von der Frau, die »einen Geist der Schwäche« hatte. »Satan hat sie schon achtzehn Jahre lang in Fesseln gebunden« (Lk 13,11.16). Krankheit ist jedoch nur eine Art, wie sich Besessenheit äußern kann. »Es ist nicht so, daß im Neuen Testament alle Krankheiten auf Dämonen zurückgeführt werden.«[38] Es gibt Krankheiten ohne Dämonie und Dämonie ohne Krankheit.
- Die Erscheinungsweisen der Dämonie sind unter anderem Selbstsicherheit und Hochmut, Verzweiflung und abgrundlose Angst, aber auch Haß und zernagender Neid.
- Der Dämon, der einen Menschen besetzt hält, will diesen verderben und kann ihn gelegentlich bis zur Selbstzerstörung treiben (Mk 5,5). Der Vater, der seinen Sohn zu Jesus bringt, weiß davon zu berichten, daß der böse Geist den Sohn in seinem Anfall so steuert, daß dieser ins Feuer oder ins Wasser gestürzt wird. Der Geist ist entschlossen, seinen Sohn umzubringen.

In seinem Umgang mit von Dämonen besetzten Menschen identifiziert Jesus auch den gebundensten Menschen niemals mit der dämonischen Bindungsmacht selbst. »Er sieht vielmehr, daß ein *fremder* Geist aus ihnen spricht und an ihnen zerrt. Und dieser fremde Geist ist streng von dem zu unterscheiden, der ihn beherbergt. Nur deshalb kann er auch ausgetrieben werden.«[39]

Die Austreibung der Dämonen durch Jesus

Nach der Verheißung des Alten Testamentes (Jes 61,1), die Jesus zu Beginn seiner Wirksamkeit zitiert (Lk 4,18), werden mit dem An-

---

[38] Foerster, daimon, S. 19
[39] Thielicke, Fragen des Christentums, S. 200

bruch des Reiches Gottes »die Bande« gelöst. Zu denken ist einmal an die »Bande des Todes« (Ps 18,5; 116,16), die in Form von Krankheiten dem Menschen Teile seiner Lebenskraft nehmen, zum andern an die Bande, die von Mächten verursacht sind, die den Menschen und sein Gottesverhältnis zerstören.

Während seiner Wirksamkeit begegnete Jesus immer wieder Menschen, die von den Boten Satans besetzt waren. Von einem solchen Kampf handelt die Geschichte wenige hundert Meter unterhalb des Gipfels des Berges Tabor, dem Ort der Verklärung (Mk 9,14-29):

Vor Jesus steht der Sohn eines Vaters, den Satan in Besitz genommen hat. Anders als bei Krankheiten, die »Söhne des Todes« genannt werden können (vgl. Hiob 18,13), gibt es Besessenheit nicht ohne das konkrete Schuldigwerden von Menschen. Bei dem Sohn, den jener Vater zu Jesus brachte, muß es sich zumindest um eine Teilbesetzung durch Satan gehandelt haben. Da diese von früher Kindheit an vorlag, also von den Eltern verursacht sein muß, fordert Jesus die Glaubensentscheidung des Vaters. Nachdem dieser spricht: »Ich glaube; hilf meinem Unglauben!« (Mk 9,24), befreit Jesus den Jungen von den satanischen Mächten.

Bevor Jesus den Dämon austrieb, verlagert sich der Schwerpunkt des Geschehens von dem kranken Sohn auf den Vater. Zunächst spricht der Vater Jesus an mit Worten, die man an einen Arzt zu richten pflegt, bei dem man nicht weiß, wie weit seine Kunst reicht. »Wenn du es jedoch irgendwie vermagst, so hilf uns« (Mk 9,22). Darauf antwortete Jesus: »Alles ist dem möglich, der Glauben hat« (Mk 9,23). Die Reaktion des Vaters ist ein Aufschrei. In einer Reihe alter Texte heißt es: Er schrie unter Tränen. Dieser Schrei zeigt die Hilflosigkeit und Verzweiflung des Vaters. »Er war auf Jesus angewiesen, so radikal wie sein Sohn.«[40] Gleichzeitig erkannte er, daß sein Glaube durchsetzt war mit Unglaube. So stammelt er: »Ich glaube, hilf meinem Unglauben!« (Mk 9,24)

Glaube heißt, übersetzt aus den biblischen Sprachen, »Vertrauen«, »Treue« und »Gehorsam«. Der Glaube des Vaters jedoch war

---

[40] Gnilka, S. 48

ein »Glaube, der in sich schwankte«.[41] In dem Gespräch zwischen Jesus und dem Vater des Besessenen stoßen zwei Glaubensweisen aufeinander: der Glaube, dem alles möglich ist, und der Glaube, der immer zugleich gepaart ist mit Unglaube. Der erstere, der Glaube, der alle Macht hat, kann nur der Glaube Jesu sein.[42] Allein Jesus, der Sohn des Vaters im Himmel, hat den Glauben, der durch nichts und gar nichts erschüttert wird. Es ist einzigartig in den Evangelien, »daß die göttliche Macht Jesu durch den Begriff Glauben ausgedeutet wird.«[43] Jesu Wirken war kein »Tun aus sich selber« (Joh 5,19), sondern das Werk des Vaters im Himmel. Die Kennzeichen Jesu sind nicht Eigenmächtigkeit, sondern ganze Abhängigkeit von Gott, dem Vater, ganze Hingabe, ganzer Gehorsam, ganzes Vertrauen. In dieser uneingeschränkten Weise glauben kann kein Mensch. Allein Jesu Glaube ist »allmächtig«. Es wird nie einen Menschen geben, der so auf Gott vertraut, ihm die Treue unverbrüchlich hält und zu jedem Gehorsam bereit ist wie Jesus. So kann kein Mensch glauben wie Jesus. Eines aber kann jeder: glauben an Jesus. Das letztere tut der Vater des Besessenen. Er vertraut sich Jesus an. Was er jedoch an sich erkennt und zu bringen hat, ist nichts anderes als Glaube, durchsetzt mit Unglaube. Und Jesus nimmt ihn an und erhört seinen Hilfeschrei.

In Gottes Macht befreit schließlich Jesus den Knaben durch ein Befehlswort von dem Dämon, der von ihm Besitz ergriffen hat. Der Junge, der vom Dämon noch ein letztes Mal geschüttelt und gequält wird, bleibt völlig erschöpft, wie tot, am Boden liegen. Da tritt Jesus an ihn heran, nimmt ihn bei der Hand und richtet ihn auf. Die Worte, mit denen dieser Vorgang beschrieben wird, sind die einer Totenerweckung: »Er richtet ihn auf« und »er stand auf« (Mk 9,27).

Das Machtwort, mit dem Jesus den Dämon austreibt, ist ein Schöpfungswort. Der Besessene war ein Zerstörter. Jesus aber stellt den Kern seiner Persönlichkeit und seine Gottebenbildlichkeit wieder her. Die Austreibung des Dämons ist Schöpfung. »Anders entsteht er nicht, der neue Mensch.«[44]

---

[41] Schniewind, Matthäus, S. 195
[42] Vgl. Weber, S. 92 und Schniewind, Markus, S. 92
[43] E. Lohmeyer; zitiert nach Weber, S. 92
[44] Schütz, S. 246

In seinem Handeln an dem Knaben tritt Jesus auf als der »Totenbezwinger«.[45]

Jesus ist durch seine einmalige und unvergleichliche Verbindung zum Vater der Schöpfer der neuen Kreatur. Er kann Menschen aus den Klauen des Bösen befreien und aus der Welt der Toten reißen. Mit der Austreibung der Dämonen erfüllt Jesus den ihm von Gott übertragenen doppelten Auftrag:
- *den Kampf gegen die Dämonen* – Jesus reißt den Menschen aus den Händen der sie besitzenden Macht heraus;
- *den Kampf um den Menschen* – Jesus stellt die Gottebenbildlichkeit des Menschen, die durch die dämonische Macht bis ins Unerkenntliche entstellt war, wieder her.[46]

Diesen Auftrag überträgt Jesus auch seinen Jüngern.

Die Austreibung der Dämonen durch die Jünger Jesu

In dem Bericht von der Aussendung der zwölf Jünger heißt es u.a.: »Sie trieben auch viele böse Geister aus« (Mk 6,13).

Zu den Kennzeichen derer, die durch die Mission der Jünger zum Glauben an Jesus kommen, gehört: »In meinem Namen werden sie böse Geister austreiben« (Mk 16,17). Als eine von einem Dämon besessene Magd mehrere Tage hinter Paulus und Silas herrief: »Diese Männer sind Diener des höchsten Gottes ...«, wurde Paulus unwillig und sprach zu dem Geist: »Ich gebiete dir im Namen Jesu, von ihr auszufahren« (Apg 16,18).

Neben diesem vollmächtigen Handeln der Jünger Jesu gibt es jedoch auch eine Begebenheit, die davon berichtet, daß die Jünger Jesu versuchten, einen Dämon auszutreiben, und sich und ihren Meister blamierten. Der Vater, dessen Sohn von einem Dämon besessen war, sagte zu Jesus: Ich habe deine Jünger gebeten, sie möchten den Dämon austreiben, doch sie haben es nicht gekonnt (vgl. Mk 9,18).

Jeder Jünger Jesu bleibt, solange er in dieser Welt ist, ein Mensch mit der Möglichkeit, sich ganz oder teilweise von Gott abzutrennen.

---

[45] Gnilka, S. 49
[46] Vgl. Thielicke, Fragen des Christentums, S. 200-202

Als Trennung von Gott bezeichnet Martin Luther u.a. »Sicherheit« und »Trotz«.[47]
- *Sicherheit* gegenüber Gott ist die Überzeugung, auch ohne Bindung an Gott im Sinne Gottes handeln zu können.
- *Trotz* ist die Haltung, das Gesetz des Handelns eigenmächtig (»autonom«) zu bestimmen.[48]

Um allem selbstsicheren und eigenmächtigen Handeln eines Jüngers entgegenzuwirken, muß jedes Austreiben von bösen Geistern bzw. das Gebieten, wie es von Paulus bezeugt ist, im Namen Jesu geschehen (Mk 16,17; Apg 16,18). Was jedoch ein Jünger im Namen, das heißt im Auftrag seines Herrn tut, *ist der Sache nach Jesu Werk*.[49] Der Jünger ist Bote Jesu, das heißt, das, was er sagt und tut, sind nicht seine, sondern Jesu Worte und Jesu Handeln. Ein Jünger Jesu kann aus Sicherheit und aus Trotz handeln oder aber als Bote. Als Bote hat er nichts Eigenes zu bringen. Der Bote weist – wie Johannes der Täufer – auf Jesus und bahnt diesem den Weg (vgl. Mt 3,1-3; Mk 1,1-3; Lk 3,4; Joh 1,23).

Gebieten, das Bitten und das Handeln Jesu
Es gibt in allen Konfessionen, Kirchen und Freikirchen Kämpfernaturen unter den Seelsorgern, die selbstsicher auftreten, »um Satan zu trotzen«. Sie verstehen das Wort »gebieten« im Sinne von »zwingen« und »befehlen«. Lautstark werden Dämonen zum Teil sogar mit Namen angesprochen und zum Verlassen eines Menschen aufgefordert.

Der Glaubende, der sich seiner Botenfunktion bewußt ist, steht einem Besessenen nicht gegenüber wie einer, der befehlen kann. Er ordnet sich ganz Jesus unter. Er empfindet seine Nichtigkeit. Er beugt sich. Er fleht. Sein Gebieten ist nichts anderes als das Bitten um das Handeln Jesu. Als Bittender steht er dem Besessenen nicht gegenüber als einer, der dem Geist gebietet oder über ihn herrscht. Er bittet vielmehr Jesus, den Schöpfer und Totenbezwinger, zu handeln.

---

[47] M. Luther; zitiert nach Thielicke, Fragen des Christentums, S. 205.
[48] Vgl. Thielicke, Fragen des Christentums, S. 205.
[49] Vgl. Hempel, Ich bin der Herr, dein Arzt, Sp. 819.

Im Gebet erweist sich die Verbundenheit zu Jesus. Gebet ist »Gott zugewandter Glaube«.[50] Das Gebet »ist die Verwirklichung und die Übung des Glaubens, der Jesus alle Macht und alle Hilfe zutraut und also damit Ernst macht, daß er – und er allein – der Christus ist«.[51] Jünger sind keine Zauberlehrlinge, die sich die Macht des Meisters aneignen dürfen. Sie bitten Jesus, dessen Glaube allein allmächtig ist. Als Antwort auf das Herbeirufen Jesu kann der böse Geist ausfahren. Eine Dämonenaustreibung ist und bleibt allein die Sache Jesu.

Das Gebieten im Namen Jesu ist ein Bitten um sein Handeln. In seiner Abhandlung über die Heilung des Dämonischen geht Blumhardt davon aus, daß er mehr als alle anderen in die Kräfte der Finsternis hineinsehe. Gerade dieser Umstand aber veranlaßte ihn im Umgang mit Besessenen zu besonderer Zurückhaltung. Er schreibt: »(Ich kann von mir nicht sagen,) daß ich, wie etwa die Apostel, Macht bekommen hätte wider die unsauberen Geister..., noch nie habe ich es wagen dürfen, auch noch nie die Versuchung gehabt, etwa zu sagen: ›Ich gebiete dir, im Namen Jesu...‹«[52]

Blumhardt vertraute in der Begegnung mit Besessenen auf das gepredigte und gesungene Wort. Er sprach deutlich von der Realität und der Macht der Dämonen und wurde nicht müde, den Sieg Jesu über Satan und seine Boten, die Dämonen, auszurufen. In seinem Lied: »Daß Jesus siegt, bleibt ewig ausgemacht«, heißt es[53]:

Ja, Jesus siegt! Wir glauben es gewiß,
und glaubend kämpfen wir.
Wie du uns führst durch alle Finsternis,
wir folgen, Jesu, dir.
Denn alles muß vor dir sich beugen,
bis auch der letzte Feind wird schweigen.
Ja, Jesus siegt!

---

[50] Grundmann, S. 192
[51] Fürst, S. 100
[52] Blumhardt, S. 16
[53] Evangelisches Gesangbuch: 375, Strophe 4

Freibeten oder das Gebet der Übergabe

Seelsorger, die das Freibeten praktizieren, berufen sich dabei auf das Wort Jesu: »Diese Art von bösen Geistern läßt sich nur durch Gebet und Fasten austreiben« (Mt 17,21). Sie deuten das Wort so, als können Dämonen durch das Gebet und das Fasten an sich ausgetrieben werden. Für sie ist das Gebet nicht eine Bitte um das Handeln Jesu. Das Fasten verstehen sie nicht als ein Zurücktreten hinter menschliche Grundbedürfnisse, um Jesus allein als Handelnden herbeizurufen. Beten und Fasten ist für sie ein sicheres, ja magisches Mittel, um Dämonen zu vertreiben. Nicht selten mobilisieren sie einen Wächter- und Fastengebetskreis, der Stunden, Tage, zum Teil Wochen um Befreiung aus der Macht Satans ringt. Von einem solchen Kreis von Betern, die sicher und trotzig den Kampf gegen Satan führen, ist im Neuen Testament nicht die Rede, schon gar nicht von einer »Ganzkörpersalbung«, die auch die intimsten Stellen nicht ausspart.[54] Beten und Fasten im neutestamentlichen Sinn können nur das eine Ziel haben, Jesus um sein Handeln zu bitten. Blumhardt hat dies verstanden, wenn er von den bei ihm hilfesuchenden Besessenen sagt: »Mit ihnen selbst bete ich niemals, ich lege ihnen nie die Hände auf, warne auch vor einer weitläufigen, insbesondere auf das Dämonische sich beziehenden Beterei.«[55]

Jesus hat seine Jünger nicht zu Freibetern berufen, sondern zu Boten, die jeden in dieser von Satan beherrschten Welt zu einem »totalen Herrschaftswechsel«[56] einladen.

Wenn ein Mensch sich dämonischen Mächten geöffnet hat oder in den Machtbereich der Dämonie geraten ist, so ist sein Entschluß gefordert, das klassische Absage- und Übergabegebet zu sprechen: »Ich sage ab dem Teufel und allen seinen Mächten und übergebe mein Leben dir, Jesus. Jesus, sei du mein Herr!«

Wenn Jesus seinen Jüngern die Macht über die Dämonen überträgt (Mt 10,1; Mk 3,15), dann handeln und gebieten die Jünger nicht in ihrem eigenen Namen, sondern im Namen Jesu. Im Namen Jesu handeln heißt, sich an Jesus wenden mit der Bitte: Herr, handle

---

[54] Vgl. Pfeifer, Kap. 11.
[55] Blumhardt, S. 15
[56] Thielicke, Fragen des Christentums, S. 206

du! Wo immer ein Mensch das Absage- und Übergabegebet spricht, tritt Jesus als der Sieger auf den Plan. Hat der Herrschaftswechsel stattgefunden, können Satan und seine Dämonen einen Menschen, und sei er noch so instabil, nicht mehr benutzen. Paulus faßt dies in die Worte:

»Denn ich bin gewiß, daß weder Tod noch Leben, weder Engel noch Fürstentümer noch Gewalten, weder Gegenwärtiges noch Zukünftiges, weder Hohes noch Tiefes noch eine andere Kreatur mag uns scheiden von der Liebe Gottes, die in Christus Jesus ist, unserem Herrn.« (Röm 8,38–39)

Rückblickend auf die gerade die Borderline-Persönlichkeit bewegende Frage »Krankheit oder Dämonie« gilt:
- Nicht jede Krankheit, auch nicht jede Schreckensvision einer Borderline-Persönlichkeit ist von Dämonen verursacht. Es gibt schwere psychische Erkrankungen ohne Dämonie und Dämonie ohne erkennbare Spuren von Krankheitssymptomen.
- Ist eine Borderline-Persönlichkeit zusätzlich zu ihrer Krankheit von dämonischen Mächten besetzt, kann diese genau wie jede stabile Persönlichkeit das Absage- und Übergabegebet sprechen und das Handeln Jesu erfahren.

Kapitel 7

Sexueller Mißbrauch und Borderline-Syndrom

Nach der Schule wagte ich mich kaum mehr heim. Oft schlich ich mich dann in die katholische Kirche in unserem Dorf. Ich schlüpfte unter dem Altar durch und blickte nach oben zum unbeweglichen, blutüberströmten Gesicht des gekreuzigten Christus. »Du verstehst wenigstens, Jesus, was ich gelitten habe!« flüsterte ich, und irgendwie wurde ich ruhiger in seiner Gegenwart. – Wie konnte mir das mein Vater antun? Und warum sagte meine Mutter nichts, obwohl sie es doch sicher gemerkt haben muß! Noch heute bin ich hin- und hergerissen: Manchmal möchte ich ihn am liebsten umbringen. Aber ich habe ihn doch noch gern! Und manchmal frage ich mich, ob ich nicht selber schuld an allem war. Wenn ich nur einmal zur Ruhe kommen könnte! (eine 24jährige Betroffene)

Häufig läßt sich ein Zusammenhang zwischen einer Vorgeschichte mit sexuellem Mißbrauch und einer Borderline-Störung feststellen. Um ein Verständnis für die Betroffenen zu erleichtern, wird im folgenden zunächst sexueller Mißbrauch mit seinen Auswirkungen erläutert, bevor anschließend Hinweise für Diagnostik und Therapie gegeben werden.

Was ist eigentlich sexueller Mißbrauch?

Der Begriff »sexueller Mißbrauch« umfaßt ein weites Feld von sexuellen Handlungen. Sexueller Mißbrauch liegt dann vor, wenn einem Minderjährigen oder einer abhängigen Person eine sexuelle Handlung aufgezwungen wird, die diese nicht will, für die sie nicht reif ist und die in erster Linie der Bedürfnisbefriedigung des Täters oder der Täterin dient. Finden diese Handlungen innerhalb der Familie statt, so spricht man auch von Inzest (»Blutschande«). Juristisch gesehen handelt es sich bei Inzest um den Straftatbestand von sexuellen Handlungen zwischen Verwandten und Verschwägerten in auf- und absteigender Linie und zwischen Geschwistern. Heute wird der Begriff allerdings weiter gefaßt: Man erweitert den Täterkreis auf alle, zu denen emotionale Abhängigkeiten bestehen – unabhängig von der biologischen Beziehung (Eltern, Stief-, Pflege-, Adoptiveltern, Großeltern, Geschwister der Eltern, Geschwister, die mindestens fünf Jahre älter sind, Erzieher, Lehrer, Gruppenleiter, Therapeuten u.a.) – und den Opferkreis auf Erwachsene in abhängigen Beziehungen (z.B. geistig Behinderte oder Erwachsene in einer therapeutischen Wohngemeinschaft).

Folgende Handlungen werden dazugezählt: Beischlaf, Masturbation, hand-genitaler und oral-genitaler Kontakt, Streicheln mit dem Ziel sexueller Erregung, Entblößen (Exhibition) und von einigen Autoren das Beobachten der Genitalien (Voyeurismus). Die Abgrenzung vom gesunden und erforderlichen Körperkontakt zwischen Erwachsenen und Kindern liegt dort, wo das Bedürfnis des Erwachsenen, nicht das des Kindes befriedigt wird, wo es sich um pervertierte, kalte oder ritualisierte Kontakte handelt, gegen die sich das Kind nicht wehren darf oder die geheim bleiben müssen, oder Kontakte, die den Erwachsenen sexuell erregen und dann nicht beendet werden. Von Kindern werden derartige Kontakte als »merkwürdig« oder unangenehm wahrgenommen und auf Nachfragen auch so benannt. – Was hier in dürren Worten umschrieben wird, ist für das betroffene Kind eine außerordentliche seelische Belastung.

Fragt man weiter nach Schäden durch sexuelle Kontakte, so ist es nötig, über diese Definition hinauszugehen und all die Kontakte einzuschließen, in denen es um die Bedürfnisbefriedigung auf sexueller Ebene an einem Abhängigen in einer Machtbeziehung geht. Damit ist eine wesentliche psychologische Wirkkomponente, nämlich der Machtmißbrauch, benannt. Daneben entstehen psychische Schäden durch die Ohnmachtserfahrung, das Erlebnis, daß Gegenwehr negative Folgen hat, die Reduzierung zum Sexualobjekt und die Verpflichtung zur Geheimhaltung mit nachfolgender Isolierung. Zu betonen ist auch, daß es sich nie um eine Handlung im Einverständnis mit dem Kind handeln kann, da dies sexuelle Handlungen weder verstehen und noch in ihren Folgen erfassen kann.

Häufigkeit des sexuellen Mißbrauchs

Sexueller Mißbrauch ist häufig, allerdings wegen der verständlichen Dunkelziffer nur im ungefähren Ausmaß zu erfassen. Man geht heute davon aus, daß etwa 5-10 Prozent der Frauen in ihrer Kindheit Opfer eines sexuellen Übergriffs im engeren Sinne wurden. Auch wenn andere Publikationen dramatischere Szenarien nennen[1], so scheinen die in der Zeitschrift »Psychologie heute« veröffentlichten Zahlen realistisch[2]: »Über sexuelle Mißbrauchserfahrungen mit Körperkontakt im Alter bis zu 14 Jahren berichten fünf bis acht Prozent der Frauen (Männer: 1,4-3,5 Prozent). Die Täter waren nach Angaben der befragten Männer und Frauen in über 90 Prozent der Fälle Männer. Bei den Mädchen unter 14 Jahren waren in 21 Prozent der Fälle Väter oder Stiefväter die Täter. Doch der häufigste Mißbrauch fand mit 47,5 Prozent der Fälle durch Bekannte außerhalb der Familie statt. Bei den Jungen waren Väter oder Stiefväter seltener Täter, hier ist der soziale Nahbereich der Bekannten mit 54,8 Prozent der entscheidende.«

Frauen als Täterinnen machen eine Minderheit von etwa 10 Prozent aller Fälle aus. Oft handelt es sich um geschiedene Frauen, die sich in ihrer Sehnsucht nach Nähe an ihren Söhnen vergreifen.[3]

---

[1] Manche Autorinnen gehen davon aus, daß 25-50 Prozent aller Frauen eine sexuelle Mißbrauchserfahrung gemacht hätten. Doch solch hohe Zahlen kommen nur dann zustande, wenn auch leichtere Formen der sexuellen Belästigung im Erwachsenenalter eingeschlossen werden, wie »das Berühren der Brüste oder des Pos in bekleidetem Zustand« oder »das Tätscheln eines Beines oder das Aufzwingen eines feuchten Kusses bei einer alkoholisierten Hochzeitsfeier«. Eine Diskussion der unterschiedlichen Statistiken findet sich bei Loftus und Ketcham 1994; Rutschky 1992; Raupp und Eggers 1993.
[2] Wetzels, P.: »Sexueller Mißbrauch: Neue Zahlen«. *Psychologie heute,* Juli 1994, S. 66.
[3] Vgl. »Er war der perfekte Geliebte«, *Der Spiegel* 33/1991, S. 68-74.

Nur ein kleiner Teil dieser sexuellen Übergriffe wird zur Anzeige gebracht und noch weniger werden schließlich durch eine Verurteilung geahndet.

Direkte Auswirkungen des sexuellen Mißbrauchs

Historisch gesehen wurde der sexuelle Mißbrauch sehr unterschiedlich eingeschätzt. Die Annahme der 30er Jahre, es gäbe keine groben Auffälligkeiten bei Opfern, wich erst in den 70er Jahren der Einsicht in schwere Defizite, die sich hinter einer intakten Fassade verbergen, bis in den 80er Jahren Begriffe wie »Seelenmord« geprägt und relativ typische Schäden herausgearbeitet wurden. Das Ausmaß des Schadens hängt von der Häufigkeit, dem Schweregrad, dem familiären Hintergrund, dem Alter des Kindes, der begleitenden psychischen Gewalt, dem Alter und Geschlecht des Täters sowie von der Existenz von Vertrauenspersonen ab.[4] Ein schweres Trauma entsteht durch Beischlaf oder beischlafähnliche Handlungen bei gleichzeitiger Anwendung von Gewalt durch ein Familienmitglied der älteren Generation bei einem belastenden, risikoreichen familiären Hintergrund.

Wird ein Kind sexuell mißbraucht, so ist es in jeder Hinsicht völlig überfordert. Es ist verwirrt über das Geschehen und wird von vorwiegend negativen Gefühlen überflutet: Schmerz, Angst, Hilflosigkeit, Isolierung durch Zwang zur Geheimhaltung, sexuelle Gefühle. Automatisch hält es sich für schuldig, da Eltern nur ein »böses Kind« so behandeln, und schämt sich dafür. Es wendet die Aggression gegen sich. Es hat das Gefühl von Sicherheit und Vertrauen verloren und kann nicht einfach wie ein Kind weiterleben.

Ein Kind hat – auch abhängig von seinem Alter – kaum Möglichkeiten zum Umgang mit dieser Notsituation. Ein Ziel- und Wertesystem, das Erwachsenen in Krisenzeiten hilft, fehlt oft noch und wird zusätzlich durch die sexuellen Übergriffe besonders geschädigt. Das Vertrauen in die eigenen Fähigkeiten schwindet, es entsteht ein negatives Selbstbild, und damit treten an die Stelle pro-

---

[4] Silk et al. 1995

gressiven und konstruktiven Verhaltens eine totale Apathie oder besonders problematische Bewältigungsstrategien wie Vermeidung, Flucht ins Wunschdenken, sozialer Rückzug, Abkapselung, ständige Beschäftigung mit dem Problem, Selbstbeschuldigung, Selbstbestrafung, Resignation oder orale Stimulation (Essen, Alkohol) als Ersatzbefriedigung, die zu weiteren Verstrickungen führen. Manchmal kommt es aber auch zu einer verfrühten Sexualisierung, die später den Weg in die Prostitution ebnet.

Daneben treten sogenannte Abwehrmechanismen in Kraft, die das Bewußtsein vor Reizüberflutung oder unerträglichen Gefühlen, Konflikten oder Erinnerungen schützen. Neben dem völligen Ausblenden, Leugnen, Vergessen oder Bagatellisieren spielt vor allem die *Dissoziation* eine große Rolle. Hierunter versteht man das Abspalten bzw. Nichtwahrnehmen von Gefühlen oder Körperteilen. Es entspricht einem Totstellreflex oder psychischer Flucht. Die Fähigkeit zur Dissoziation ist bei Kindern entwicklungsbedingt sehr groß. Das Kind »verläßt« seinen Körper und kann dadurch Mißbrauchserlebnisse überleben, allerdings um den Preis der Gefühllosigkeit.[5] Es handelt sich nur um eine Notfallmaßnahme, nicht um eine Problemlösung. Bei derart mißbrauchten Kindern besteht die Dissoziation bis ins Erwachsenenalter fort und erklärt einen Teil der Problematik und Symptomatologie. Zusammengefaßt wirkt das Erlebnis der sexuellen Ausbeutung durch einen Erwachsenen auf vier Arten traumatisch[6]:

1. Beziehungen werden sexualisiert, es entstehen falsche Normen, Liebe und Sex werden verwechselt und sexuelle Aktivität mit negativen Gefühlserinnerungen gekoppelt.
2. Das Kind erlebt sich stigmatisiert und ist zur Geheimhaltung gezwungen; es leidet unter Scham und Schuldgefühlen.
3. Das Kind fühlt sich verraten und in seinem Vertrauen betrogen. In der lebensnotwendigen Abhängigkeit erlebt es sich mißbraucht und manipuliert.
4. Das Kind erfährt sich ohnmächtig durch das Überschreiten der Körpergrenzen gegen seinen Willen, es gerät in Hilflosigkeit und

---

[5] Vgl. den Beitrag zum Thema Multiple Persönlichkeit in diesem Buch.
[6] nach Finkelhor 1984

gelangt zur Überzeugung der eigenen Wirkungslosigkeit und zum Selbstbild als Opfer.
Die Persönlichkeit wird zentral in ihren Überzeugungen und Werten auf fünf Ebenen getroffen und zeigt sich beeinträchtigt[7]:
1. auf der Ebene der Sicherheit, in dem sie immer wieder Opfer wird und in gefährliche Situationen gerät;
2. auf der Ebene des Vertrauens, indem sie von Angst, Mißtrauen, Übervorsicht und Entscheidungsunfähigkeit geprägt ist;
3. auf der Ebene der Kontrolle, indem sie sich ausgeliefert fühlt, unter Sinnlosigkeit leidet und sich selbst schädigt;
4. auf der Ebene der Wertschätzung, indem sie meint, schlecht zu sein, und auch die Wertschätzung für andere verliert;
5. auf der Ebene der Intimität, indem sie sich einsam und leer fühlt und im Miteinander keine Sinnerfüllung findet.

Langfristige Störungen und Symptome

Abhängig vom Schweregrad treten verschiedenste Störungen auf. Oft leben die Betroffenen lange Zeit relativ symptomarm mit guter Fassade und ausreichender Funktionsfähigkeit. Sie selbst erleben sich lediglich als »anders«, als ob ein Schatten über ihrem Leben liegen würde. Und irgendwann kommt es zu einer neuen Erfahrung, oft sexueller Natur, die plötzlich zu einem Wiederaufflammen dieser frühen sexuellen Verletzungen führt. Alpträume mit meist wenig entstelltem Inhalt, unerklärliche Panik im Keller und abrupte Gefühlsschwankungen brechen unvermittelt in das vorher geordnete Leben ein. Diese unvermuteten Reaktionsweisen wie Selbstverletzung oder starke Unterbauchbeschwerden lassen sich erst verstehen, wenn man um die schmerzlichen Erfahrungen der Kindheit weiß. Tabelle 12 im Anhang zu diesem Kapitel gibt einen Überblick über häufige emotionale Folgeerscheinungen. Neben der akuten Symptomatik zeigen sich weitreichende Störungen der Persönlichkeit, oft im Sinne eines Borderline-Syndroms. Bei manchen Frauen kommt es sogar im Erwachsenenalter zu neuen Wiederho-

---
[7] nach Wirtz 1992

lungen von sexueller Ausbeutung, wobei nicht mehr klar zwischen Opfer und Täter zu trennen ist. In ihrer Sehnsucht nach Nähe und Liebe bringen sie sich in Situationen, die sich mit ihrer kaum verhüllten erotischen Botschaft fast zwangsläufig zu sexuellen Beziehungen weiterentwickeln. Und manche verlieren ihre Selbstachtung so weit, daß sie in die Prostitution abrutschen.

Zusammenhang zwischen Inzest und Borderline-Syndrom

Nach der allgemeinen Darstellung der Auswirkungen des sexuellen Mißbrauchs soll nun – teils zusammenfassend, teils ergänzend – die Beziehung zum Borderline-Syndrom gesondert beschrieben und betont werden. Stellt man Inzestfolgen und Borderline-Syndrom gegenüber, so fallen die gemeinsamen Hauptsymptome auf, nämlich die Spaltung des Selbst und die daraus resultierende Identitätsstörung.

Bei Frauen mit Borderline-Syndrom findet sich häufig, wenn auch nicht immer sexueller Mißbrauch in der Vorgeschichte. Typische familiäre Konstellation beim vollzogenen Inzest ist der Vater/ Stiefvater/Lebenspartner der Mutter als Täter und die Mutter als meist schweigende Dulderin, die Hilfe versagt. Das Dilemma des Kindes ist die hochgradig ambivalente Elternbeziehung (»Ich liebe dich, aber ich beute dich aus, und wehe, du sprichst darüber!«). Oft löst diese intensive Spannung eine bleibende Instabilität aus, die später als Borderline-Syndrom wahrgenommen wird. Nicht immer liegt allerdings vollzogener Inzest vor.[8] Gerade bei Männern mit einer Borderline-Störung lag oft eine angespannte Familienbeziehung vor, die das Kind als Sexualisierung der Beziehung mit einer dauernden Atmosphäre von Verlockung erfährt. Es gerät in eine überfordernde Partner-Ersatzfunktion hinein und erlebt keine Grenzen (zwischen Generationen und Personen). Das Klima ist gekennzeichnet durch verwischte Grenzen und Verleugnung der Tatsache, daß ein Kind noch Schutz und Leitung braucht. Das Kind

---

[8] Hirsch 1994 spricht von »latentem Inzest«.

erlebt seine Bedeutung für den Erwachsenen, wodurch Größenphantasien gefördert werden. Da die Unterscheidung zwischen eigenen und fremden Impulsen – besonders sexueller Art – nicht klar wird, lebt das Kind in ständiger Verwirrung, und die Gewissensbildung ist unzuverlässig.

Es wäre allerdings zu einfach, aus dieser Darstellung eine Täter-Opfer-Konstellation abzuleiten. Typischerweise haben alle Beteiligten erhebliche emotionale Defizite, und es finden sich auch bei den Eltern oft seelische Verletzungen und Mißbrauchserfahrungen. Die eigentlichen frühkindlichen Bedürfnisse von Nähe und Zärtlichkeit, Sicherheit, Versorgt- und Genährtwerden werden »irrtümlicherweise« auf sexueller Ebene befriedigt, wobei das Versagen der Eltern darin besteht, ihre eigenen Bedürfnisse nicht hintanstellen zu können. In der Opfer-Opfer-Interaktion ist schon das Klima, in dem Inzest geschieht, traumatisierend, nicht erst die sexuelle Handlung als solche.

Diagnostisches Vorgehen

Um sexuellen Mißbrauch erkennen zu können, bedarf es zu allererst der Bereitschaft, die Möglichkeit eines Inzests in Betracht zu ziehen. Im allgemeinen beginnt der diagnostische Prozeß mit Indizien. (Eine Checkliste mit Symptomen, die einen hellhörig werden lassen sollten, findet sich im Anhang.) Oft wird das Thema angedeutet und »angetestet« und nur dann weiteres mitgeteilt, wenn der Therapeut oder die Seelsorgerin sich weiter interessieren. Erfährt man dann Inzesterlebnisse, stellt sich die Frage, wie glaubwürdig diese sind. Für Kinder bis neun Jahren gilt, daß detaillierte Schilderungen zu sexuellen Belästigungen praktisch nie ausgedacht sind. Im Umgang mit Erwachsenen bewährt es sich, den Erinnerungen primär Glauben zu schenken, ohne allerdings durch suggestive Fragen in die Gefahr therapeutisch erzeugter Mißbrauchs-»Erinnerungen« zu verfallen.[9] Kritische Distanz in der Begegnung wird nämlich von diesen sehr sensiblen Menschen mit Sicherheit wahrge-

---

[9] Loftus und Ketcham 1995

nommen und vereitelt den weiteren Zugang. So ensteht eine erneute Traumatisierung und Wiederholung der Erfahrung, kein Gehör oder Glauben zu finden. Andererseits verbessert das Erlebnis, Vertrauen zu finden, die Wahrnehmung und Realitätsprüfung erheblich, so daß die Betroffenen sich selber kritisch mit den Erinnerungen auseinandersetzen können. Sollte sich dann einzelnes als Phantasie herausstellen, ist davon kein dauerhafter Schaden zu erwarten.

Neben dem Eingehen auf Andeutungen besteht ein weiterer wichtiger diagnostischer Weg im bewußten routinemäßigen Ansprechen – bei dringendem Verdacht auch wiederholt. Verständlicherweise ist es für die Betroffenen schwer, das Thema anzusprechen, und die Versuchung auszuweichen ist groß. Um Offenheit zu erleichtern, bedarf es der Flexibilität und Kreativität.

Hinweise für den therapeutischen bzw. seelsorgerlichen Umgang

Die letzten Jahre haben eine Vielzahl von Büchern zur Thematik hervorgebracht.[10] Um möglichst praxisnahe Aussagen für den Umgang mit Patientinnen weitergeben zu können, die sowohl Mißbrauchserfahrungen als auch ein Borderline-Syndrom haben, führten wir eine Fragebogenaktion zu ihren Therapieerfahrungen durch. 13 Patientinnen erlaubten uns, einen Einblick in ihre Erfahrungen und Bedürfnisse während der Therapie zu machen. Nach einer Zusammenstellung der Antworten werden diese unter therapeutischem Blickwinkel kommentiert.

1. *Was wurde als hilfreich erlebt?* Vor allem Einzelgespräche, aber auch Medikamente, Klinikaufenthalte, Tagebücher, Gebete.
2. *Was wurde als schädlich erlebt?* Vor allem, nicht ernstgenommen werden, aber auch mißverstanden zu werden; ein unaufmerksamer oder gelangweilter Zuhörer.

---

[10] Ernst 1995, Enders 1995, Lison & Poston 1995, Wirtz 1989. – Aus christlicher Sicht beschäftigen sich folgende Bücher mit dem Thema: Heitritter & Vought 1989 und Sanford 1992.

3. *Welche Themen waren wichtig?* In abnehmender Häufigkeit: sexueller Mißbrauch, aktuelle Probleme, Kindheit, Familienbeziehungen, andere Beziehungen und soziale Probleme.
4. *Aus welchen Gründen wurde auf das Gespräch über wichtige Themen verzichtet?* Vor allem aus Scham, auch aus Angst oder Zeitgründen. Mit dem Aussprechen zögerten sie unterschiedlich lange (zwischen kurz und jahrelang).
5. *Was wurde in der Therapie gewünscht oder erwartet?* Freude am Leben, Trost, innere Freiheit im Umgang mit Erinnerungen, Anleitung zu konkreten Schritten.
6. *Welche Therapieziele hatten die Betroffenen?* Vor allem Lösung aktueller Probleme und auch allgemeine Lebens- und Vergangenheitsbewältigung. Sie erlebten veränderte Emotionen und mehr Lebenssicherheit und gaben als Teilerfolge geringeren Medikamentengebrauch und besseren Umgang mit einzelnen Problemen, z.B. Freßattacken an.
7. *Wie sollten sich TherapeutInnen oder SeelsorgerInnen verhalten?* Innerlich engagiert, interessiert, verständnisvoll, bescheiden (demütig), korrekt in der Schweigepflicht. Sie sollen belastbar sein und eine positive Ausstrahlung haben.
8. *Wurden Therapien abgebrochen? Aus welchen Gründen?* Mehrere Befragte brachen ein oder mehrmals eine Therapie ab. Gründe waren vor allem das Gefühl, nicht ernstgenommen zu werden, danach auch Vertrauensmißbrauch, Stagnation, Therapiemüdigkeit, Therapeutenwechsel und Überheblichkeit des Therapeuten.
9. *Was würden Sie TherapeutInnen/SeelsorgerInnen empfehlen?* Geduld – viel Geduld – nochmals Geduld. Weiterhin: klare Grenzen zu Beginn der Therapie und Zuhören, ohne gleich Ratschläge zu geben. Hier seien auch Einzelstimmen genannt: Nicht gleich von Sünde reden; eigene Fehler zugeben; den Glauben nicht als Allheilmittel anpreisen; Vorsicht mit »Dämonenaustreibungen«.
10. *Was würden Sie guten Freunden empfehlen?* Mich annehmen, wie ich bin; Verzicht auf Sprüche wie »Vergiß das doch endlich«; mich wie alle anderen behandeln.

Am hilfreichsten wurden Einzelgespräche erlebt, also die ganz persönliche Zuwendung. Die Empfehlung hierfür lautet: Geduld und Zeit aufbringen und klare Grenzen setzen. Oft handelt es sich um eine jahrelange Begleitung. Deshalb ist es wichtig, den Rahmen abzustecken und auch Grenzen bezüglich Kraft und Zeit deutlich zu machen. Es ist gut zu wissen, daß dies von den bedürftigen Menschen geschätzt wird. Der Grundsatz »Weniger ist mehr« kann eine Hilfe sein, um überhaupt für diese Menschen ein jahrelanger Ansprechpartner werden zu können.

Fragt man nach einzelnen Schritten, so ergaben sich Hinweise für den Gesprächsstoff, aber auch für die Voraussetzungen auf seiten der Therapeutinnen, bzw. Seelsorger. Wichtig sind Vertrauen, Aufmerksamkeit und Interesse. Auch wenn es manchmal klar erscheint, was für den Hilfesuchenden Priorität hat, ist es unbedingt erforderlich, dessen Meinung und damit ihn selber ernstzunehmen. Vertrauen kann wachsen, wenn Therapeuten sich auch auf scheinbar unwichtige Nebengleise mitbegeben und aufmerksam zuhören. Wenn das gelingt, ist ein wichtiger Schritt im Umgang mit diesen Menschen getan. An zweiter Position der als wichtig gewerteten Themen standen nach dem Inzest die aktuellen Probleme nach dem sexuellen Mißbrauch. Konkrete Unterstützung mit Strukturhilfen (Eßpläne bei Bulimie oder Telefon-SOS-Listen für Krisensituationen), Sanierung der finanziellen Lage und ähnliches bringen Erfolgserlebnisse. Neue Hoffnung entsteht und motiviert zum Durchhalten. Auch Medikamente wurden als hilfreich erlebt, wobei es wichtig ist, ausführlich darüber zu diskutieren und aufzuklären.

Nach Klärung des Alltags tauchen tiefergehende Themen auf, stellen sich die Fragen nach der Bedeutung des Verhaltens. (Was kotzt mich wirklich an? Was will ich zerstören, wenn ich mich verletze? Wovor laufe ich weg?)

Dabei kann es eine Hilfe für die Betroffenen sein, wenn Therapeuten ihren Zorn oder ihr Entsetzen über die Geschehnisse auch ausdrücken, denn oft ging das Gefühl für Recht und Unrecht verloren oder konnte sich nie entwickeln. Anteilnahme am Leid und Bestätigen des Unrechts, ohne den Schuldigen zu verdammen, helfen das Leben zu ordnen und unberechtigte Schuldgefühle aufzulösen. Hierzu ein Zitat einer Betroffenen: »Ich glaube, ich bin euch böse, noch nie habe ich dies, was ich jetzt aufgeschrieben habe, realisiert. Bis heute. Aber es wäre zu einfach, Euch die Schuld zuzuschieben. Ich habe mir selbst meinen Weg verbaut, und die Felsbrocken nun wieder wegzuräumen, scheint zu schwer für mich zu sein, und wieder einmal resigniere ich!«

Wie ist Vergebung möglich?

Oft scheint es, als würde der andauernde Schmerz von sexuell mißbrauchten Frauen dadurch weiter aufrechterhalten, daß sie nie den Weg zur Vergebung fanden. Doch wie kann man vergeben, wenn man als wehrloses Kind solches Unrecht erfuhr? Kann man da einfach »Schwamm drüber« sagen und die Sache vergessen? Ist das Reden von Vergebung nicht oberflächliches Zudecken, eine christliche Form des Bagatellisierens?[11] Eine Betroffene erzählt: »In der Seelsorge hat man mir gesagt: Solange du nicht vergibst, wirst du keine Befreiung erleben. Ich wollte ja frei werden, aber der Schmerz und die Scham stand mir jeden Tag wieder vor Augen. Sollte ich die Mißhandlungen und den Mißbrauch einfach vergessen? Wie denn?! Meine Gefühle schrien lauter als mein schwacher Wille. Ich bin fast verzweifelt!« Diesen Fragen muß sich die Seelsorge stellen. Oft ist es ein langer, steiniger Weg, den eine Betroffene zu gehen hat, bis sie die Verletzungen der Kindheit loslassen kann.

Nötig sind Geduld und das Mittragen auch in den Zeiten, wo die Anklage hervorbricht, der Schmerz, all die gerechtfertigten Gründe, warum Vergebung so schwer ist. Aber man darf auch neue Sichtweisen einbringen, die den Weg zur Vergebung ebnen. Dort, wo eine Person eine persönliche Glaubensbasis hat, kann man ganz bewußt auch die Tatsache in die Waagschale werfen, daß ja auch ihr vergeben wurde. Selbst ohne geistliche Bezüge gilt die Erfahrung, daß mit dem Loslassen der Schuldvorwürfe an den Täter auch eine Last abfallen kann, die man durch den ständigen Groll mit sich herumschleppt, solange man ihm grollt.

---

[11] Eine hervorragende Auseinandersetzung mit der Diskussion um das Thema Vergebung findet sich bei Kroll 1994, S. 200–206.

Der Weg zur Vergebung ist für jede Person unterschiedlich, übersät mit Hindernissen: mit schmerzlichen Erinnerungen, abgrundtiefen Gefühlen, kreisenden Grübeleien und immer neuen Enttäuschungen. Oft reichen Aufforderungen zum Umdenken nicht aus[12]; selbst geistliche Höhenerfahrungen tragen nicht immer durch die Niederungen des Lebens. Oft ist schlichtweg Zeit nötig, Monate bis Jahre, Zeit, die allmählich Wunden vernarben läßt und den Boden für einen bewußten Abschluß durch Vergebung legt. Im Reden über Vergebung haben sich folgende Richtlinien bewährt:

a) Das Eingeständnis, daß mir Unrecht getan wurde. Ich muß nicht beschönigen oder verleugnen. Vergebung wird erst dort nötig, wo Unrecht vorliegt.

b) Der Täter verdient die Vergebung nicht (so wie auch ich vor Gott letztlich nicht bestehen kann). Meine Vergebung ist nicht das Gutheißen seiner Ausflüchte, Rechtfertigungsversuche und Schönfärbereien des Vorgefallenen. Meine Vergebung ist auch nicht ein Eingeständnis an seine unterschwelligen Vorwürfe, daß ich ja Mitschuld hätte an seinem sexuellen Handeln. Wenn ich vergebe, dann vergebe ich aus freien Stücken.

c) In der Vergebung gebe ich meinen Zorn auf und gleichzeitig auch meine Rachegelüste und meine Ansprüche an den Täter. Ich gebe den Täter frei. Doch damit gebe ich auch mich frei: Wie ein Ringer, der seinen Kontrahenten losläßt, löse ich mich aus der Umklammerung, in der ich mich durch den ständigen Groll befand.

d) Manche Verkündiger erwecken den Eindruck, die Aufforderung zur Feindesliebe bedeute, daß man nun auch Gefühle der Liebe für den Täter entwickeln müsse. Bei dem, was oft zwischen Täter und Opfer vorgefallen ist, wäre das ein hochgestecktes Ideal. Manchmal allerdings darf eine Beziehung derart heilen, daß eine Frau in ihrem Vater auch die schwache, die tragische Seite sieht, die es ihr ermöglicht, aus tiefer Überzeugung zu sagen: Ich liebe ihn – trotz allem, was vorgefallen ist.

---

[12] Obwohl die kognitive Seelsorge einen wesentlichen Stellenwert hat, wird die Veränderung der Gedanken oft durch intensive Gefühle behindert. Dennoch sind entsprechende Bücher sehr hilfreich (Backus & Chapian 1980, Thurmann 1994).

Vergebung kann wirklich neue Perspektiven eröffnen. Es geht nicht nur um das Umsetzen eines christlichen Gebotes. Natürlich bekommt Vergebung für den, der selbst um die Erlösung weiß, eine tiefe Bedeutung der Verbundenheit mit Jesus, der seine Schuld auf sich genommen hat. Vergebung ist im Grunde aber auch ein Weg zur Heilung, den selbst Menschen ohne bewußte Gottesbeziehung erleben und die auch psychotherapeutisch ihren Wert hat: das Annehmen des Vorgefallenen als Teil des Lebens und der bewußte Entschluß, nicht mehr zurückzublicken, die Entschlossenheit, den Weg trotz der Lasten der Vergangenheit fortzusetzen. Der Verzicht auf ständige vorwurfsvolle Rückschau löst auch die Bindung zum Täter und befreit zu neuen Schritten.

Therapie und Seelsorge heißt: Ich begleite dich auf deinem langen, schweren Weg. Du kannst mit mir rechnen. Gehen mußt du selbst – abnehmen kann ich dir nichts. Ich schaffe es weder dich zu tragen noch dich zu schieben. Aber ich bin vorbereitet, daß es mühsam wird, es wird mich nicht allzusehr erschüttern. Es braucht Zeit, viel Zeit, und ich glaube an dich und deine Möglichkeiten und an einen Gott, für den es keinen unmöglichen Fall gibt. Spüren Betroffene diese Haltung des Vertrauens, haben sie bei ihren bedrohlichen Schwankungen ein vorübergehendes Halteseil, das ihnen hilft, langsam eine eigene Festigkeit zu entwickeln und neuen, festen Boden unter den Füßen zu finden.

Kapitel 8

Multiple Persönlichkeitsstörung

Es ist mir nicht leicht gefallen, dieses Kapitel zu schreiben. Hier betreten wir nämlich einen der düstersten Sümpfe im Grenzland der Borderline-Störungen. Alles bäumt sich in uns auf gegen die Tatsache, daß auch heute Kinder unmenschlich gequält und mißbraucht werden in einem Dunstkreis von Perversion und Machtstreben, von Gewinnsucht und Okkultismus. Kinderpornographie, Kinderprostitution, Geheimzirkel und Satanskulte – das gibt es wirklich, auch in unserer Zeit. Und nur die wenigsten Fälle werden aktenkundig.

So wurde 1993 der 38jährige schweizerische Computerfachmann und Porschefahrer René O. festgenommen, bei dem man eine voll eingerichtete Folterkammer fand, in der er Kinder quälte und sexuell mißbrauchte. Seine Grausamkeiten hatte er auf Video aufgenommen, um sie zu verkaufen. Neben den Folterinstrumenten fand man auch ein Faß mit Schwefelsäure und ein Aquarium mit Piranhas, die dazu dienten, getötete Kinder verschwinden zu lassen. Bevor er von der Polizei festgenommen wurde, hatte er in Amsterdam ein Haus von einer Satanskult-Sekte gekauft, um dort weitere Videos produzieren zu können.[1]

1995 schreckte das Drama der esoterischen Sonnentempler-Sekte die Welt auf. Insgesamt 53 Mitglieder des Kults wurden in verschiedenen abgelegenen Häusern tot aufgefunden. Nur die wenigsten hatten sich selbst getötet, nachdem sie vorher die anderen »auf die letzte Reise« geschickt hatten. In den Kellerräumen fand man Kultstätten, Altäre und Kapuzengewänder und was sonst für okkulte Rituale benötigt wird.[2] Der Abschlußbericht zu den Ereignissen fiel jedoch eigenartig dürftig aus. Trotz Hinweisen auf weitere Sektenmitglieder ist »für die Schweizer Behörden die Untersu-

---

[1] Sonntagszeitung (Zürich), 31. Januar 1993, S. 5
[2] Die Weltwoche (Zürich), 16. Februar 1995, S. 43-47

chung abgeschlossen, die Verfahren werden eingestellt, da die Untersuchungsrichter keine Anhaltspunkte für noch lebende Verantwortliche oder Zeugen gefunden haben.« Einiges deutet darauf hin, daß der Bericht durch einen »Experten« geprägt wurde, der selbst dem Kult nahe stand.[3] Nach diesem Muster verläuft häufig die Wahrheitssuche in solchen Fällen. Die Boulevardblätter entrüsten sich für einige Tage, dann übersetzen Juristen die dramatischen Ereignisse in dürre Worte der Amtssprache und finden schließlich keine Anhaltspunkte mehr, die eine weitere Verfolgung rechtfertigen. Daraufhin wird es wieder still um die Geschehnisse. Niemand redet mehr von den furchtbaren seelischen Wunden, die gerade bei Kindern durch solche Rituale geschlagen wurden.

Erst viele Jahre später wagen einige der Opfer, über ihre furchtbaren Erlebnisse zu berichten. Es sind keine geordneten Erzählungen, die man da zu hören bekommt, vielmehr Bruchstücke der Erinnerung an ein unvorstellbares Grauen, verteilt in die zersplitterte Identität des Opfers, die sich erst allmählich wieder zusammenfügt. Die Berichte ehemaliger Opfer erfordern starke Nerven. Sie sind z.T. so grausam und pervers, daß es beim Zuhören fast körperlich weh tut oder Übelkeit erzeugt, auch wenn man äußerlich gelassen bleiben sollte. Manchmal kann man fast nicht glauben, daß Erwachsene Kindern so etwas antun können, und man versteht, daß eine kindliche Seele unter solchem Druck auseinanderbrechen kann. Fesselungen, grausame Bestrafungen, Sex mit Tieren, Mehrfach-Vergewaltigungen in Hinterzimmern von Sexclubs hinterlassen tiefe Spuren.

Es geht im folgenden nicht darum, Gruselgeschichten für therapeutische Seelsorger zu erzählen. Vielleicht bin ich sogar allzu zurückhaltend mit detaillierten Geschichten. Doch dieses Buch soll in erster Linie eine Hilfe sein, Menschen mit einer Vorgeschichte von seelischer Traumatisierung besser zu verstehen und zu begleiten. Wenn die Betroffenen sich schon öffnen, so gilt es, ihnen möglichst gelassen zuzuhören, Zusammenhänge sachlich zu klären und sorgsam darauf zu achten, nicht mehr aufzudecken, als die Patientin selbst freigibt. Sensationslust, Entrüstung und übermäßiges emo-

---

[3] Basler Zeitung, 4. April 1996, S. 3

tionales Engagement können diesem Ziel eher hinderlich sein. Wer eine ausführliche Darstellung der Problematik der Multiplen Persönlichkeit sucht, sei auf Erlebnisberichte[4] und die einschlägige Fachliteratur[5] hingewiesen. Viele eindrückliche Beispiele und umfassende therapeutische Vorgehensweisen enthält das umfassende Buch der deutschen Psychologin Michaela Huber[6], die in großer Einfühlsamkeit und Literaturkenntnis über dieses Thema schreibt.

Was ist eine multiple Persönlichkeit?

Im Diagnostischen Handbuch DSM-IV[7] werden die Kriterien für eine Multiple Persönlichkeitsstörung (unter dem neuen Begriff der Dissoziativen Identitätsstörung) wie folgt umschrieben:
A) Die Existenz von zwei oder mehr unterschiedlichen Persönlichkeiten oder Persönlichkeitszuständen innerhalb einer Person (jede mit einem eigenen, relativ überdauernden Muster, die Umgebung und sich selbst wahrzunehmen, sich auf sie zu beziehen und sich gedanklich mit ihnen auseinanderzusetzen).
B) Mindestens zwei dieser Persönlichkeiten oder Persönlichkeitszustände übernehmen wiederholt die volle Kontrolle über das Verhalten des Individuums.
C) Unfähigkeit, sich an wesentliche persönliche Informationen zu erinnern, die weit über eine gewöhnliche Vergeßlichkeit hinausgeht.
D) Die Störung läßt sich nicht auf Alkohol, Drogen oder Medikamente sowie auf Störungen der Hirntätigkeit (wie z.B. eine komplexe partielle Epilepsie) zurückführen.

---

[4] Casey 1992, Chase 1992, Schreiber 1973/1992
[5] Besonders informativ sind die englischen Bücher von Ross 1989 und Putnam 1989. Aus christlicher Sicht hat Friesen 1991 ein eindrückliches Handbuch verfaßt. Eine umfassende deutsche Übersicht über die gesamte Literatur gibt Huber 1995.
[6] Huber 1995. Leider führt sie auch einige hochspekulative »Beweise« (unterschiedliche Blutbilder, Augenfarben, Hirnstromkurven etc.) an, die den Kritikern Anlaß gegeben haben, das ganze Phänomen als »Schwindel« abzutun, vgl. *Psychologie heute* 4/1996, S. 34-40.
[7] American Psychiatric Association 1994, S. 484

Diese Kriterien werden im ergänzenden Text ausführlich dargestellt. Die Anzahl der möglichen Persönlichkeitszustände variiert zwischen zwei und über hundert. Die einzelnen Persönlichkeiten sind sich der Existenz einiger oder aller anderen »Personen« in unterschiedlichem Ausmaß bewußt, und einige von ihnen können die anderen als Freunde, Kameraden oder Widersacher erleben. Die jeweils vorherrschende Persönlichkeit kann von anderen wahrgenommen und beeinflußt werden. Episoden mit zeitweisem Erinnerungsverlust sind häufig. Einige Persönlichkeiten können sozial so angepaßt sein, daß sie eine erfolgreiche Berufstätigkeit ausüben, doch wechseln sie ab mit anderen Persönlichkeiten, die eindeutig dysfunktional sind, das heißt das Leben nicht bewältigen können. Manche Patienten berichten von inneren Gesprächen unter den Persönlichkeiten.

Die Persönlichkeiten werden als Ergebnis einer *Dissoziation* (vgl. Kapitel 3) betrachtet. Dies hat dazu geführt, daß in der neuen Version des Diagnostischen Handbuches der Amerikanischen Psychiatrischen Vereinigung (APA), im DSM-IV, nicht mehr von Multipler Persönlichkeitsstörung, sondern von *Dissoziativer Identitätsstörung* gesprochen wird.

Als ich zum ersten Mal einer jungen Frau mit einer multiplen Persönlichkeit begegnete, traute ich zuerst meinen Ohren nicht. Sie war wegen einer unklaren Psychose in eine staatliche Klinik gekommen, und zeitweise litt sie auch an psychotischen Ängsten, die aber durch die Gabe von Neuroleptika weitgehend in den Hintergrund traten. Es blieb aber eine Zersplitterung der Person, die in dieser Form bei einer Schizophrenie nicht zu beobachten ist. Auffällig war insbesondere, daß die Frau immer in der »Wir«-Form von sich sprach. Auf meine Frage, was sie denn beruflich mache, antwortete sie: »Zur Arbeit schicken wir Frau Mahrer, die kann das am besten!« In den weiteren Gesprächen entspann sich ein eigenartiges Drama von sieben »Personen«, die ganz unterschiedliche Aufgaben übernahmen. Die Lebensgeschichte, die im folgenden stark verfremdet wird, war von großer Tragik. Cornelia M. wurde nach erfolglosen Abtreibungsversuchen als Frühgeburt in die Familie eines alkoholkranken Bergarbeiters geboren, die in einer heruntergekommenen Hochhaussiedlung einer deutschen Großstadt lebte. Weil die ebenfalls alkoholkranke und verhärtete Mutter arbeiten ging, wurde das Baby in die Obhut eines arbeitslosen invaliden und alkoholkranken Kollegen und seiner Freundin zwei Stockwerke höher gegeben. Dort sei es seit dem zweiten Lebensjahr zu täglichem sexuellen Mißbrauch, verbunden mit brutalen Drohungen, gekommen. So sei sie beispielsweise an den Füßen aus dem Fenster gehalten worden: »Ich lasse dich fallen, wenn du irgend jemand etwas sagst!« Etwa ab dem zehnten Lebensjahr konnte Cornelia die Übergriffe allmählich abwehren. In dieser Zeit begann sie selbst, Alkohol und Haschisch zu konsumieren, sie schwänzte die Schule und blieb trotz guter Intelligenz zweimal sitzen. Mit neun Jahren habe sie versucht sich zu erhängen, später folgten weitere Suizidversuche mit Haushaltsgiften, die jedoch von der Umgebung nicht ernstgenommen worden seien. Eine erste psychotherapeutische Behandlung erfolgte mit 14 Jahren wegen der Alkohol- und Drogenproblematik. Es grenzt an ein Wunder, daß Cornelias Persönlichkeit sich später stabilisierte und daß sie sogar einen anspruchsvollen Beruf erlernte.

In den Gesprächen beschrieb die Patientin ihr Erleben als Zusammenwirken von sieben deutlich voneinander unterscheidbaren Personen. Die Entstehungsbedingungen hatten folgenden realen Hintergrund: Die kleine Cornelia Mahrer (die Namen wurden verändert, sollen aber etwas von der Dynamik widerspiegeln) lebte täglich in zwei Welten: In der Wohnung ihrer Eltern war sie »Nelle«, ungeliebt, aber doch einigermaßen geschützt, beim »Onkel« und seiner Freundin im 3. Stock wurde sie »Conny« genannt, wehrlos ausgeliefertes Opfer sexueller Gewalt, herzloser Beschimpfungen und brutaler körperlicher Mißhandlung. Die Patientin gab an, daß in diesem Spannungsfeld die beiden Hauptfiguren ihrer Innenwelt entstanden seien, die kleine, hilflose »Conny« und die starke Beschützerin »Nelle«. »Die schreiende Kleine«, Conny, trete (auch noch im Erwachsenenalter) immer dann auf, wenn sie sich bedroht fühle oder an traumatische Ereignisse erinnert werde. Eine weitere »Person«, der »böse Mann«, befehle ihr dann, sich zu schneiden oder mit Zigaretten zu brennen. Die innere Helferin, »Nelle«, werde vorgeschickt, wenn sie sich im Leben behaupten müsse. »Sie ist stark, die kann kämpfen!« Eine weitere Figur, »Frau Mahrer«, übernehme die Arbeit im Büro, so daß sie nach außen funktioniere. Obwohl sich die Personen gegenseitig zu kennen scheinen, berichtet die Patientin von Situationen, wo beispielsweise eine Person die Vorherrschaft an sich habe reißen wollen. So habe sie sich eines Abends mit ihrem Auto weit weg von ihrem Wohnort wiedergefunden, ohne sich daran erinnern zu können, wie sie an diesen Ort gekommen sei. Solche Gedächtnislücken nennt man auch *Amnesie,* ein häufiges Symptom bei Menschen mit einer Multiplen Persönlichkeit. Einmal habe eine weitere Person, »Goja«, die Macht an sich reißen und alle in eine Drogeneinrichtung bringen wollen. Die anderen Personen hätten es aber nicht zugelassen, daß es zu dieser »Machtübernahme« gekommen sei.

Überhaupt kommt es bei »Multiplen« häufig zu großen inneren Diskussionen unter den »Personen«. Versucht man diese umzudeuten als inneres Hin- und Hergerissensein zwischen verschiedenen Strebungen, wie es ja viele Menschen erleben, so beharren sie immer wieder darauf, es seien verschiedene Personen, die sich in ihnen streiten würden.

Entstehung neuer »Personen«

Doch wie können wir uns die Entstehung solcher »Personen« vorstellen? Eine andere junge Frau schilderte mir, wie »die Kinder« in ihr entstanden seien. Die Patientin wurde während einer langen Vorgeschichte von schwerem sexuellem Mißbrauch von ihrem Vater immer wieder an einen Satanszirkel »ausgeliehen«, wo sie an Neumondfesten in einem Kellergewölbe als eine Art »Tempelmädchen« dienen mußte. Oft sei sie nackt auf einen Steinaltar gebunden worden und habe geschlottert vor Angst und Kälte. Die Dinge, die sie in diesen Ritualen miterleben, über sich ergehen lassen und aktiv tun mußte, gehen über die normale Vorstellungskraft hinaus. Würden sie nicht von unabhängigen Berichten immer wieder geschildert[8] oder durch dramatische Ereignisse ab und zu an die Öffent-

---

[8] Vgl. Huber 1995, S. 85-110; Enders 1995, S. 331-342, sowie Friesen 1991.

lichkeit gezerrt[9], so würde man sie als Erfindung einer überspannten Leserin von Gruselromanen abqualifizieren. Vieles in der Art ihrer Berichte deutete aber derart deutlich darauf hin, daß hier in ständigem Ringen um Worte die Wahrheit geschildert wurde, daß ich nicht umhin konnte, ihr zu glauben.[10]

Wie kann ein kleines Mädchen so etwas überleben? Wie wird die zerbrechliche Psyche eines derart extrem mißhandelten, eingeschüchterten und zu Tode geängstigten Kindes mit solchen Erfahrungen fertig? Hier liegt der Kernpunkt der Entstehung neuer »Personen«: Immer wieder erlebte sie, daß es zu einer eigenartigen Veränderung ihres Bewußtseins kam: »Es war, als würde ich aus meinem Körper herausgehen. Der Schmerz und die Kälte klangen ab, der Geruch von Blut und Weihrauch verzog sich, das Bellen der Hunde und die Beschwörungen des schwarzen Mannes verhallten, und ich wurde von warmem Dunkel eingehüllt. Es war mir, als würde jemand anders die Dinge tun, die ich tat; als würde der Körper eines andern Mädchens gequält. Ich kam erst wieder zur vollen Besinnung, als ich schon auf dem Rücksitz des Autos kauerte, das mich nach Hause brachte. – Aber diese andere Person blieb irgendwie. Es war, als sei in mir ein Kind gestorben, das sich in einen Tunnel tief in meinem Inneren geflüchtet hat und sich dort bis heute versteckt.«

Solche Geschichten kann man letztlich nicht mehr wissenschaftlich oder theologisch analysieren.[11] Man nimmt einfach Anteil am existentiellen Erleben eines Menschen, der Furchtbares überlebt hat. Man kann es nicht ungeschehen machen, und man kann auch nicht wirklich trösten. Man kann nur da sein, bereit zum Zuhören.

Wenn ein Kind aus einer normalen Familie etwas Furchtbares erlebt (z.B. daß ein Lastwagen einen Freund aus dem Kindergarten

---

[9] Vgl. den Bericht im Spiegel Nr. 18/1996, S. 132-149.
[10] Vgl. die Berichte bei Pike & Mohline 1995.
[11] Natürlich höre ich als Arzt kritisch zu. Einerseits versuche ich abzuschätzen, wie glaubhaft die geschilderten Ereignisse sind. Leider gibt es auch Menschen, die durch aufgebauschte Phantasiegeschichten auf sich aufmerksam machen wollen. Auf der anderen Seite ist da ja auch die eigenartige psychische Reaktion, die man nur sehr selten antrifft. In diesem Fall kam ich aufgrund der gesamten Konstellation zum Schluß, daß von Vorgängen berichtet wurde, die wirklich stattgefunden hatten.

vor seinen Augen totfährt), so wird es wenigstens getröstet, gehalten und gestützt. Das verhindert ein Auseinanderbrechen der Persönlichkeit. Aber Kinder, die so massiv mißbraucht werden, haben niemand, der sie tröstet. Vielleicht werden sie sogar noch angeschimpft, weil sie weinen, oder brutal bestraft, weil sie sich »widerspenstig benehmen«. Es verwundert nicht, daß sie sich innerlich nach jemand sehnen, der sie beschützt, nach jemand, der nach außen stark ist, der die Kraft hat, sich zu wehren. Bei praktisch allen »Multiplen« entstehen dann in der Phantasie sogenannte »*Beschützer-Personen*«, wie etwa »Nelle« im obigen Beispiel.

Aber es gibt auch innere »*Ankläger*«, die jenen Selbstzweifeln und Schuldgefühlen eine Stimme geben, von denen praktisch alle Opfer von sexueller Gewalt geplagt werden.[12] Wie oft hören sie von ihren Peinigern: »Du willst es doch selbst! Du hast doch auch schöne Gefühle dabei! Du bist es doch, die mich verführt, du kleine Hure!« Und im Erwachsenenleben findet sich dann eben auch eine solche dunkle »Person«, die von einer Patientin sogar als »Dämon« bezeichnet wurde.

So entsteht also im Inneren einer multiplen Persönlichkeit ein ganzes »Welttheater« im Kleinen, in dem die drei Hauptgruppen, nämlich *Opfer* (»gestorbene oder schreiende Kinder«), *Beschützerinnen und Beschützer,* sowie *Verfolger* (»böse Männer« oder auch Frauen) in einem komplexen Zusammenspiel das Leben zu bewältigen suchen. Die »Personen« erhalten Namen und gewinnen durch die vielfältigen Erfahrungen zusätzlich an Profil. »Jael ist stark und mutig,« erzählt eine Patientin von ihrer Beschützer-Person. »Als uns unser Arbeitgeber den letzten Lohn nicht mehr zahlen wollte, haben wir sie vorgeschickt. Sie hat ihm mit einer Anzeige gedroht, da hat er plötzlich eingelenkt!« Immer wieder wird betont, wie wichtig die anderen »Personen« sind. »Wir brauchen einander, um einander zu trösten und zu helfen.« Oft werden rege Diskussionen unter den »Personen« geschildert. Während Außenstehende nur die »Gastpersönlichkeit« mit ihrer verwirrenden Instabilität wahrnehmen, zieht da in der inneren Wirklichkeit der »Multiplen« eine ganze Gruppe von Gestalten durch die Wirrnisse und Fährnisse des

---

[12] Der Fachbegriff für diese »Personen« lautet auch »täteridentifizierte Anteile«.

Lebens, manchmal wie ein verhärmter und verängstigter Flüchtlingstreck, manchmal auch wie eine Familie von Fahrenden, die miteinander durch die Lande ziehen und sich abends am Lagerfeuer zu Gesprächen treffen.

Ein wissenschaftliches Entstehungsmodell

Die Geschichten klingen oft derart phantasievoll, daß man sich fragt, ob man das oben geschilderte Geschehen überhaupt wissenschaftlich psychologisch fassen kann. In der Abbildung auf der gegenüberliegenden Seite wird ein Entstehungsmodell vorgestellt, das sowohl psychodynamische Aspekte als auch biochemisch-neuroplastische Konzepte der biologischen Psychiatrie berücksichtigt.[13] Man geht heute davon aus, daß eine Störung mit multipler Persönlichkeit als spezifischer Abwehr- bzw. Bewältigungsvorgang in der frühen Kindheit zu verstehen ist, wenn das Kind hilflos einem überwältigenden, möglicherweise lebensbedrohlichen Trauma ausgeliefert ist.

Sicher ist eine frühkindliche Persönlichkeit ganz allgemein sehr zerbrechlich, doch scheint es, daß manche Kinder eine erhöhte Verletzlichkeit haben, und eher bereit sind, im Sinne einer Dissoziation[14], also einer inneren Abspaltung zu reagieren. Dabei handelt es sich nicht nur um psychologische Vorgänge. Heute weiß man auch um biochemische Mechanismen in den Nervenzellen des Gehirns.[15] Es wäre daher vorstellbar, daß die wiederholte Extrem-Traumatisierung beim betroffenen Kind eine biochemische Bahnung in Gang setzt, die nicht nur während des aktuellen Traumas neue Identitätsabsplitterungen (»Personen«) entstehen läßt, sondern einen Zustand dauernder Dissoziationsbereitschaft erzeugt, die auch später das neue Auftreten von Persönlichkeiten erlaubt.

---

[13] Vgl. Pfeifer, Brenner & Spengler 1994.
[14] Der Begriff Dissoziation wird in Kapitel 3 ausführlich beschrieben.
[15] Post 1992

Ein Modell der Entstehung Multipler Persönlichkeitsstörungen

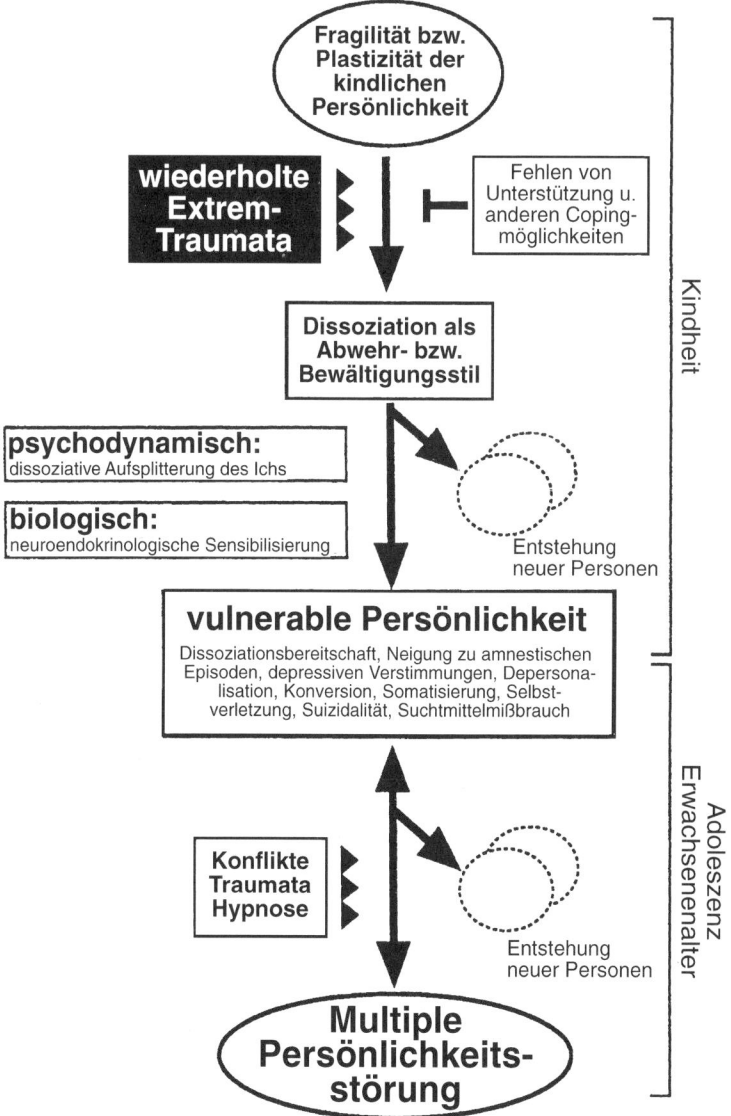

In der frühkindlich gesetzten traumatischen Weichenstellung liegt damit der wesentliche Unterschied zur Posttraumatischen Belastungsstörung des Erwachsenen (vgl. Kapitel 2), die praktisch nie zu einer Ich-Aufsplitterung führt, weil sich die Primärpersönlichkeit im Verlauf einer normalen Entwicklung soweit gefestigt hat, daß die Identität auch unter einer Extrem-Traumatisierung keine inneren Abspaltungen mehr zuläßt.

Probleme mit der Diagnose einer »Multiplen Persönlichkeit«

Das Vollbild einer multiplen Persönlichkeit ist ausgesprochen selten. Wir haben an unserer Klinik innerhalb von zehn Jahren unter mehr als 5000 Patienten lediglich zwei Fälle einer »echten« Störung mit multipler Persönlichkeit gesehen.[16] Doch die Aufmerksamkeit, die der Diagnose in den letzten Jahren zuteil wurde, hat Therapeutinnen und Therapeuten verleitet, derart suggestiv nach »anderen Personen« zu fragen, daß es zu regelrechten Epidemien von »Multiplen« kam. Es erfüllt mich daher mit Sorge, daß manche Therapeuten und Seelsorgerinnen in auffallender Häufigkeit »Multiple Persönlichkeiten« entdecken, wo es sich vielleicht nur um dissoziative Störungen oder eine Borderline-Störung handelt.[17] Im besten Fall kann man ihnen ihre Betroffenheit und ihr Engagement zugute halten, im schlechtesten Fall aber auch eine unscharfe Diagnostik und eine therapeutisch bedingte Verschlimmerung der Grundproblematik. Nicht zu Unrecht wird von den Kritikern auf die »100 Gesichter der Hysterie«[18] hingewiesen, von denen einige sich nun als »Multiple« zu profilieren suchen. Man wird unwillkürlich an die Hysterie-Epidemien im Paris des 19. Jahrhunderts erinnert, die durch hypnotische Manipulation und diagnostische Einseitigkeit immer neue Blüten hervorbrachte.[19] Besonders problematisch ist

---

[16] Vgl. Pfeifer, Brenner & Spengler 1994.
[17] Diese Gefahr ist auch im christlichen Umfeld gegeben, vgl. Rosik 1995.
[18] Psychologie heute 3/1996, S. 34-40
[19] Shorter 1994

der Umstand, daß einzelne Straftäter für sich in Anspruch nahmen, nicht sie selbst hätten beispielsweise einen Mord begangen, sondern die »andere Persönlichkeit« in ihnen hätte die Macht an sich gerissen. Hier wurde ganz eindeutig Mißbrauch mit der Diagnose getrieben.

Welche Alternativen bieten sich zur Erklärung an? Als Außenstehender ist man geneigt, diese Erlebnisform als theatralische Darstellung ganz normaler innerseelischer Vorgänge anzusehen. Beim Erwachsenen gibt es ja auch das innere Hin- und Hergerissensein zwischen verschiedenen Strebungen, zwischen Lust und Abscheu, Freiheit und Selbstvorwurf, Durchsetzungsvermögen und Kleinmut, »Fleisch und Geist«. Aber die »multiple Persönlichkeit« besteht darauf, daß es sich *nicht* nur um Anteile, um Strebungen, um Konflikte zwischen Ich, Es und Überich handelt, »nein, wir sind wirklich mehrere Personen!«

Von einer Multiplen Persönlichkeitsstörung kann man hingegen *nicht* sprechen, wenn sich eine Person innerlich zerrissen fühlt oder wenn »zwei Zentren der Aufmerksamkeit« oder »zwei Bewußtseinsströmungen« gleichzeitig vorhanden sind.[20] Es reicht auch nicht aus, wenn eine Person unter starken Stimmungsschwankungen leidet oder sich manchmal fühlt »als wäre ich meine Mutter«.[21] In einem echten Fall von Multipler Persönlichkeitsstörung hat jede »Person« ein Gefühl der Individualität, unter Ausschluß der einen oder der mehreren anderen. Die betroffenen Patienten beharren darauf, daß es sich nicht nur um Zustände handle, sondern um echte Personen, die sich in ihnen manifestierten.

Diese besondere Konstellation stellt auch die Grundlage für die Abgrenzung (Differentialdiagnose) zu anderen Störungen dar.[22] Am häufigsten erfüllen die Betroffenen die Kriterien für eine Borderline-Störung mit ihrer durchgehenden Identitätsstörung und der starken seelischen Instabilität. Ich neige dazu, Patienten mit einer Multiplen Persönlichkeitsstörung als extreme Form einer Borderline-Persönlichkeitsstörung zu betrachten. Eine andere

---

[20] Vgl. Ellenberger 1970/85.
[21] Das würde man als »projektive Identifikation mit wichtigen Bezugspersonen« bezeichnen.
[22] Vgl. dazu Coons 1984.

Abgrenzung ist die Frage der Schizophrenie. Die von den Patienten geschilderten Gespräche unter den Personen werden von manchen Autoren als Gehörshalluzinationen gedeutet und dem schizophrenen Formenkreis zugeordnet, jedoch fehlt ein Muster durchgängiger schizophrener Symptome, insbesondere im Bereich der Störungen der Gefühle und des Denkens. Als weitere Differentialdiagnose wird an eine hysterische Störung im weitesten Sinne gedacht, weil die Patienten oftmals eine vielfältige dissoziative und somatisierende Symptomatik zeigen, dabei aber oft auch sehr demonstrativ und theatralisch wirken. Die häufig vorhandenen Ängste und depressiven Verstimmungen werden manchmal als Depression gedeutet, insbesondere, wenn die Betroffenen nichts von ihrer spezifischen Problematik sagen.

Ob der erhitzten Diskussion zu Pro und Kontra geht beinahe vergessen, daß die Betroffenen zutiefst Leidende sind, innerlich zerrissen und verletzt. Ihre Störungen entsprechen der Instabilität der Borderline-Patienten, nur ist die dissoziative Komponente stärker ausgeprägt. Man hilft ihnen nicht, wenn sich die Therapeutinnen in ihrer Betroffenheit in das große Drama der Patientinnen einspannen lassen und sogar noch neue Phänomene produzieren.

Besessenheit und multiple Persönlichkeit

Von christlichen Seelsorgern höre ich nun aber noch weitergehende Fragen. Haben wir es hier nicht mit Fällen von Besessenheit zu tun? Sind diese »Personen« nicht mehr als traumatische Persönlichkeits-Absplitterungen, mehr als personifizierte Anteile der Persönlichkeit? Wenn solche Zustandsbilder gerade in satanistischen Ritualen auftreten, ist es dann nicht klar, daß es sich um Dämonen handelt?

Sicher haben wir es bei den Erfahrungen dieser Menschen mit dem Bösen in solch unverhüllter Gestalt zu tun, daß nur vergeistigte Schönwetter-Theologen die Augen davor verschließen können. Auf der anderen Seite würde eine vereinfachte Dämonen-Erklärung ja auch eine einfache Lösung anbieten: Ein Gebet um Befreiung von bösen Kräften oder vielleicht ein intensiverer Exorzismus müßte die »Personen« zum Verschwinden bringen und die Grundperson als Einheit wiederherstellen.

Doch ganz so einfach ist es nicht. Vor allem gilt es immer wieder davor zu warnen, alles, was schwer verständlich ist, gleich mit Dämonen zu erklären. Die theologischen Fragen zu dieser Thematik werden schon in Kapitel 6 (»Krankheit oder Dämonie?«) erläutert. Aus ärztlicher Sicht möchte ich zu bedenken geben, daß in diesen Ritualen ja nicht nur ein Satanskult betrieben wird. Die Erfahrungen der ständigen Todesnähe, der Verlassenheit und des Ausgeliefertseins sind so schrecklich, daß gar nicht unbedingt eine Teufelsanbetung nötig ist, um schwerste seelische Schäden zu verursachen. Genauso gut könnte es sich um ein Foltercamp handeln, wie sie aus vielen Kriegsgebieten bekannt sind.

Zu fragen wäre auch: Was signalisiert eine Seelsorgerin, die nur die geistlichen bzw. die dämonischen Aspekte betont? Nimmt sie die betroffene Person damit ganzheitlich ernst? Öffnet sie die Türen zur Heilung, oder kommt es möglicherweise zu einem neuen Zwang, sich einem Ritual zu unterziehen, diesmal eben dem christlichen Freibeten?

Ich hatte Gelegenheit, mit mehreren Menschen zu sprechen, die wegen dissoziativer Störungen freigebetet wurden. Viele hatten im Verlauf der Seelsorge selbst den Wunsch geäußert, sich in diesem Bereich von allem zu lösen, was ihrer Heilung hinderlich sein könnte. Oft handelte es sich um ruhige Gebete, in denen Gott um Lösung von Bindungen gebeten wurde.[23] Nur ganz selten gab es unethische Manipulationen, in denen sich Seelsorger einer Patientin gegen ihren Willen aufdrängten. Aber in keinem Fall wurden ihre Probleme nur durch die »Befreiung von okkulten Bindungen« gelöst.[24] Hilfreich sind solche Vorgehensweisen nur dann, wenn sie eingebettet werden in eine längerfristige verständnisvolle Begleitung, die auch die seelischen Wunden ernst nimmt, unter denen diese Menschen leiden.

---

[23] Beispiele für Vorgehensweisen im pietistischen Raum finden sich bei Veeser 1991.
[24] Vgl. auch Pfeifer 1994a.

Wie kann man »Multiplen« helfen?

Die Hinweise auf Therapie und Seelsorge in den folgenden Kapiteln geben einige Richtlinien für die seelsorglich-therapeutische Begleitung von Borderline-Patienten, die sich auch voll auf die Multiple Persönlichkeit anwenden lassen. An dieser Stelle kann ich nur einige wenige Hinweise für den seelsorglich-therapeutischen Umgang mit »Multiplen« geben.[25]

1. *Lassen Sie sich nicht zu tief ein.* Setzen Sie klare Grenzen und schürfen Sie nicht tiefer, als Sie die Patientin selbst an sich herankommen läßt. Sie müssen Ihre eigenen Kräfte einteilen, um sich in der langen Begleitung vor dem Ausbrennen zu schützen. Gleichzeitig verhindern Sie durch ein sachtes Vorgehen einen Dammbruch bei der Betroffenen, den Sie nicht mehr auffangen können.

2. *Die Gegenwart ist wichtiger als die Vergangenheit.* Konzentrieren Sie sich nicht nur auf die Aufarbeitung der Verletzungen, sondern betonen Sie die Wichtigkeit, im Hier und Jetzt zu leben. Die Ordnung von Wohnung, Arbeit und Beziehungen gibt der betroffenen Patientin die Stabilität, in der sie dann auch vorsichtige Blicke in die Vergangenheit werfen kann.

3. *Bereiten Sie sich auf ungewöhnliche Äußerungen der Problematik vor,* ohne zu erschrecken. Plötzliche Veränderungen in Stimmung, Tonfall und Beziehung (sogenannte »switches«) können auf kleinste Auslöser hin auftreten. Die gleiche Person kann manchmal sehr erwachsen und bestimmt auftreten, manchmal aber auch wie ein kleines Kind, je nach dem, welcher Anteil gerade die Kontrolle hat.

4. *Ermutigen Sie zum Malen, Zeichnen und Schreiben:* Gerade die »Kinder« können sich oft besser durch Bilder mitteilen. Was sie dann (je nach dem Alter ihrer »Entstehung«) malen, bringt in den einfachen Strichzeichnungen oft eine enorme Tragik zum Ausdruck. Manche »Personen« schreiben gerne Briefe. Wundern Sie sich nicht, wenn Sie von einer erwachsenen Frau einen Brief in

---

[25] Eine Vielzahl von praktischen Hinweisen gibt das bereits erwähnte Buch von Huber 1995.

ungelenker Handschrift erhalten, den vielleicht »Peter, 10 Jahre« unterschrieben hat.

5. *Lernen Sie das System der Personen kennen*. Therapie mit einer »Multiplen« kann zu einer »Gruppentherapie mit einer Einzelperson« werden. In den Gesprächen mit einer Betroffenen, die sich über etwa vier Jahre hinzogen, meldeten sich immer wieder neue »Personen«, viele davon Kinder, die in den furchtbaren Momenten des Mißbrauchs und der Folterung entstanden waren. Oft begann die Patientin mit den Worten: »Wir haben darüber geredet, wer heute zu Ihnen gehen und erzählen soll.« Dies ist einfach eine andere Formulierung für den sonst üblichen Satz: »Ich habe mir überlegt, worüber ich heute mit Ihnen sprechen möchte.« Der Seelsorger braucht die Bereitschaft, solche ungewöhnlichen Formulierungen anzunehmen, ohne abzuwehren, denn so wird er allmählich das System und damit auch die Geschichte der Person besser kennenlernen. – Es besteht allerdings die Gefahr, daß manche »Kinder« in der Therapeutin bzw. Seelsorgerin eine Ersatzmutter sehen und sich allzu stark an sie anlehnen. Manche »Personen« werden die Therapeutin bitten, stellvertretend für sie mit »den andern« zu reden. Hier ist jedoch große Vorsicht geboten, um nicht in die internen Kämpfe des Systems hineingezogen zu werden. Weisen Sie immer darauf hin, daß Sie in dem Prozeß der Verständigung nur unterstützen können, daß aber die erwachsenen Anteile die Aufgabe übernehmen müssen, das innere Gespräch unter den einzelnen »Personen« zu führen.

6. *Bereiten Sie sich auf Krisen vor.* Machen Sie mit der Betroffenen ab, welche »erwachsene Person« den Überblick hat und bereit ist, die Verantwortung zu übernehmen, wenn z.B. ein »Kind« in der Erinnerung völlig verzweifelt und in eine Krise gerät. Das Ansprechen der »Erwachsenen« kann dann oft zu einer Beruhigung und zum geordneten Abschluß einer Stunde führen. Sprechen Sie aber auch ab, wo die Grenzen Ihrer Möglichkeiten sind. Insbesondere ist eine Begleitung nur möglich, wenn die »Personen« bereit sind, auf Gewalt gegen die »Gastpersönlichkeit« zu verzichten, also, wenn man nicht befürchten muß, daß es demnächst zu einem Suizidversuch kommt.

7. *Supervision und Psychohygiene:* Manche Therapeutinnen

und Seelsorger sind so betroffen vom Schicksal einer schwerst mißbrauchten Frau, daß sie ihr enorm viel Zeit und Kraft widmen, selbst in ihrer Freizeit. Oft haben sie zuletzt nicht mehr die kritische Distanz und geraten in eine schwere Erschöpfung. Aus diesem Grunde ist es dringend geboten, sich immer wieder mit anderen verantwortlichen Fachleuten zu besprechen und sich Rückhalt und konstruktive Kritik zu holen. Nehmen Sie sich auch genügend Zeit für sich selbst, für Beziehungen, Musik, Sport und für Ihr geistliches Leben. Stellen Sie sich ganz bewußt unter den Schutz Gottes und lernen Sie, immer wieder Ihre Ratsuchenden an ihn abzugeben.

Integration der »Personen«

Nun haben wir lange über den Weg der Begleitung nachgedacht. Doch was ist denn eigentlich *das therapeutische Ziel?* Wohin soll das Gespräch die Betroffene eigentlich führen? Ist es das Verschmelzen zu völliger Einheit (Integration bzw. Fusion)? Das Verschwinden aller »Personen«? Das Anerkennen, daß es sich nicht um Personen, sondern nur um seelische Anteile handelt? Immer wieder wird man auch von den Patientinnen selbst gefragt: »Was wollen Sie eigentlich in den Gesprächen erreichen?« Nun sollte man ja meinen, die Integration wäre eine Hilfe für die Betroffenen, doch oft kommen erstaunliche Ängste vor einem solchen Vorgang hoch: »Ich habe so Angst, daß wir sterben müssen, daß dann nur noch Gabriele (die Gastpersönlichkeit) da ist, ganz allein, ohne die andern!« Das Verschwinden der »Personen« wird also als Auslöschen und Sterben verstanden. Aus diesem Grund ist es ratsam, ein stufenweises Ziel zu formulieren und dieses der »erwachsenen Person« zu erklären, die es dann auch an »die andern« weitergeben kann.

1. *Äußere Stabilisierung:* Wichtig ist nicht nur die Ordnung im Innenleben, sondern die äußere Ordnung. Nur wenn ein Mensch in stabilen Verhältnissen lebt, kann er auch sein Inneres stabilisieren. Mein erstes Ziel ist es daher sicherzustellen, daß jemand sich in seiner Arbeit bewährt, in einem klaren Rahmen wohnt (möglichst nicht mehr im Täterumkreis) und, wenn er Christ ist, Anschluß an eine Kirche oder einen Hauskreis hat.

2. *Möglichkeit zur Aussprache:* Die Gespräche sollen in erster Linie Gelegenheit geben, das auszusprechen, was man noch nie jemand mitteilen konnte. Wir machten eine eigenartige Erfahrung: Jedesmal, wenn sich ein »Kind« herausgewagt, und seine Geschichte erzählt hatte, verlor es seine destruktive Macht über die Patientin, wurde »ruhig« und mußte »nicht mehr schreien und Angst haben«.

3. *Vermehrtes Gleichgewicht* der »Innenpersonen«: Darin unterscheiden sich multiple Patientinnen gar nicht so sehr von anderen Ratsuchenden. Auch diese müssen lernen, mit ihren widerstrebenden Gefühlen und Impulsen umzugehen, um dadurch ruhiger zu werden.

4. *»Co-Bewußtheit«:* Die »Personen« wissen soviel voneinander, daß sie sich nicht mehr gegenseitig ausschalten und Erinnerungslücken produzieren. Es bleiben zwar noch deutlich unterschiedliche Anteile oder »Personen«, aber sie können den Weg miteinander gehen.

5. *Integration:* Die aufgesplitterten Seelenanteile heilen zusammen. Die »Kinder« legen sich zur Ruhe und schreien nicht mehr, die »Erwachsenen« tun sich zusammen mit der »Gastpersönlichkeit« und bilden eine Einheit, die sich als »Ich«, als handelnde und eigenverantwortliche Person erlebt. Eine Patientin beschrieb das Gefühl nach der Integration mit folgenden Worten: »*Es ist manchmal unheimlich, die Stille in sich zu entdecken und doch so wunderbar schön, daß der Lärm der Welt störend wirkt. Es ist seltsam, plötzlich Grenzen zu entdecken, die vorher nie da waren. Es ist seltsam, plötzlich ganz anders zu sein, und manchmal macht es mir Angst. Und manchmal fühle ich Trauer und habe das Gefühl, unheimlich viel verloren zu haben. Es gibt keine Stimmen in mir, kein Weinen, kein Singen, keine Verwirrung – wenn ich weine, dann bin ich es; wenn ich singe, dann bin ich es; wenn meine Gefühle durcheinander sind, so bin ich es, und wenn ich nicht weiß, wie ich damit umgehen soll, dann ist niemand da, der es mir zeigen würde oder der es mir abnimmt. Es ist seltsam, dieses Gefühl, als ob ich erst jetzt leben würde.*«

Nicht immer läßt sich eine völlige Integration erreichen. Manche »Multiple« bleiben auch auf Stufe 3 oder 4 stehen. Oft bleibt ein

Gefühl der Fremdheit. So schrieb mir eine Betroffene: »*Es ist schon seltsam – als ich ein Wir war, gehörte ich nicht in diese Welt, und jetzt als eins gehöre ich ebenfalls nicht dazu. In gewissem Sinne werde ich immer eine Außenseiterin bleiben.*« In jedem Fall dauert es Jahre, bis es zu einer solchen Heilung kommt. Und wenn es geschehen darf, so betrachte ich es immer wieder als eine Geschenk von Gott, daß derart schwere seelische Wunden heilen und vernarben und die zersplitterte Seele wieder zu einem Ganzen zusammenwachsen darf. Arzt, Seelsorgerin und Therapeutin sind nur Begleiter auf diesem Weg der Heilung, die letztlich nur Gott geben kann.

Kapitel 9
Hilfen zur Gesprächsführung

Warum kommen Borderline-Patienten eigentlich in die Therapie oder in die Seelsorge? Obwohl sich ihr Leiden schon seit der Kindheit hinzieht, gelingt es vielen unter ihnen doch immer wieder, ihr Leben in den Griff zu kriegen, sich durch die Schule zu schlagen und den Einstieg ins Erwachsenenleben zu schaffen. Vielleicht kommt es zu stürmischen Teenagerjahren, Schulproblemen, manchmal zu kleinerem Drogenmißbrauch, doch dann gewinnen sie etwas an Stabilität zurück. Die atemberaubenden Kurven auf der Achterbahn ihres Gefühlslebens weichen immer wieder ruhigeren Abschnitten, die eine Erholung ermöglichen und neue Hoffnung geben. Doch häufig kommt es irgendwann zu Krisen und Konflikten, in denen die mühsam aufrecht erhaltene Fassade der Normalität Risse erhält. Krach mit den Eltern, Horrorerfahrungen nach dem ersten Drogengebrauch, das Zerbrechen der großen Liebe – diese dramatischen Ereignisse können unvermittelt übergehen in den Tunnel gähnender Leere und Sinnlosigkeit. Und dann kommt *Angst* auf, so intensiv, daß man sich nicht mehr zu spüren glaubt. Irgendwann wird den Betroffenen deutlich: Ich brauche Hilfe. Die Wege in Therapie und Seelsorge sind vielfältig: Da ist vielleicht eine Vertrauensperson, der man sich zu öffnen wagt. Oder aber man wird von Freunden gedrängt, endlich Hilfe zu suchen. Manchmal führt die Horrorfahrt in eine totale Entgleisung der Gefühle, die einer klinischen Behandlung bedarf.

Das Dilemma: Opfer oder Verantwortung?

Wer mit Borderline-Patienten zu tun hat, wird oft mit vielen Problemen gleichzeitig konfrontiert. Da ist einerseits der anklammernde Hilfeschrei, die Sehnsucht nach neuer Geborgenheit in der Therapie. Doch andererseits fragt man sich auch nach der Eigenverantwortung der betroffenen Person. Ist die Betroffene Opfer oder trägt sie auch eine Mitverantwortung an ihrem Ergehen? Wo müssen sich der Therapeut oder die Seelsorgerin engagieren und in die Beziehung investieren, und wo müssen sie sich abgrenzen, um den Betroffenen zu neuer Selbständigkeit zu verhelfen? In den folgenden Gedanken wurde ich stark von Prof. Dr. Jerome Kroll geprägt, der zwei der besten Bücher über eine umfassende Therapie von Borderline-Patienten veröffentlicht hat.[1]

In der therapeutischen Begegnung mit Borderline-Persönlichkeiten wird immer etwas von der Zerrissenheit ihrer Seele spürbar, das den Therapeuten nicht unberührt läßt.

Von außen betrachtet kann man eine Borderline-Persönlichkeit beschreiben als eine Person,
1. die wiederholtes, unangepaßtes Verhalten zeigt;
2. die irgendwie genießt, was sie tut;
3. die verantwortlich erscheint für ihr willentlich steuerbares Verhalten.

Von innen erlebt sich die gleiche Person ganz anders, nämlich als passive Zuschauerin oder Teilnehmerin in dem destruktiven Strom des Bewußtseins, das sie nicht kontrollieren kann. Sie kann nur begrenzt wahrnehmen, daß ihr gegenwärtiges Erleben durch die übermächtigen Prägungen der Vergangenheit bestimmt wird. Und schließlich fühlt sie sich verzweifelt dem Zwang ausgeliefert, sich so und nicht anders zu verhalten – davonzulaufen, sich zu verletzen, andere anzuschreien und zu beleidigen.

Wenn man dem Borderline-Patienten sagt: »Du mußt nur wollen!«, so gibt man ihm die Verantwortung. Die *Sprache des Willens* betrachtet den Patienten als verantwortlich und legt ihm sein Versagen als Willensschwachheit aus. Geht man aber davon aus, daß die Betroffenen unter einem inneren Zwang stehen, so entbindet die *Sprache des Zwangs* den Patienten von seiner Verantwortung und betrachtet sein Versagen als unwiderstehlichen Impuls.

Wie kann man diese Spannung überbrücken? In den Gesprächen mit Betroffenen kristallisiert sich immer wieder folgendes Bild

---

[1] Kroll 1988 und Kroll 1993

heraus: Sie haben zwar keine volle Kontrolle über ihre Gedanken und Impulse, jedoch besteht eine Kontrollmöglichkeit beim Verhalten. Doch auch hier stoßen sie an Grenzen: Selbst wenn man willentlich versucht, seine Gedanken auf »das Gute und Wohlgefällige« zu konzentrieren, so ist es doch eine Erfahrung, daß sich Handlungen unter Streß nicht immer voll steuern lassen.

Wenn die Sprache des Willens verwendet wird, so soll es nicht die Sprache des Vorwurfs sein. Wir reden zwar von dem, was der Patient in der Therapie will, aber die Wirklichkeit der betroffenen Person ist natürlich komplizierter: Gewohnheiten, Triebe, Verletzbarkeit, Muster und Wahrnehmungen, die durch Erfahrungen geprägt wurden, das grundlegende Temperament, die genetische Mitgift, psychologische Abwehr, existentielle Verzweiflung – alle diese Elemente spielen in die komplexen Verhaltensmuster hinein, die der Therapeut anzusprechen versucht und die wiederum durch die eigenen Wahrnehmungen und Vorstellungen des Therapeuten gesehen und gedeutet werden.

Das »vierfache Ackerfeld« der Therapie von Borderline-Störungen

Was will der Patient eigentlich vom Seelsorger, von der Therapeutin? Zuerst einmal ganz einfach Hilfe in seinem Lebensdurcheinander. Die Betroffenen möchten ihre Geschichte erzählen, ihre Not »hervorwürgen«, klarmachen, wie der ganze unerträgliche Zustand entstanden ist. Und sie werden auch etwas davon erzählen, wie sie bis jetzt durchs Leben gekommen sind, welche Strategien bisher zur Linderung ihrer Spannungen nützlich waren und wo sie überall Hilfe suchen.

Doch die Betroffenen haben oft nicht die gleichen Ziele wie Therapeut und Seelsorgerin: Ihnen geht es zuerst einmal darum, eine neue Beziehung mit einer Vertrauensperson aufzubauen, mit einem Menschen, der ihre Wünsche und Bedürfnisse erfüllen soll. Sie möchten aber auch eine neue Arena für ihr Lebensdrama und Gelegenheit, die alten Themen zu inszenieren. Sie werden sich also nicht plötzlich in geduldige, einsichtige und lernbereite Hilfeempfänger verwandeln. Vielmehr werden die Betroffenen auch in der Therapie wieder ihre bisherigen destruktiven Muster ausprobieren, die ihnen die Beziehungen zu anderen Menschen so schwer machen.

Der geschulte Therapeut hat andere Ziele: Er möchte dem Patienten durch Einsicht und den therapeutischen Prozeß helfen, daß es zu einer Heilung kommt. Gleichzeitig möchte er eine gewisse Distanz halten, sich also nicht in eine persönliche Beziehung einlassen oder etwas von sich selbst geben. Er möchte zwar die alten, störenden Muster bearbeiten, aber diese nicht selbst in der Therapie erleben. Auf diese Weise kann Therapie zu einer Serie von Frustrationen, Anpassungen und gegenseitigen Enttäuschungen für Therapeut und Patient werden.

Im Verlauf der therapeutischen Gespräche müssen *beide* lernen: Die Patientin muß die überhöhten Ziele loslassen, mit allen Mitteln Liebe und Respekt vom Therapeuten zu ergattern und ihn zum Ersatz für alle bisherigen seelischen Entbehrungen zu machen. Aber auch der Therapeut muß Zugeständnisse machen: Er wird allmählich realisieren, daß seine hehren therapeutischen Ziele der Einsicht und der konstruktiven Zusammenarbeit nicht immer den Zielen des Patienten entsprechen. Er wird herausgefordert, mehr als nur logische Deutungen und vernünftige Richtlinien zu geben: Der Patient möchte Engagement, nicht nur eine distanzierte Lagebeschreibung. Aus diesem Widerstreit von Zielen und Methoden wächst ein Kompromiß, in dem beide Partner etwas von dem aufgeben müssen, was sie ursprünglich erreichen wollten.

Dabei muß die Patientin mehr aufgeben als der Therapeut. Die Therapie wird unter zwei Umständen scheitern: Erstens, wenn der Betroffene unwillig oder unfähig ist, sein Verlangen nach Zuwendung und seine destruktiven Beziehungsmuster in der Therapie aufzugeben. Zweitens, wenn der Therapeut den unreifen Wünschen nach Zuwendung in unzulässiger Weise nachgibt und unangepaßte Muster nicht erkennt, ja sich sogar in solche Muster einbeziehen läßt und das Agieren[2] der Patientin noch unterstützt.

---

[2] Unter Agieren versteht man manipulatives Verhalten, das Leute gegeneinander ausspielt und in seiner Unberechenbarkeit Druck auf andere ausübt.

Das Schema in Tabelle 5 bringt etwas Ordnung in diese Fragen. Zwei große Bereiche schälen sich in jeder Therapie heraus: Zuerst sind da die tiefen *Bedürfnisse, Sehnsüchte und Wünsche,* die die Betroffenen an den Therapeuten herantragen. Zum andern leiden sie an den blutenden Wunden ihrer *Vergangenheit,* an den vielen Verletzungen, Enttäuschungen und an den verzerrten Denkweisen, mit denen sie an das Leben herangehen. Diese beiden Bereiche müssen nun aber noch einmal unterteilt werden in positive und negative Formen, wie sie in die Therapie eingebracht und bearbeitet werden sollten. So ergeben sich vier Felder, die nun im einzelnen dargestellt werden sollen.

Tabelle 5: *Vier Felder der Therapie bei Borderlinepatienten (nach J. Kroll)*

	Befürfniserfüllung	*Wiederholen von alten Themen*
POSITIV	• Wertschätzung: Annahme, Bestätigung und Freiheit • Unterstützung und Ermutigung • Jemand haben, der fürsorglich ist • Trauern können • Neufokussierung von Zorn • Rollenmodell	• In Worte fassen und Gefühle zulassen (Katharsis) • Überprüfen von Vertrauensthemen • Kognitives Neuverpacken • Einhalten von angemessenen Grenzen • Innere Kontrollüberzeugungen
NEGATIV	• Abhängigkeit • Erlösung / Rettung • Sexualisierung • Anspruchshaltung	• Agieren und Spalten • Übernehmen der Opferrolle • Identifikation mit dem Aggressor • Äußere Kontrollüberzeugungen

Gesunde Bedürfniserfüllung

Jeder Mensch hat ein tiefes Bedürfnis danach, angenommen zu werden, geliebt zu sein, geschätzt und geachtet zu werden. Menschen mit einer Borderline-Störung haben in dieser Hinsicht oft seit ihrer frühen Kindheit schwerwiegende Enttäuschungen erlebt. So ist es nicht verwunderlich, daß sie auch daran zweifeln, ob ihnen in der Seelsorge oder in der Therapie diese bedingungslose Annahme und Wertschätzung zuteil wird, nach der sie sich sehnen. Kann der

Therapeut dieses Sehnen je stillen, oder führt seine Annahme schon wieder zur Abhängigkeit? Natürlich ergeben sich hier Grenzen, und häufig ist sogar eine Abgrenzung nötig. Doch bedenken wir, daß es sich oft um zutiefst verletzte, ausgestoßene, deprimierte und selbstunsichere Menschen handelt, die uns da begegnen. Sie dürfen und sollen im Gespräch spüren, daß man ihnen in Anteilnahme und Interesse begegnet. Sie müssen spüren: Ich werde als Person ernstgenommen, trotz all meiner Schwierigkeiten.

Annahme beinhaltet aber auch das Zulassen von negativen und destruktiven Gefühlen. Die Betroffenen müssen die Freiheit haben, ihre Wut, ihren Ekel, ihren Haß, aber auch ihre Trauer zu äußern, ohne daß dies gleich kommentiert, abgewertet oder auf die Seite geschoben wird. So gilt es manchmal zuzuhören, wenn eine junge Frau über den sexuellen Mißbrauch durch ihren Vater erzählt, von ihrer Ausweglosigkeit und von den Stunden, in denen sie mit dem Fleischermesser in der Hand ernsthaft daran dachte, dem Tyrannen die Klinge in den Unterleib zu rammen. Und sie sitzt vor Ihnen, zerbrechlich und scheu, so gar nicht das Klischee einer potentiellen Mörderin, und sagt: »Ich mache mir immer wieder Vorwürfe, daß ich solche Gedanken hatte. Vielleicht war ich ja schuld, daß er sich an mir verging. So was darf ich doch gar nicht denken, schon gar nicht als Christ!« Dann kann der Seelsorger auch sein Verständnis dafür signalisieren, daß sich in solchen Momenten Auswegslosigkeit und Abscheu bis zu Mordphantasien steigern können. Man kann vielleicht auf Psalmen hinweisen, in denen der Beter gegenüber Gott seine Verzweiflung und seine Wut hinausschreit und mehr als einmal blutige Rache vom Himmel erfleht. Das Verständnis für solchen Haß bedeutet nicht aktives Gutheißen, und sicher wird man zu gegebener Zeit bessere Wege zum Schutz vor dem Vater besprechen. Doch zuerst gilt es einfach, Anteil an dieser schrecklichen Jugend zu nehmen, die Trauer auszuhalten, die unter Tränen hervorbricht. Es wäre falsch, in diesen Momenten gleich von der Gefahr oder gar von der Sünde des Selbstmitleids zu sprechen. Genauso falsch wäre es auch, wenn ein Arzt gleich ein Antidepressivum verordnen würde, nur weil er eine so schmerzliche Erzählung nicht aushält.

Gesunde Grenzen setzen

Wertschätzung kann aber nur dort geschehen, wo sie *gesunde Grenzen* setzt. Dies ist umso wichtiger, als die Patienten oft selbst nicht wissen, wo ihre Grenzen sind. Diese Grenzen müssen auch im Gespräch sorgfältig abgewogen werden. Wie weit bringt man sich selbst und sein eigenes Erleben ein, um der Patientin Anteilnahme zu vermitteln? Wie persönlich dürfen Komplimente sein? Es gilt also vorsichtig abzuwägen zwischen dem *Prozeß* der Ermutigung und dem *Inhalt*, wie nämlich Ermutigung vermittelt wird. Hier ist zu bedenken, daß die Betroffenen häufig erlebt haben, daß bewundernde Worte über Kleidung, Körperpflege und Aussehen früher oft als erster Schritt zu weitergehenden Avancen erlebt wurden. Es kann – gerade zwischen einer Frau als Patientin und einem männlichen Therapeuten – eine explosive Mischung aus erotischen Wünschen und gleichzeitiger Angst vor sexueller Ausbeutung entstehen, die das Gespräch schwer belastet. Dabei sei nur nebenbei erwähnt, daß Borderline-Patientinnen in ihrer sexuellen Identitätsstörung auch zu weiblichen Therapeutinnen lesbische Impulse entwickeln können.

Das Thema Abgrenzung kann auch in anderem Zusammenhang aktuell werden. Da erzählt eine 30jährige Frau, daß sie noch heute obszöne Anrufe von ihrem Stiefvater erhält. Mit dem schrillenden Telefon bricht dieser anzüglich grinsende Mann in ihre vermeintlich sichere Wohnung ein, vorbei an allen Türschlössern. Sie steht da, hört fassungslos zu, verkrampft die Hand am Hörer und legt doch nicht auf, läßt alle Beschimpfungen über sich ergehen, als ob er da wäre und sich wieder auf sie stürzen würde, wenn sie nicht parierte. »Warum tue ich mir das an? Ich wage einfach nicht, den Hörer aufzulegen.« Hier ist manchmal die Bestätigung durch die Seelsorgerin oder den Therapeuten nötig: »Sie dürfen sich abgrenzen. Es ist nicht Ihr Fehler; er benimmt sich völlig daneben!«

Das Beispiel zeigt noch einen anderen Aspekt des Umgangs mit seelischen Verletzungen, nämlich *die Frage des Zorns*. Das widerliche Verhalten dieses Mannes – müßte es nicht Zorn auslösen? Doch emotional traumatisierte Frauen neigen oft dazu, den Zorn gegen sich selbst zu richten. Statt wütend auf den schmierigen Typen mit seinen Obszönitäten zu werden, suchen sie nach Schuld in sich selbst und verurteilen sich selbst. Oft wird der Zorn auf sich selbst so stark, daß sie sich selbst bestrafen bis hin zu den schrecklichen Selbstverletzungen, von denen schon die Rede war. Diese duldende Reaktion ist übrigens nicht spezifisch christlich, sie läßt sich auch bei Frauen beobachten, die keinen Bezug zum Glauben haben. Allerdings neigen gläubige Patientinnen dazu, ihr Verhalten christlich zu verbrämen. Hier ist es Aufgabe des Seelsorgers und der Therapeutin, den Betroffenen zu helfen, ihren Zorn neu zu auszurichten. Zorn in einer solchen Situation ist gerechtfertigt, ja eine gesunde Reaktion auf erlittenes Unrecht. Sicher wird es in einer späteren Phase der Therapie auch nötig sein, darüber zu reden, wie man mit diesem Zorn richtig umgehen kann, eben ohne sich selbst zu verurteilen und zu verletzen.

In ihrem emotionalen Chaos fällt es den Patienten oft schwer, die richtigen Gefühle, Gedanken und inneren Haltungen zu finden, um eine Situation einzuordnen. Der Therapeut kann hier zum Rollenmodell werden. Dabei geht es nicht darum, daß der Therapeut ein Muster an Tugend und Vernunft ist. Es reicht schon, einigermaßen vernünftig und bedacht zu sein. Die Seelsorgerin urteilt nicht gleich und hört sich die Geschichte erst einmal an; sie denkt, bevor sie überstürzt handelt; sie reagiert nicht strafend oder ablehnend; sie setzt klare und gesunde Grenzen. Sie hält ihre Gefühle in einem normalen Rahmen; sie macht keine Vorwürfe; sie beutet das Gegenüber nicht aus und läßt sich nicht einwickeln in Beziehungsknäuel, und trotzdem wird immer wieder eine tiefe Anteilnahme am Schicksal der Patientin spürbar.

Diese Eigenschaften sind nur ein kleiner Ausschnitt dessen, was man von einem Therapeuten normalerweise erwarten darf. Sie umschreiben aber auch das, was einfach den gesunden Bedürfnisssen der Patientin entspricht. Es wird deutlich, daß viele von diesen Verhaltensweisen so automatisch ablaufen, daß sie einem normalerweise gar nicht bewußt werden. Dabei ist immer ein gutes Gleichgewicht nötig: Zuviel Zuwendung ist genauso schädlich wie ein Sich-Verschließen gegenüber den tiefen Nöten der Betroffenen.

Problematische Bedürfniserfüllung

Doch es gibt auch problematische Wege der Bedürfniserfüllung. Diese können auch von den Patienten und von den Therapeuten ausgehen. Dabei haben die Therapeutin oder der Seelsorger immer die größere Verantwortung. Schon das Wort »Bedürfnis« ist eigentlich zwiespältig. Denn Borderline-Patienten neigen dazu, ihre Bedürfnisse in starren Schwarz-Weiß-Mustern zu empfinden. Es fällt ihnen schwer, ihre Bedürfnisse in bezug zu einem verantwortlichen Leben zu setzen. »Erst wenn ich mich wirklich angenommen fühle, kann ich überhaupt daran denken, wieder eine Arbeit aufzunehmen!« Dabei wird das Gefühl des Angenommenseins oft recht eigenwillig ausgelegt. Oft stellen Borderline-Patienten ihre Bedürfnisse über jede Notwendigkeit der Veränderung ihres Lebensstils. Wenn sich der Therapeut oder die Seelsorgerin in dieses Denkmuster hineinziehen lassen, kann es zu sehr ungünstigen Entwicklungen kommen.

Die erste große Gefahr ist die Erzeugung einer *Abhängigkeit.* Oft gelingt es Borderline-Patienten, beim Therapeuten den Eindruck zu erwecken, nur er oder sie könne ihnen wirklich helfen. Dazu sei es aber notwendig, wenigstens für eine gewisse Zeit fast uneingeschränkt zur Verfügung zu stehen, wenn ein neuer Schmerz in ihrer Seele aufbreche. Im Bestreben, diese Wünsche zu erfüllen (und sich selbst zu beweisen, daß man ein guter Therapeut ist), werden immer mehr Zugeständnisse gemacht: längere Therapiestunden; die Möglichkeit, jeden Tag zu telefonieren; Freizeit miteinander zu verbringen; gemeinsam an einem Wochenende ans Grab des Vaters zu fahren und seinen Verlust durchzuarbeiten etc. Und allmählich werden die Ansprüche immer höher, das Korsett der Abhängigkeit immer enger, bis schließlich die Seelsorgerin selbst überfordert ist.

Warum gelingt es der Therapeutin, dem Seelsorger dann nicht, sich rechtzeitig von diesen Ansprüchen abzugrenzen? Dahinter steht bewußt oder unbewußt die Vorstellung, man sei die einzige Person, die diese Patientin wirklich aus dem Dunkel ihrer Not heraus ans Licht holen, ja Rettung und Erlösung vermitteln könne. Ich erinnere mich an den Vortrag eines Therapeuten, der sich auf

Borderline-Störungen spezialisiert und sogar eine eigene Wohngemeinschaft gegründet hatte. Etwas in seinen Ausführungen löste in mir Unbehagen, ja Alarm aus. Er betonte die zerstörerische Rolle der Eltern und die Notwendigkeit, daß die Betroffenen in seiner Wohngemeinschaft eine völlig neue Familienerfahrung machen müßten. Der Kontakt mit der Familie wurde deshalb über Jahre hinweg unterbunden. Nichts sollte sie daran hindern, in der WG nochmals die ganze Kindheit zu durchlaufen, um bei ihm neue, gute Erfahrungen zu sammeln und alte Verletzungen zu heilen. Dabei stellte er sich und seine Frau als ideale Ersatzeltern dar – eine groteske Selbstüberschätzung. Viele Jahre später wurde dann deutlich, daß diese Übervater- und Erlöser-Phantasie bei seinen Patienten neue schwerste seelische Verletzungen erzeugt hatte.

Therapeutisches Überengagement führt oft auch zu Konflikten mit der eigenen Familie.»Wenn ich mich nicht ganz in diese therapeutische Arbeit eingebe, dann bin ich schuld, wenn sie weiterhin an den Wunden ihrer Vergangenheit zugrundegeht! Meine Frau muß eben lernen, mich freizugeben für diesen Dienst.« So und ähnlich werden therapeutische Größenphantasien nach außen gerechtfertigt. Dahinter stehen natürlich auch tiefe Bedürfnisse des Therapeuten. Zu Hause stellt vielleicht seine Frau Ansprüche an ihn, holt ihn ganz untherapeutisch in die Niederungen des häuslichen Alltags herunter; seinen Kindern gegenüber fühlt er sich manchmal hilflos, weil sie so frech sind oder nur so blöde Spiele machen wollen, ohne wirklich tief nachzudenken. Wie anders ist es da in seiner Aufgabe als Seelsorger und Therapeut: In den Therapiestunden wird er wirklich gebraucht. Hier kann er seine Gaben voll einfließen lassen, seine Lebensaufgabe in ihrer besten Form erfüllen. Und hier wird ihm trotz harter therapeutischer Kämpfe auch immer wieder die Dankbarkeit entgegengebracht, die er zu Hause vermißt. Das Lächeln seiner Patientinnen gibt ihm Kraft für den Alltag.

Wenn ein Therapeut die Gefahren der eigenen Bedürfniserfüllung nicht erkennt, so nützt er letztlich die Bedürfnisse seiner Patientinnen für seine Ziele aus. Das Verwischen der Grenzen führt dazu, daß sich Patienten und Patientinnen ermutigt fühlen, auch privatere Wünsche an den Therapeuten heranzutragen. Den Therapeuten für sich gewinnen, das gibt Selbstwert, ja Macht. Den Therapeuten zu gewinnen, das beinhaltet oft auch *sexuelle Wünsche.* »Sie sind der Mann, der meine Verwundungen heilen könnte. Mit Ihnen könnte ich Erfahrungen machen, die alle häßlichen Erlebnisse meiner Kindheit auslöschen würden.« Meist laufen die Avancen nicht so direkt ab, sie bahnen sich eher durch eine Vielzahl von kleinen Schritten, von bedeutungsvollen Blicken, warmem Lächeln nach verzweifelten Tränen, durch bewundernde Komplimente, heiße Briefe, verführerische Kleider, zufällige Berührungen und notfalls durch einen kleinen Schwächeanfall im Sprechzimmer an. Leider ist es nicht allen Therapeuten gelungen, diesen Versuchungen zu widerstehen, und die wachsende Literatur über sexuellen Mißbrauch in der Therapie[3] zeigt die Notwendigkeit einer überlegten Abgrenzung.

Schließlich ist noch eine letzte Gefahr der Bedürfniserfüllung zu erwähnen: Die enorme *Anspruchshaltung,* die Patienten in eine Therapie einbringen können und die sie unterstreichen durch Selbstmorddrohungen, durch selbstzerstörerische Handlungen, andauernde Forderungen nach Aufmerksamkeit, zusätzlichen Therapiestunden, durch Betteln um Ratschläge, Trost, Mitgefühl und allgemeine Fürsorge. Nicht umsonst wurde das unschöne Wort vom »Faß ohne Boden« oder vom »unersättlichen« Patienten geprägt. Mit Recht fühlen sich viele Therapeuten überfordert, hin- und hergerissen zwischen dem Wunsch, echte Hilfe zu geben, und dem unheimlichen Gefühl, emotional ausgesaugt zu werden. Die Nöte unserer Patienten, ihre Kindheitserfahrungen und ihre gegenwärtigen Alltagsprobleme können ihnen mit allem Recht das Gefühl geben, die Welt sei ungerecht, feindlich und überhaupt nicht mehr der Ort, an dem sie leben möchten. Aber auch die beste Seelsorgerin oder Therapeutin ist nicht in der Lage, den Trost und das fürsorgliche Mitgefühl zu geben, die alle andern Frustrationen aufwiegt. Wer deshalb in der therapeutisch-seelsorglichen Arbeit mit Borderline-Patienten durchhalten möchte, muß sich in freundlicher, aber fester Weise von überzogenen Ansprüchen abgrenzen. – »Ja, ich verstehe, daß Sie nicht mehr bei Ihrer Mutter leben möchten, von der Sie sich so abgelehnt fühlen. Aber es ist nicht möglich,

---

[3] Vgl. z.B. Heyne 1992, Bachmann & Ziemert 1995.

daß Sie bei mir übernachten können, obwohl ich ein Gästezimmer habe. Falls Sie es wirklich nicht mehr aushalten, kann ich Sie zum Frauenwohnheim der Heilsarmee oder in die Jugendherberge bringen.« – »Ich verstehe, daß Sie Angst vor den drei Wochen haben, in denen ich in Urlaub bin. Aber ich habe Ihnen die Möglichkeit von Gesprächen bei meinem Kollegen vermittelt. – Nein, ich kann Ihnen die Telefonnummer meiner Ferienwohnung nicht angeben, auch wenn Sie versprechen, nicht anzurufen. Es ist für mich auch wichtig, mit meiner Familie Zeit zu verbringen und neue Kräfte zu schöpfen. Dann kann ich auch wieder in einer guten und entspannten Weise für Sie da sein.«

Gegenüber Vorwürfen (»Ihre Familie ist ihnen wichtiger als ich! Sie haben es schön miteinander, aber meine Not kümmert Sie ja nicht!«) muß man in freundlicher Weise fest bleiben. Es ist gar nicht notwendig, sich umständlich zu entschuldigen und zu erreichen, daß die Patientin Verständis für die eigenen Bedürfnisse gewinnt. Es ist nicht zu empfehlen, von solchen Regeln Ausnahmen zu machen, weil sie die Begehrlichkeit nach mehr Zuwendung entfachen können. Wenn dann der Therapeut endlich merkt, daß er sich überfordert hat und nun drastische Grenzen setzt, ist die Enttäuschung viel größer und kann zu schweren Krisen führen.

Ziel solcher Abgrenzungen ist ein Zweifaches: Der betroffenen Person wird klar signalisiert, daß man sie in ihren Nöten ernstnimmt. Aber man vertraut auch darauf, daß sie innere Ressourcen hat, mit denen sie in eine Selbständigkeit hineinwachsen kann, ohne sich völlig vom Seelsorger oder von der Therapeutin abhängig zu machen. Dadurch gibt man ihr die Festigkeit, die sie vielleicht in ihrer Jugend nicht erhalten hat, und stärkt ihre seelische Abwehrkraft für Enttäuschungen mit Mitmenschen, die normal und nicht therapeutisch-übersensibel reagieren.

Wiederholen von alten Mustern und Themen

Es liegt in der menschlichen Natur, andauernd zu denken – nicht nur, wenn wir wach sind, sondern auch in der Verarbeitung des Tages im Traum. In unseren Gedanken beschäftigen wir uns ständig mit Vergangenheit, Gegenwart und Zukunft, mit unseren Beziehungen, unseren Plänen, Hoffnungen, Ängsten und Wünschen. Unsere Gedanken sind eng mit Gefühlen verbunden. Ereignisse, die mit starken Gefühlen einhergehen, werden in Gedanken viel häufiger und intensiver abgespielt, als Vorkommnisse ohne besondere Gefühlsbesetzung. Gleichzeitig sind wir auch mit der Möglichkeit ausgestattet, überschießende Gefühle und kreisende Gedanken soweit zu dämpfen, daß sie uns nicht überwältigen. Gelänge uns das nicht, so käme es zu einer katastrophalen Überflutung des Bewußtseins, dem ein völliger Zusammenbruch folgen würde. Diese Schutzfilter sind auf der Ebene der Nervenzellen – sozusagen in der Hardware unseres Gehirns – angelegt, doch wir nehmen sie psychisch wahr als sogenannte »*Abwehrmechanismen*«.

Natürlich denken wir nicht immer »realistisch«. Viel eher gleichen unsere Gedanken an die Vergangenheit einem Film voller Videoclips, die in Farbe, Form und Sound verzerrte Abbildungen der Wirklichkeit sind, unvollständig und sehr persönlich zugeschnitten. Jedes Ereignis und jede Begegnung kann eine neue Serie von Erinnerungen auslösen und dem Strom des Bewußtseins eine neue Richtung geben. Gerade Menschen, die schmerzliche Erfahrungen hinter sich haben und gefühlsmäßig nicht stabil sind, werden besonders intensiv erleben, wie sich alte Themen immer wieder aufdrängen, die Gedanken beherrschen und sich beim besten Willen nicht abschütteln lassen. So darf es nicht verwundern, wenn in der Therapie mit Borderline-Persönlichkeiten alte Gedanken- und Verhaltensmuster und seelische Verletzungen immer wieder in den geordneten Ablauf einbrechen und als »Störsender« zur Herausforderung an Therapeutin und Seelsorger werden. Man erlebt am eigenen Leib die destruktiven Muster, die sich tief in die Seele der Betroffenen eingeprägt haben.

Problematische Aspekte der alten Muster und Themen

Wenn ein Borderline-Patient sich in eine therapeutische Beziehung einläßt, so geschieht dies nicht unvoreingenommen. Die traumatischen Erfahrungen mit Erwachsenen werden unwillkürlich dazu führen, daß er diese Verletzungen auf die Beziehung zum erwachsenen Therapeuten überträgt. Dadurch lassen sich viele abrupte und verletzende Reaktionsweisen besser verstehen, die man in der Therapie mit diesen Menschen erlebt. Die drei Begriffe »Ausagieren«, »Übertragung« und »Wiederholen von alten Themen und Mustern« sind drei Wege, schwierige Verhaltensweisen im Rahmen der Therapie zu beschreiben. Das Wort *»Ausagieren«* bezeichnet ein Verhalten, das den geordneten Gang einer Therapie störend unterbricht. Ein Beispiel:

Über ein halbes Jahr haben Ärztin und Pflegeteam mit Frau S. Wege besprochen, wie sie sich aus ihrer unhaltbaren Wohnsituation lösen kann. Sie haben miteinander verschiedene therapeutische Wohngemeinschaften angeschaut und endlich einen Platz angeboten bekommen. Die Patientin hat ein Vorstellungsgespräch, und das WG-Team ist bereit, sie in vier Wochen aufzunehmen. Am Tag vor dem Eintritt stellt Frau S. auf der Waage fest, daß sie zwei Kilo über ihrem Idealgewicht liegt. Voll Panik will sie eine Diät beginnen und fragt in der WG nach, ob sie für sich selbst kochen könne, damit sie nicht zunehme. Doch das geht nicht, wenn man sich in eine Gemeinschaft eingeben will. Und nun sagt Frau S. einfach ab. Dahin wolle sie nicht gehen, sie fühle sich nicht ernst genommen, sie lasse sich nicht mästen, sie wolle nicht bevormundet werden etc. etc. Und schließlich fügt sie sich mit einem Messer tiefe Wunden an den Armen und an der Brust zu. Die ganze Vorbereitungsarbeit des letzten halben Jahres ist zunichte gemacht. Es ist verständlich, daß nun auch bei den Betreuern Unmut aufkommt, verbunden mit dem Gefühl »Mach doch, was du willst!«

Doch man kann das *Ausagieren* auch als Chance sehen, falsche, zerstörerische Muster aufzugreifen, miteinander zu besprechen und dem Betroffenen dazu zu verhelfen, sie durch ein besseres Muster zu ersetzen. In diesem Fall wurde die plötzliche Verweigerung der therapeutischen Wohngemeinschaft zum Anlaß genommen, Ängste vor Verbindlichkeit und Nähe zu besprechen. Die Patientin war bereit, weiter in therapeutischer Begleitung zu bleiben, und konnte ein halbes Jahr später in ihre eigene Wohnung zurückkehren.

Opfer oder Gewinner?

Ein weiteres Thema, das sich in einer Therapie destruktiv auswirken kann, ist die Frage von Macht und Ohnmacht. Viele Borderline-Patientinnen haben am eigenen Leib erfahren, daß sie als hilfloses Opfer der Willkür anderer ausgeliefert waren. Gegenwehr wurde mit Drohungen und Strafen unterdrückt. Im Erwachsenenleben können sich daraus zwei Entwicklungen ergeben. Auf der einen Seite steht das Gefühl, ewig Opfer zu sein, das ausgenutzt, mißbraucht oder vernachlässigt wird. Diese Reaktion nennt man das *Übernehmen der Opferrolle.* Häufig ist es mit dem Gedanken verbunden, man sei selbst schuld an dem, was einem angetan wurde. Eine Frau, die regelmäßig von ihrem alkoholisierten Ehemann geschlagen wird, erzählt: »Als ich 18 war, wollte ich einfach weg von meinen Eltern. Ich wollte frei sein, das Leben genießen. Ich ging mit Erwin auf eine Weltreise. Als dann ein Kind unterwegs war, heirateten wir. Erst allmählich merkte ich, daß ich vom Regen in die Traufe gekommen war. Jetzt büße ich eben für meine Fehler.«

Das Gegenteil der Opferrolle ist die Entschlossenheit, sich nicht mehr unterkriegen zu lassen. So wird für manche Borderline-Patientin die Frage der *Macht* oder der Kontrolle zum zentralen Thema. Als Kind war sie immer unterlegen, hilflos ausgeliefert. Nun wappnet sie sich mit einer Waffenrüstung, die jedesmal angelegt wird, wenn ihr ein Thema in der Therapie zu nahe kommt. In der analytischen Fachsprache nennt man dies auch »Identifikation mit dem Aggressor«. Diese Machtausübung kann sehr subtil sein oder aber fast erpresserisch. Dazu zwei Beispiele:

Die Therapeutin versucht zu Beginn der Stunde ein Thema aufzugreifen, das letztes Mal noch nicht abgeschlossen werden konnte und von dem sie den Eindruck hatte, daß hier etwas lag, was die Patientin beschäftigte. Doch die Patientin sagt: »Nein, ich möchte heute etwas anderes besprechen. Ich möchte wissen, was Sie dazu meinen, wenn ich mit meinem Arbeitskollegen ausgehen würde.« Ein weiterer Versuch, nochmals auf das Thema zu kommen, wird von der Patientin mit den Worten kommentiert: »Sie wollen doch nur Macht über mich ausüben, aber das lasse ich mir nicht mehr gefallen. Heute gewinne ich!«

Es mag sein, daß es wirklich wichtiger war, in diesem Moment die aktuellen Probleme anzusprechen. Aber später bekannte die Patientin, daß sie derart Angst hatte, nochmals auf das von der Therapeutin angeschnittene Thema zu kommen, daß sie es um jeden Preis vermeiden wollte. Ein anderes Beispiel:

Eine 31jährige Frau schluckt in Zeiten innerer Spannung größere Mengen von Beruhigungsmitteln. Immer wieder versucht sie, ihrem Arzt ein zusätzliches Rezept abzuringen. Als es ihm zuviel wird, versucht er sich ihren Wünschen entgegenzustellen: »Ich bin bereit, Sie regelmäßig zu sehen und Sie in der Bewältigung Ihrer Schwierigkeiten zu unterstützen. Ich bin auch bereit, Ihnen etwas anderes zur Beruhigung zu geben, aber ich kann es nicht mehr verantworten, Ihnen schon wieder eine ganze Packung Lexotanil zu verschreiben!« Darauf die Patientin: »Sie nehmen mich also nicht mehr ernst. Warum haben Sie mir denn bis jetzt soviel verschrieben? Sie wissen, ich könnte Sie anzeigen, wenn ich wollte!« Als der Arzt festbleibt, droht sie mit Selbstmord und sagt schließlich: »Ich werde kriegen, was ich will. Am Schluß gewinne ich!« In der Tat ist es ihr ein Leichtes, bei verschiedenen Apotheken der Umgebung mehr Beruhigungsmittel zu beschaffen, als sie zuvor vom Arzt auf Rezept verlangt hat, ein »Sieg«, den sie dem Arzt bei der nächsten Konsultation genüßlich unter die Nase reibt. Es ist aber verständlich, daß der Arzt unter diesen Umständen versucht, die Therapie abzugeben, weil er nicht mehr gewillt ist, den ständigen Machtkampf noch länger auszufechten.

Aufarbeiten der alten Muster und Themen

Wie kann man den Betroffenen nun helfen, mit den alten Themen, Mustern und Verletzungen umzugehen? An erster Stelle steht sicher die Offenheit, daß die Betroffenen ihre Verletzungen einmal offenlegen dürfen, ihre Klage ausschütten wie einen Korb voll Unrat.[4] Es können dramatische Stunden sein, von stammelnden Worten mit langen Pausen bis hin zu verzweifeltem Schluchzen, von

---

[4] Psalm 62,9

haßerfüllter Anklage gegen all das, was ihnen angetan wurde, bis hin zu vernichtender Selbstbezichtigung. Allein schon die Tatsache, daß Patienten über ihre Nöte reden können, über ihre Beziehungen, aber auch über neue Impulse, sich weh zu tun, allein dies ist schon therapeutisch.

Immer wieder wird dann die Beziehung zum Therapeuten überprüft. Ist er nicht wie alle Erwachsenen, die mich als Kind im Stich gelassen haben? Kann ich ihm überhaupt vertrauen? Diese Frage wird immer wieder überprüft. Ich denke an eine Patientin, die mich bei ihren Schilderungen der schrecklichen Mißhandlungen in ihrer Kindheit immer wieder fragte: »Glauben Sie mir das überhaupt? Oder finden Sie auch, ich sei eine dreckige kleine Lügnerin?«

Eine weitere wichtige Funktion des Gesprächs ist das *»Kognitive Neuverpacken«*. Was versteht man darunter? Die Betroffenen sind oft derart intensiv in das Wiedererleben ihrer Traumata verwickelt, daß sie gar keine Distanz mehr dazu haben. Die Angst lähmt sie völlig. Wenn ihnen die Gedanken entgleiten, sei es durch Dissoziation, durch Panikattacken oder durch ein plötzliches Bild der schlagenden Mutter, so fürchten sie oft, daß sie nun völlig »durchdrehen«. Doch man kann dieses Erleben auch anders deuten, nicht als Zerfall, sondern als »Nachbeben«. Es ist deshalb hilfreich für sie zu wissen, daß es normal ist, daß solche Phänomene nach schweren Traumatisierungen auftreten. Es sind Symptome einer seelischen Überreizung, die aber wieder nachlassen werden. Oft gelingt es den Betroffenen dann besser, mit den beängstigenden Gefühlen umzugehen, weil sie sie »gedanklich neu verpacken«: Sie sind nicht Vorboten eines völligen Zusammenbruchs, sondern Restsymptome, die wieder nachlassen.

Diese Neubewertung von angsterzeugenden Gefühlen und Bildern muß manchmal auch bei christlichen Fehldeutungen erfolgen. Oft werden Angstgefühle und Alpträume als dämonische Belästigung erlebt. »Es ist, als säße mir der Leibhaftige auf der Brust, als würde mir eine Schlange den Hals zudrücken!« – So schilderte mir eine Patientin ihre nächtlichen Alpträume. Im Gespräch wurde zunehmend deutlich, daß sie unter den Symptomen einer angstbesetzten Depression litt. Dank der Behandlung mit Medikamenten und durch regelmäßige Gespräche fühlte sie sich allmählich besser.

Die Körpersymptome und die panischen Gefühle konnte sie nun als Teil der psychosomatischen Reaktion ihres Körpers einordnen. Im Vordergrund stand jetzt nicht mehr die vermeintliche dämonische Belästigung, sondern das Wissen um die Gegenwart Jesu in ihrem Alltag und in der Bewältigung ihrer Vergangenheit.

Borderline-Patienten haben immer wieder erlebt, daß Grenzen nicht eingehalten wurden. Ihre Privatsphäre wurde verletzt, ihre Gefühle wurden nicht respektiert, ja sie wurden auch körperlich und sexuell so mißhandelt, daß sie sich nirgends mehr sicher fühlen konnten. Wesentlich ist für diese Menschen deshalb die Erfahrung, daß der Therapeut in einer guten Weise angemessene Grenzen einhält. Dabei geht es nicht nur um die oben erwähnten Grenzen der Bedürfniserfüllung, um sexuelle Grenzen und Abgrenzungen des Settings. Es geht auch um die Erfahrung, daß Therapeutin und Seelsorger die Person ernst nehmen, sie nicht wie ein Kind behandeln, ihr Verantwortung geben, nicht Entscheidungen über ihren Kopf hinweg treffen und sich davor hüten, in ihre Privatsphäre einzudringen.[5]

Ein ganz wesentliches Therapieziel ist die Frage: »Wer oder was kontrolliert eigentlich mein Befinden, mein Handeln, mein Erleben? Gibt es Wege, wie ich mein Empfinden und Handeln selbst beeinflussen kann, oder bin ich einfach von außen bestimmt?« Ein gesunder Mensch hat eine *»innere Kontrollüberzeugung«*, das heißt, er erlebt sich als Denkender und Handelnder, der zwar von außen angegriffen wird, aber innere Wege findet, damit umzugehen. Borderline-Persönlichkeiten haben aber als Kind wiederholt erlebt, daß sie hilflos der Willkür eines perversen Lüstlings oder einer überforderten Mutter ausgesetzt waren. Diese Ohnmachtserfahrungen in der Kindheit werden zum pessimistischen Lebensmotto, das auch die Vorgänge in der therapeutischen Begleitung überschattet: »Ihr macht ja doch mit mir, was ihr wollt!« oder auch: »Es kommt einfach über mich. Ich kann nichts ändern« *(äußere*

---

[5] Dies gilt natürlich in erster Linie für diejenigen Situationen, wo eine Person selbst in der Lage ist, mitzudenken und eigene Entscheidungen zu treffen. Anders ist es, wenn eine lebensbedrohliche Situation entsteht. Auch dann wird man im nachhinein darüber reden müssen, wie eine Patientin sich verhalten kann, um keine neuerlichen Grenzüberschreitungen zu provozieren.

Kontrollüberzeugung). In der Therapie wird es immer wieder Diskussionen geben angesichts der Spannung zwischen dem Aufbäumen gegen eine Fremdbestimmung und dem Provozieren von Situationen, in denen sich der Therapeut oder die Seelsorgerin genötigt fühlt zu handeln, weil sonst Beziehungen zerbrechen, Gelegenheiten ungenutzt bleiben oder z.B. eine Wohnung gefährdet wird. Wenn irgend möglich, wird die betreuende Person zu vermeiden trachten, sich in die Elternrolle drängen zu lassen, die neue Erfahrungen der äußeren Kontrolle verfestigt. Es werden sich im Verlauf der Gespräche viele Gelegenheiten bieten, mit der ratsuchenden Person die alten Muster aufzunehmen und hinzuarbeiten auf neue, reifere Formen der Lebensbewältigung.

Hilfreich zur Standortbestimmung kann auch die Abbildung auf Seite 47 sein, die die verschiedenen Pole der Persönlichkeit zeigt. Wo steht die Person in ihrem persönlichen Leben, in ihrer Arbeit, in ihren Beziehungen, in ihren Einstellungen? Wie wirken sich diese Einstellungen aus? Was möchte sie ändern?

Zusammenfassung: Die Aufgabe des Therapeuten

- Dem Patienten Bestätigung seines tiefen persönlichen Werts als Person geben und ihm erlauben, in gesunder Weise zu wachsen. Dies bedeutet, daß der Therapeut in der Therapie spürbar bleibt, ohne allzu große Regression und ohne verführerische Ausbeutung zu erlauben, die die therapeutische Arbeit unterminieren würde.
- Die alten Muster herausarbeiten.
- Dem Patienten die alten Muster zeigen, ihn konfrontieren, ihm erkennen helfen, welche Auswirkungen diese Muster und die einschießenden Bewußtseinsströme auf sein Leben haben.
- (Fallweises) Herleiten der alten Muster aus Kindheitsverletzungen, negativen Erfahrungen und Reaktionen. Nicht immer ist es möglich, eine klare Ursache für die Verhaltensmuster in der Gegenwart zu finden. Nicht immer ist es gut für den Betroffenen, sich intensiv mit den alten Traumata zu beschäftigen.

– Mit dem Patienten in der Therapie ringen und den Versuchen des Patienten widerstehen, den Therapeuten zur Quelle von unvernünftiger Zuwendung und zum Teilnehmer im Ausagieren von alten Themen zu machen.

Diese Grundprinzipien sind wesentliche Leitlinien für eine gute ambulante Therapie und Seelsorge bei Borderline-Störungen. Doch es gibt schwere Krisen, die ein anderes Vorgehen erfordern. Davon soll im nächsten Kapitel die Rede sein.

Kapitel 10

Therapeutische Strategien bei schweren Krisen

Manchmal führt die Achterbahn des Borderline-Erlebens in eine totale Entgleisung der Gefühle, die nicht mehr durch ambulante Gespräche aufgefangen werden kann. Dann ist Krisenmanagement angesagt. Oft ist ein Klinikaufenthalt unumgänglich. Das folgende Beispiel soll einen Einstieg in die Thematik geben:

Katja F., eine 23jährige Erzieherin, hat eine intensive Beziehung zu ihrer 35jährigen Vorgesetzten. Seit zwei Jahren leben sie gemeinsam in einer Wohnung. Katja fühlt sich einerseits geborgen, andererseits hat sie zunehmend Mühe damit, daß ihre Freundin eine neue Stelle als Leiterin eines Altersheims angenommen hat und oft abwesend ist. Immer stärker steigt die Angst auf, von ihrer Freundin verlassen zu werden. Und immer stärker versucht sie, diese an sich zu binden. Doch die Freundin fühlt sich durch die Verlassenheitsängste und das besitzergreifende Anklammern von Katja noch mehr eingeschränkt. Sie möchte die Wohngemeinschaft aufgeben und wieder vermehrten Freiraum genießen. Katja versucht alles, um sie an sich zu binden: Bitten, Versprechungen, verzweifelte Gefühlsausbrüche, nächtelange Gespräche, versteckte Drohungen. Sie fühlt sich so schlecht, daß sie sich bei der Arbeit krank meldet. Schließlich fängt sie an, sich zu schneiden: tiefe Schnittwunden am Bauch und an den Armen. Alle sollen sehen, daß es ihr nicht gut geht. Mehrfach muß sie notfallmäßig ins Krankenhaus, um die Verletzungen versorgen zu lassen. Als sie dann auch noch Säure schluckt, wird Katja nach der Notfallversorgung in eine Klinik eingewiesen. Hier zeigt sie alle Symptome einer schweren Depression: Sie fühlt sich leer, verzweifelt und hoffnungslos; sie wertet sich ab, macht sich Vorwürfe für ihr Verhalten und neigt dazu, sich selbst zu bestrafen, indem sie sich mit einer Schere erneut Schnitte zufügt. Alle ihre Gedanken kreisen um die Beziehung zu ihrer Freundin. Sie ist hin- und hergerissen zwischen Haß und verzehrender Sehnsucht nach ihr. »*Ohne sie kann ich nicht mehr leben.*« *Erst allmählich kann sie sich von ihr lösen und Perspektiven entwickeln, wie ein selbständiges Leben aussehen kann.*

Wann ist ein Klinikaufenthalt nötig?

Die Situation von Katja zeigte mehrere Merkmale, die schließlich zu einer Klinikeinweisung führen können: bevorstehende Trennung von einer wichtigen Bezugsperson, Arbeitsunfähigkeit, Überforderung der Betreuer, Selbstverletzung und schließlich Suizidalität. Eine Studie in Bonn[1] hat genauer untersucht, was zur Einweisung von Borderline-Patienten in eine Klinik führte und welche Behandlungsstrategien angewendet wurden. Die folgenden Tabellen fassen die Befunde von 39 Patienten zusammen. Da Mehrfachnennungen möglich waren, ergibt sich nicht immer die Summe von 39. Unmittelbarer Anlaß für die Hospitalisation waren in 32 Fällen Suizidalität oder ein Suizidversuch, in drei Fällen psychotische Phänomene, in vier Fällen andere Gründe. Die Situation, die zur Einweisung führte, wird in Tabelle 6 zusammengefaßt.

Tabelle 6: *Einweisungssituation bei 39 Patienten*

Trennungserlebnisse innerhalb der letzten 6 Monate	12
Trennung befürchtet	8
Nicht zu bewältigender sozialer Konflikt	16
Krise durch Isolation / Einsamkeit	11
Überwältigende Angst	7
Depression	10
Unerträgliches Leeregefühl	2

[1] Pfitzer et al. 1994

Es wird deutlich, daß wesentliche Auslöser für eine Suizidalität klassische Beziehungsprobleme sind, an denen Borderline-Patienten besonders leiden: intensive, aber instabile Beziehungen, die zu Konflikten führen, sowie Trennungen und befürchtete Trennungen. Vielfach sind Borderline-Patienten nicht in der Lage, konstruktiv mit solchen Erfahrungen umzugehen, sondern sie verfallen in tiefe Angst, Depression und Einsamkeit, aus der es keinen Ausweg mehr zu geben scheint. So bleibt schließlich kein anderer Weg, sie zu schützen, als sie in eine Klinik einzuweisen. Immerhin konnten mehr als die Hälfte der untersuchten Patienten das Angebot freiwillig annehmen, nur 14 mußten vorübergehend gegen ihren Willen hospitalisiert werden.

Aufgabe des therapeutischen Teams in einer Klinik ist es, diesen instabilen und verletzten Menschen einen Rahmen anzubieten, der ihnen ermöglicht, neue Perspektiven für die Zukunft zu entwickeln. Das ist nicht immer einfach, zumal Borderline-Patienten dazu neigen, erhebliche Unruhe auf eine Station zu bringen. Tabelle 7 zeigt die Hauptprobleme der stationären Behandlung. Im Verlauf dieses Buches wurde schon mehrmals das Phänomen der Spaltung angesprochen. Oft gelingt es den Patienten, ein Team in zwei Lager zu spalten. Ein Beispiel:

Frau Annette F. beklagt sich beim Arzt darüber, daß sie so schlecht schlafen könne. Die Mittel würden einfach nicht genügend wirken. Der Arzt verordnet deshalb ein zusätzliches Schlafmittel, nicht zuletzt aus der Erfahrung, daß anhaltende Schlaflosigkeit eine Suizidgefährdung noch erhöht. Als die Nachtschwester ihr am Abend das Medikament geben will, verweigert sie das Mittel mit der Bemerkung, man wolle sie nur in eine chemische Zwangsjacke stecken, aber um ihre wahren Nöte kümmere sich ja keiner. Wenn die Nachtschwester ihr aber die Möglichkeit gebe mit ihr zu reden, werde es ihr bald besser gehen. Es entspannt sich ein dreistündiges Gespräch. Annette erzählt von ihrer tragischen Jugend, von einer Vergewaltigung, vom Tod ihres Vaters und verpflichtet die Nachtschwester zur Verschwiegenheit gegenüber den andern Teammitgliedern. Jedesmal, wenn die Nachtschwester nach den andern Patienten schauen geht, fleht die Patientin sie an, unbedingt wiederzukommen. Die Nachtschwester ist so absorbiert, daß sie die Vorberei-

tungsarbeiten für den Tag nicht schafft. Am nächsten Morgen ist sie zwar emotional erschöpft, aber auch der Überzeugung, daß Annette durch mehr Gespräche geholfen werden könnte. Dem Tagesteam sagt sie: »Ich glaube wirklich, ihr wollt sie nur chemisch ruhigstellen. Ihr solltet ihr mehr Gespräche anbieten! Sagt das ruhig auch dem Arzt! Und sicher habt ihr Verständnis, daß ich diese Nacht keine Zeit für die üblichen Arbeiten hatte!«

Ich möchte es der Phantasie des Lesers überlassen, wie das Tagesteam auf solche Vorwürfe reagierte. Abgesehen davon, daß ein solches Überengagement langfristig zur Erschöpfung führt, ist auch zu bedenken, wie die Patientin reagieren wird, wenn eine andere Person, die ihre Ansprüche nicht in der gleichen Weise erfüllt, Nachtwache hat.

Tabelle 7: *Hauptprobleme der stationären Behandlung bei 39 Patienten*

Spaltungsmechanismen	18
Rückzugsneigungen	17
»Kampf um den Rahmen«	13
Anhaltende Suizidalität	13
Fehlender sozialer Rahmen	12
Depression	10
Suchtaspekt	10
Zurückgezogenheit, Kontaktarmut	5
Impulsdurchbrüche, Aggressivität	5

Vielleicht bedarf auch der Begriff »*Kampf um den Rahmen*« einer Erläuterung: In einer Klinikabteilung (und auch in einer therapeutischen Wohngemeinschaft) ist ein gewisser Tagesablauf nötig. Dieser wird durch die Mahlzeiten und gemeinsame Aktivitäten vorgegeben. Dazu kommen noch Angebote, die sich nach den Bedürfnissen der einzelnen Patienten richten. Beliebte Aufhänger für den »Kampf um den Rahmen« sind die Teilnahme am gemeinsamen Essen, an der Gesprächsrunde oder an der Ergotherapie, sowie die

Frage des Ausgangs. Oft werden Forderungen nach Ausnahmebewilligungen mit kämpferischem, abwertendem oder leidendem Unterton hervorgebracht, die beim Gegenüber entweder Abwehr oder Schuldgefühle wecken können. »Ich will im Zimmer essen. Niemand soll mir beim Essen zusehen. Ich bin viel zu fett, und ich schäme mich so wegen der Schnitte an meinem Arm!« – »Ich will heute freien Ausgang. Ich lasse mich nicht dauernd einsperren, nur weil ich manchmal am liebsten sterben möchte! Ich verspreche, daß ich nicht in die Nähe der Bahnschienen gehe.« – »An der Ergotherapie nehme ich nicht teil, dieses Basteln ist mir zu blöd. Gibt es nichts Anspruchsvolleres bei Euch?« – Selbst wenn man ein gewisses Verständnis für die Wünsche der Betroffenen hat, bedarf es oft langer Gespräche, um ihnen klar zu machen, daß Regeln nötig sind und letztlich auch dazu dienen, sich mit den unangenehmen Seiten des Lebens auseinanderzusetzen, Verantwortung zu übernehmen und Gemeinschaft einzuüben. Manchmal muß man die Patienten auch daran erinnern, daß es ja Gründe gibt, warum sie im Moment das Leben nicht mehr ohne die Hilfe der Klinik bewältigen können. Sobald sie ihre Stabilität zurückgewonnen haben, steht es ihnen frei, ihr Leben wieder selbst zu gestalten.

Hauptthemen der klinischen Behandlung

Die Behandlungsstrategien in der Klinik können in drei große Bereiche eingeteilt werden, die sich gegenseitig überlappen und ergänzen:
 1. psychotherapeutischer Schwerpunkt,
 2. sozialer Schwerpunkt,
 3. psychiatrischer Schwerpunkt.

Ziel des *psychotherapeutischen* Schwerpunktes ist es, die Voraussetzungen zu schaffen, daß eine Person wieder in der Lage ist, ihre Schwierigkeiten ohne ständige Suizidalität anzugehen. Die Klinik kann dazu nur Vorbereitungsarbeit leisten, aber keine eigentliche Psychotherapie anbieten. Wohl gibt es Einzelgespräche, aber viele psychotherapeutische Puzzle-Teile werden auch im Rahmen eines Gruppengesprächs oder im Verlauf einer Maltherapie beigesteuert. Psychotherapie im stationären Rahmen nimmt oft Bezug auf die aktuellen Probleme und Konflikte. An erster Stelle der Behandlungsschwerpunkte in der Klinik (vgl. Tabelle 8) steht deshalb die Konfrontation mit Spaltungen und Widersprüchen. Gerade diese Spannungen sind es ja, die Beziehungen zerbrechen lassen und damit zu neuen Schwierigkeiten führen. Allzu oft konzentrieren sich Borderline-Patienten nur auf ihre inneren Gefühle und Bedürfnisse und vergessen völlig, daß sie mit ihrer übermäßigen Sensibilität und Kränkbarkeit ihre Partner und Betreuer völlig überfordern. So ist oft der Klinikaufenthalt eine Art »Nachreifungsprozeß«, der bei aller Einfühlung auch schmerzliche Konfrontation mit unangepaßtem Verhalten und überzogenen Ansprüchen enthält. Wesentlich für diesen Lernprozeß können auch *Paargespräche* sein. Sie haben zum Ziel, das gegenseitige Verständnis zu fördern und zu klären, unter welchen Voraussetzungen allenfalls ein Zusammenleben wieder möglich ist.

Tabelle 8: *Hauptakzente der Behandlungsstrategien*

Konfrontation mit Spaltungen und Widersprüchen	17
Paargespräche	9
»Trauerarbeit«	2
Klärung und Hilfe bei sozialen Problemen	15
Setzen eines zeitlichen Rahmens	6
Klärung der Beziehungen zw. aktuellen Konflikten und psychot. Symptomen	6
Herstellen eines empathischen Kontaktes (bei sehr mißtrauischen Pat.)	4
Medikamentöse Behandlung (v.a. der Depression)	10

Nicht zu unterschätzen ist die *praktische Hilfe bei sozialen Problemen*. Gerade bei Borderline-Patienten besteht eine Vielzahl von Konflikten mit Arbeitgebern, Vermietern und Behörden, die sie nicht mehr überblicken. Aufgabe des Sozialarbeiters oder der Bezugsperson ist es dann, einen Überblick über die anstehenden Probleme zu gewinnen, Gespräche zu führen und um Verständnis für die schwierige Lage den Betroffenen zu werben. Meist sind auch diese Bezugspersonen hin- und hergerissen zwischen Mitgefühl und der Unmöglichkeit, mit den Betroffenen zu einer tragfähigen Vereinbarung zu kommen. Sie sind deshalb sehr dankbar, wenn eine Sozialarbeiterin vermittelt und neue Grundlagen für einen weiteren Weg legt. Ziel muß es jedoch sein, die Eigeninitiative und Eigenverantwortlichkeit des Patienten zu fördern. Das geht oft nicht ohne Frustrationen für die Betreuer ab und fordert Geduld und Beharrlichkeit. Ein Beispiel:

Über zwei Wochen hat sich der Sozialarbeiter unserer Klinik bemüht, einer Patientin ein Konzept für die Schuldensanierung zu erarbeiten. Alles wäre nun bereit, die Formulare, die Briefe an Kreditgeber; mit dem Betreibungsamt wurde telefoniert; jetzt müßte die Patientin nur noch einmal persönlich aufs Amt gehen, um dort eine Unterschrift zu leisten. Doch auf dem Weg in die Stadt wird sie derart von Panik erfüllt, daß sie in ein Lokal geht, Alkohol trinkt und den Termin auf dem Amt verpaßt. Auf dem Heimweg schämt sie sich so, daß sie wartet, bis es dunkel ist. Sie schleicht sich auf die Station und fügt sich dort mehrere Schnitte am Unterarm zu.

Vielleicht wäre es hilfreich gewesen, wenn sie von einer Freundin begleitet worden wäre, um diesen Fehlschlag zu vermeiden. Wie hier, so steht man oft in der Spannung zwischen dem Anliegen, die Patientin selbständig handeln zu lassen, und sie vor Schwierigkeiten zu bewahren. Dennoch: Es war ein weiterer Anlauf nötig, bis die Patientin es wagte, zur Behörde zu gehen. Neben der Sanierung der Finanzen ist es manchmal auch notwendig, Schritte zu einer beruflichen Eingliederung in die Wege zu leiten. Hier liegt ein wesentlicher Schwerpunkt zur Neuordnung. Die Entlastung von der äußeren Bedrohung eines sozialen Absturzes schafft neue Hoffnung und hat oft auch positive Auswirkungen auf die depressive Verstimmung.

Es wäre aber verfehlt, die Depression bei Borderline-Patienten nur als *Reaktion* auf Trennungen und Kränkungen zu sehen. So anstrengend der Umgang mit Spaltungstendenzen ist, so darf man nicht die tiefe Depressivität unterschätzen, die Borderline-Patienten ihr Leben erschwert. Mit Recht stellen die Autoren der Bonner

Studie fest[2]: »Unserer Einschätzung nach wird in der Literatur bei der Behandlung von Borderline-Patienten die Bedeutung der Spaltungsmechanismen eher überschätzt, die Häufigkeit und der Schweregrad depressiver Syndrome jedoch eher unterschätzt.«

Der psychiatrische Schwerpunkt verbindet ärztliches Fachwissen in Diagnostik und Therapie mit einer umfassenden Therapie-Planung und Koordination des Klinikaufenthaltes. Bezüglich der Diagnostik ist darauf zu achten, daß es neben der häufigen Depression manchmal auch psychotische Zustandsbilder (vgl. S. 47) gibt, die einer adäquaten Behandlung bedürfen. Eine genauere Analyse der Entstehung der Krise zeigt oft einen Zusammenhang zwischen den psychischen Belastungen und dem Auftreten von psychotischen Entfremdungsgefühlen. Wenn man dies den Patienten aufzeigen kann, vermindert man damit die Angst vor uneinfühlbaren Empfindungen. Eine Patientin berichtet:

» Wenn ich unter Streß stehe, dann sehe ich alles wie durch Zellophan. Ich kriege dann wahnsinnige Angst und habe einmal schon eine Fensterscheibe eingeschlagen, um wieder klar zu sehen. Ich weiß jetzt, daß das ein Zeichen ist, daß wieder alles zuviel ist. Ich muß dann bewußt Ruhepausen einschalten und etwas mehr Haldol nehmen. Dann geht es wieder vorbei, ohne daß ich in eine Krise gerate. «

Damit ist auch umschrieben, wo der ärztliche Behandlungsansatz liegt, der manchmal auch als *Clinical Management* bezeichnet wird. Der Arzt geht pragmatisch vor, um die Symptome zu lindern und damit weitere Schritte zu ermöglichen. Ein wesentlicher Bestandteil der ärztlichen Behandlung ist auch die Gabe von Medikamenten zur Beruhigung und Aufhellung.

Was bringen Medikamente?

Das Medikament gegen Borderline-Störungen gibt es nicht. Insbesondere gibt es kein Medikament, das die Instabilität der Persönlichkeit völlig beseitigen würde. Oftmals sprechen Patienten mit einem Borderline-Syndrom auch nicht oder nur ungenügend auf Me-

---

[2] Pfitzer et al. 1994, S. 296

dikamente an. Dennoch können Medikamente gerade in Krisensituationen sehr hilfreich sein, um den Betroffenen das Leiden zu erleichtern, die Depression zu mildern, psychotische Symptome zu dämpfen und einen neuen Schlafrhythmus zu ermöglichen. Die Medikamente müssen auf die Bedürfnisse der Einzelperson abgestimmt werden, ohne daß ein Schema vorgegeben werden kann. Ganz grob kann man aber die Zielsymptomatik bei Borderline-Patienten in vier Bereiche unterteilen (Tabelle 9)[3]:

Tabelle 9: *Zielsymptomatik bei Borderline-Patienten*

Zielsymptomatik	biochemisches Korrelat	Medikamente
1) affektive Instabilität: Depression, Stimmungswechsel	Noradrenalin Serotonin	Tri- und tetrazyklische Antidepressiva, Serotonin-Wiederaufnahme-Hemmer
2) vorübergehende psychotische Phänomene	Dopamin	Neuroleptika
3) impulsives, aggressives Verhalten	Serotonin	Serotonin-Wiederaufnahme-Hemmer
4) akute Erregung, Angst, Suizidalität und Schlafstörungen	GABA	Tranquilizer (nur punktuell unter Berücksichtigung der Suchtgefahr)

Wie unterschiedlich die Bedürfnisse sein können, spiegelt auch die Liste der Medikamente wider, die in der Bonner Studie verabreicht wurden: 15 Patienten erhielten Antidepressiva, 8 brauchten hochpotente Neuroleptika, 14 erhielten niederpotente Neuroleptika, in 4 Fällen wurden Tranquilizer gegeben, in einem Fall ein Beta-Rezeptorenblocker. 10 Patienten schließlich erhielten keine Medikamente.

Therapieplanung und Erfolgsbewertung

Eine weitere wesentliche Aufgabe des Klinikarztes ist die Koordination der sozialen, therapeutischen und medizinischen Maßnah-

---

[3] nach Dulz 1994 und Leitner & Serfling 1993

men. Dazu gehört auch das Festsetzen eines zeitlichen Rahmens. In der erwähnten Bonner Studie lag die Aufenthaltsdauer zwischen 1 und 375 Tagen. Wie lange ist es notwendig, eine Patientin in der Klinik zu behalten? Wann ist es möglich, sie wieder in ihre alte Umgebung zu entlassen? Welche Veränderungen können dazu beitragen, daß es »draußen« wieder geht? Diese Fragen werden im Team besprochen und unter Gewichtung der unterschiedlichen Standpunkte in einen Therapieplan gefaßt, der natürlich immer auch mit der Patientin abgesprochen und stufenweise in die Tat umgesetzt wird.

Zur Beurteilung des Erfolgs können nochmals die obigen drei Schwerpunkte herangezogen werden: Im psychotherapeutischen Bereich ist ein Fortschritt dann zu sehen, wenn der Patient wieder zu größerer Einsicht in seine Konflikte fähig ist und vermehrte Spannungen ohne abrupte Kurzschlußreaktionen aushält. Damit sind auch die Voraussetzungen für die Fortführung einer ambulanten Therapie bzw. Seelsorgebegleitung gegeben. Erfolge im sozialen Bereich sind das Entwickeln neuer beruflicher Perspektiven sowie zumindest die ansatzweise Lösung sozialer Konflikte, z.B. mit Vermietern, Behörden etc. Aus ärztlicher Sicht ist es als Zeichen eines therapeutischen Erfolges zu werten, wenn die Suizidgefahr schwindet, Angst und Depression ihre beherrschende Kraft verlieren und sich die Betroffenen wieder aus ihrer Isolation herauswagen.

Vom Umgang mit wiederholten Selbstmorddrohungen

Ein besonders schwerwiegendes Problem ist die Suizidalität. Als wie ernst ist sie einzuschätzen? Wo besteht die Notwendigkeit zur Klinikeinweisung? Wo muß man sich persönlich therapeutisch einsetzen, um eine Suizidalität zu mindern? Diese Fragen sind außerordentlich schwer zu beantworten und bedürfen einer Klärung im Einzelfall. Dabei sei jedem Therapeuten und Seelsorger empfohlen, mit einem Arzt zusammenzuarbeiten, der dann auch die Verantwortung vor dem Gesetz übernehmen kann.

Viele Borderline-Patienten haben gelernt, daß das Reden von Selbstmord einiges in Bewegung bringen kann. In der Therapiestunde können sie noch stabil erscheinen, doch drei Tage später kommt es durch einen Konflikt zum Gefühl der absoluten Leere und Sinnlosigkeit. So ernsthaft dieses Gefühl sein kann, es kann eben doch auch eingesetzt werden, um beispielsweise dem Arbeitgeber zu vermitteln: »Sie treiben mich in den Selbstmord, wenn Sie meinen Wünschen nicht entgegenkommen.« Wer diese Dynamik nicht durchschaut, macht dem Therapeuten vielleicht noch Vorwürfe: »Ja, haben Sie das denn nicht gemerkt? Diese Frau braucht doch Hilfe! Hätte ich um ihre Schwierigkeiten gewußt, so hätten wir sicher andere Wege gefunden!« Für den Therapeuten ist es dann schwer, sich zu rechtfertigen. Da ist zuerst einmal das Problem der Vorhersehbarkeit: Eine Stunde pro Woche soll aussagen, wie die Patientin sich die übrigen 167 Stunden verhalten wird. Mehr noch: Der Therapeut oder die Seelsorgerin begleitet die Patientin schon zwei Jahre lang. Sie kennt ihre Instabilität und hat immer wieder erlebt, daß sie sich wieder auffängt. Und ganz nebenbei: Die Patientin hat ihr ausdrücklich verboten, mit dem Chef zu reden.

Eine Studie[4] untersuchte die Möglichkeit, einen Suizid bei psychisch kranken Menschen vorauszusagen. Es zeigte sich, daß es keinen einzigen zuverlässigen Risikofaktor gab, der eine solche Voraussage ermöglicht hätte. Selbst ein vorausgegangener Suizidversuch sagt nichts Verläßliches über das neue Risiko aus. Oft schießen gerade bei instabilen Menschen solche Gedanken plötzlich ein, vielleicht bei einer Enttäuschung oder einem Konflikt. Dabei besteht immer die Gefahr, daß ein Suizidversuch, der eigentlich ein Appell sein sollte, mißlingt und zum Tode führt. Andererseits zeigt die Erfahrung, daß Patienten mit einer Neigung zu Selbstverletzungen sich eher nicht suizidieren werden.[5]

In kurzen suizidalen Krisen kann es richtig sein, einer Person die vermehrte Möglichkeit zum Anrufen zu geben. Gerade bei depressiven Menschen ohne eine Borderline-Störung kann dies eine wichtige Hilfe sein. Wer aber über längere Zeit auf jede Androhung

---

[4] Goldstein et al. 1991
[5] Vgl. auch die Diskussion bei Kroll 1993, S. 135 ff.

eines Suizids so reagiert, als würde dieser demnächst passieren (täglich anrufen etc.), der kann auch Abhängigkeiten erzeugen. Manche Borderline-Patienten werden dadurch ermutigt, die plötzlich gewonnene Nähe zum Therapeuten weiterhin auszunützen, weil sie wissen, daß sie auf das Stichwort »Ich will nicht mehr leben« das erhalten, was sie eigentlich wollen, nämlich die intensive Zuwendung des Therapeuten. Damit sollen Suiziddrohungen nicht auf die leichte Schulter genommen werden. Manchmal ist auch eine *Einweisung in eine geschlossene Klinik* notwendig, um zu zeigen, daß man es ernst meint, und das Spiel nicht mitspielt. Man kann nicht an der Frage der Lebensbewältigung arbeiten, wenn man ständig damit beschäftigt ist, einen drohenden Suizid abzuwenden. – In dieser Situation ist es hilfreich, wenn die Seelsorgerin oder der psychologische Therapeut einen Arzt (allenfalls den Notfall-Psychiater) hinzuziehen: So kann man die Verantwortung teilen und sich gleichzeitig gegenüber Rechtsansprüchen bezüglich unterlassener Hilfeleistung absichern.

Therapeutische Überlegungen bei Selbstverletzung

Ein weiteres schweres Problem können Selbstverletzungen sein, über die bereits in Kapitel 3 (S. 41 ff.) ausführlich berichtet wurde. Die folgenden Stichworte sind einem Artikel[6] entnommen, der sich spezifisch mit therapeutischen Vorgehensweisen bei Selbstverletzung beschäftigt.

Beziehung aufbauen und erhalten
- Verständnis zeigen
- Ruhig bleiben
- Umdeutung (Reframing) der Selbstverletzung als Ausdruck von Gefühlen
- Vermeiden von Drohungen und Versprechungen

---

[6] nach Tantam & Whittaker, 1992

- Grenzen setzen und einhalten
- Der Patientin die Verantwortung belassen
- In der therapeutischen Beziehung bleiben

Die Gewohnheit durchbrechen
- Mit den »Entzugssymptomen« umgehen (z.B. Klavierspielen statt Schneiden)
- Die Entschlossenheit zur Veränderung verstärken

Veränderungen aufrechterhalten
- Belohnung für neues Verhalten
- Allmähliche Verminderung der Medikation
- Lösen von emotionalen Konflikten
- Umgang mit Manipulation
- Trainieren von Nähe und Distanz ohne Selbstverletzung

Gruppentherapie bei Borderline-Patienten

Wenn es schon anspruchsvoll ist, mit einzelnen Borderlinepatienten zu arbeiten, wie kann man dann erst mit einer Gruppe von derart instabilen Menschen arbeiten? Diese Frage hat uns in unserer Klinik auch lange bewegt. Und doch – könnten die Patientinnen nicht auch voneinander lernen? Könnten sie nicht am Erleben der anderen auch etwas übernehmen für ihre eigene Problembewältigung? Diese Überlegungen führten schließlich zu einer Therapiegruppe für sogenannte »Frühgestörte«, wie Borderline-Patienten im analytischen Jargon auch genannt werden. Nach intensiven Vorbereitungen[7] wurde eine Gruppe angeboten, an der maximal vier bis sechs Patientinnen teilnahmen. Geleitet wurde die Gruppe von einer Fachärztin für Psychiatrie, Neurologie und Psychotherapie (M. Schleising) sowie einer erfahrenen Psychologin (A. Jonckers

---

[7] Neben den gemeinsamen Vorbereitungsgesprächen wurde auch die vorhandene Literatur gesichtet. Als hilfreiche Quelle erwies sich das »Grönenbacher Modell« der stationären Borderline-Therapie, das von Stauss (1993) beschrieben wurde.

Nieboer). Sie formulierten folgende Prinzipien der Vorgehensweise:

Rahmenbedingungen: Es nehmen nur Frauen teil, da sich manche durch die Anwesenheit männlicher Patienten sehr bedroht gefühlt hätten. Neben der Gruppentherapie mußte auch eine Einzeltherapie gesichert sein.

Struktur: durch klare Regeln und eine begrenzte Teilnehmerzahl von maximal 4-6.

- Klarer Anfang: Einleitung der Stunde durch das Lesen einer Kurzgeschichte, die in eindringlicher Weise aufzeigt, daß es immer notwendig ist, aufzustehen, auch wenn man gefallen ist, ja daß man sogar neue Wege gehen lernen kann.
- »Blitzlicht«: Alle können kurz einbringen, wie es ihnen aktuell geht, was es seit der letzten Stunde Neues gibt.
- Das Thema der Stunde wird von den Therapeutinnen in Rücksprache mit den Teilnehmerinnen »erspürt« und festgelegt.
- Zum Schluß wird eine Rückmeldung über die Gruppenstunde eingegeben.

Dynamik: Die Patientinnen hatten anfangs eine ausgesprochen abwartende Haltung und waren sehr leiterzentriert. Immer wenn eine neue Teilnehmerin in die Gruppe kam, wurde die Gruppe in der Arbeit an einem Thema um 1-2 Sitzungen zurückgeworfen. Erst allmählich gelang es den Patientinnen, stärker auf einander einzugehen. Als sich der Weggang einer Leiterin abzeichnete, war es sehr wichtig, das Thema Abschied zu erarbeiten.

Hauptthemen: Alltagsprobleme, Beziehungsprobleme, selbstverletzendes Verhalten und Rückzugstendenzen.

Vorteil der Gruppe: Die Patientinnen merkten, daß sie mit ihrer Instabilität und ihren Konflikten nicht allein waren. Manche gaben sogar an, sich hier freier zu fühlen als in der Einzeltherapie. Die Gruppe wurde zum Halt und ermöglichte es auch, gemeinsam etwas zu unternehmen. Die Teilnehmerinnen lernten, vermehrt auf andere einzugehen, auch wenn der Prozeß lange dauerte. Die Häufigkeit von Selbstverletzungen ging deutlich zurück.

Gefahr der Gruppe: Bei sehr instabilen oder narzißtisch kränkbaren Teilnehmerinnen besteht die Gefahr, daß einzelne nicht mit der Realität umgehen können, bzw. daß sie im Mittelpunkt des

Gesprächs stehen wollen. Solche Konstellationen können eine Gruppe sprengen.

Besserer Umgang mit Krisen: Ein wesentliches Ziel, auf das sich die Teilnehmerinnen einigten, war ein besserer Umgang mit Krisen. So erarbeiteten sie in den Gesprächen konkrete Hilfen, um mit ihren Krisen umzugehen. Nachfolgend zwei Beispiele:

»Katastrophenliste«: Jede Patientin erstellte sich eine individuelle Liste, was sie machen kann, wenn sie in einer emotional schwierigen Situation ist (vor allem bei Tendenz zur Selbstverletzung). Eine solche Katastrophenliste enthält z.B. drei Telefonnummern von Menschen, die man im Notfall anrufen kann. Sie enthält aber auch – und das ist ganz wichtig! – Vorschläge für konstruktive Aktivitäten, die an die Stelle selbstzerstörerischer Handlungen treten können. Tabelle 10 zeigt eine Sammlung solcher Aktivitäten, die von den Teilnehmerinnen dieser Gruppe erarbeitet wurde. Die Patientinnen müssen sich in den entsprechenden Situationen entscheiden, ob sie die Katastrophenliste zur Erleichterung benutzen oder nicht, d.h. sie übernehmen selbst die Verantwortung für sich.

Umgang mit Suizidalität: Während mehrerer Sitzungen waren konkrete Suizidgedanken im Raum, was für die Therapeutinnen zusammen mit der passiven Erwartungshaltung der Teilnehmerinnen ziemlich lähmend wirkte. Deshalb wurde in intensiven Diskussionen ein Vertrag erarbeitet (vgl. S. 209 f.). Danach ging das Kreisen um Suizidgedanken schlagartig zurück und machte konstruktiveren Themen Platz.

Zusammenfassend handelt es sich bei einer Gruppentherapie mit Borderline-Patienten um eine sehr effektive Methode, die eine Einzeltherapie wesentlich ergänzen und bereichern kann. Allerdings muß man sich auch der Grenzen bewußt sein. Zuerst einmal handelte es sich um zwei wirklich erfahrene Therapeutinnen, die diese Gruppe leiteten. Selbst sie erlebten manchmal ein Stagnieren oder einen »Sog nach unten«, Gefühle der Lähmung und des Stillstands, Zeiten der Entmutigung und ein Fragen nach dem weiteren Weg. Zudem fanden die Gruppengespräche im Rahmen einer Klinik statt, in der jederzeit Maßnahmen ergriffen werden konnten, wenn eine Patientin suizidal wurde.

Tabelle 10: *Liste konstruktiver Aktivitäten*
(zur Auswahl für die individuelle »Katastrophenliste«)

1. Bezugsperson(en) aus meiner SOS-Telefonliste anrufen.
2. Mit anderen vertrauten Menschen Kontakt aufnehmen (per Telefon, Brief, Besuch).
3. In einem nicht abzuschickenden Brief meine Wut, Enttäuschung, Frust usw. herauslassen.
4. Tagebuch schreiben.
5. In einer sportlichen Tätigkeit (z.B. schwimmen) das »Ventil öffnen«.
6. Spaziergang machen oder Fahrrad fahren und die Natur auf mich wirken lassen.
7. Entspannungs- oder Duftbad nehmen und mich pflegen.
8. Mir etwas Gutes gönnen (z.B. einen guten Tee/Kaffee kochen, beruhigende Musik hören, Lesen usw.).
9. Kreativ tätig sein (zeichnen, malen, mit Ton etwas gestalten, usw.).
10. Mit Kindern oder Tieren spielen.
11. ....

....
(individuell zu ergänzen)

Therapeutisches oder medizinisches Modell?

Im Umgang mit schweren Krisen bei Borderline-Patienten gibt es keinen einfachen Weg, der vorgegebenen Regeln folgen würde. Jede Person und jede Situation stellt neue Herausforderungen und ist wieder neu zu beurteilen. In den oben beschriebenen schweren Krisen zeigt sich auch der Unterschied zwischen dem psychotherapeutischen und dem medizinischen Modell der Behandlung, und zwar in drei Bereichen: Verantwortung, Selbstbestimmung und Medikation.

Es ist eine Grundmaxime vieler Therapeuten und Seelsorger, daß jeder Mensch für sein Verhalten letztlich Verantwortung trägt, auch dann, wenn ihm eine größere Bürde auferlegt ist und weniger Kraft zur Verfügung steht. Die therapeutischen Gespräche müßten daher darauf hinzielen, den Betroffenen ihre Möglichkeiten aufzuzeigen und sie auf dem Weg einer verbesserten Lebensbewältigung zu begleiten. In einer stabilen Therapie ist es wesentlich, immer wieder auf die Selbstbestimmung der Patientin hinzuweisen. Das Dilemma zwischen der Sprache des Willens und der Sprache des Zwangs wurde eingehend in Kapitel 9 beschrieben. Eine wertvolle Übersicht über therapeutische Hilfestellungen für den Therapieprozeß beim Borderline-Syndrom findet sich im Anhang des vorliegenden Kapitels (s. S. 211 f.). Das psychotherapeutische Modell wird also stark von dem Grundgedanken geprägt, daß die Patientin grundsätzlich selbst Verantwortung für sich übernimmt, über therapeutische Maßnahmen mit entscheidet und mit möglichst wenigen Medikamenten auskommt.

Doch die schweren Krisen, die in diesem Kapitel beschrieben wurden, zwingen manchmal zu einer anderen Haltung, die Sorge um das Leben und Fürsorge in Situationen ausdrückt, die die Betroffenen nicht mehr selbst meistern. Diese Haltung nennt man auch das medizinisch-ärztliche Modell. Es mag kränkend für eine Patientin sein, daß über ihren Kopf hinweg entschieden wird. Es mag ihren Werten widersprechen, daß sie mit Medikamenten beruhigt wird. Aber diese Maßnahmen sind manchmal der einzige Weg, Leben zu retten und eine aus dem Ruder gelaufene Situation zu beruhigen. In solchen Krisen gilt es auch, die Betroffenen von ihrer Verantwortung zu entbinden, anzunehmen, daß es soweit gekommen ist, weil sie keinen anderen Ausweg mehr gesehen haben. Im Vordergrund des medizinischen Notfallmodells steht nicht die Frage nach dem *Warum*, sondern die Frage nach dem *Wie weiter?* Erst in einem weiteren Schritt wird man die Situation genauer betrachten, die zur Krise geführt hat. Auch dabei geht es nicht um Schuldzuweisung – die Patienten leiden selbst schon genug an ihrer Mischung von Haß und Selbsthaß, die sie mit tiefsten Schuldgefühlen erfüllen. Vielmehr geht es um das Ziel, einer erneuten Entgleisung vorzubeugen und die Situation zu stabilisieren.

Ein guter therapeutischer Seelsorger wird deshalb offen sein für beides, das therapeutische und das medizinische Modell. Oft ist es möglich, eine Person über lange Zeit hinweg in einer Weise zu begleiten, die ihr möglichst viel Eigenverantwortung vor Gott und Menschen zuspricht. Immer wieder wird es nötig sein, nicht nur zu trösten und zu ermutigen, sondern auch zu ermahnen und zu korrigieren. Und doch gilt es dabei immer im Auge zu behalten, daß wir alle nicht nur verantwortliche Sünder, sondern auch stolpernde Schwache sind, mühselig und beladen. Manchmal ist eine Krise ein Ausdruck des Nicht-mehr-weiter-Könnens. Kliniken und Wohngemeinschaften sind dann eine »Herberge am Wege«, die einen wesentlichen Auftrag in Ergänzung zur Seelsorge wahrnimmt.

Kapitel 11

Chancen und Probleme der Seelsorge aus ärztlicher Sicht

»Ich habe das Gefühl, daß ich einfach nur so existiere – wofür weiß ich nicht. Jesus liebt mich, ich bin ihm unendlich wertvoll. Ich weiß das im Kopf, aber ich fühle mich oft so wertlos. Eigentlich habe ich alles, was ich mir wünschen kann – sollte ich da nicht überglücklich sein? Und doch fühle ich mich als Hausfrau und Mutter als Versagerin. Ich bin ständig unzufrieden, mein Mann leidet still darunter, und dadurch fühle ich mich noch schuldiger. Gott, wofür bin ich auf dieser Welt? Welchen Plan hast du für mein Leben? Ich sorge mich so um Laura. Ich wollte dich nicht, mein prächtiges kleines Mädchen. Ich bin schuldig geworden an dir. Wie viele Stunden hast du alleine in deinem Zimmer verbracht, wie viele Tage bliebst du ungewaschen, nur weil ich keine Lust und keine Kraft hatte, mich um dich zu kümmern. Ich habe die Verantwortung nicht wahrgenommen, die Gott mir anvertraut hat. Obwohl ich Gott um Vergebung gebeten habe und er mir meine Schuld abgenommen hat, komme ich nicht aus meinem Loch heraus. Ich habe zu nichts Lust, nur flüchten, weg aus dieser unerträglichen Situation!«

Aus diesen Worten sprechen Verzweiflung, Reue, Sehnsucht und unerfüllte Hoffnung zugleich. Es sind die Worte einer jungen Frau, die von Kindheit an durch ihre Lebenserfahrungen in eine tiefe seelische Instabilität abgerutscht ist. Sie glaubt an Jesus, aber welche Bedeutung hat das für ihre Lebens- und Leidensbewältigung? Welche Veränderungen kann der Glaube bewirken? Welche besonderen Probleme ergeben sich im christlichen Umfeld von Gemeinde, Hauskreis und Wohngemeinschaft? Welches sind die besonderen Herausforderungen an die christliche Seelsorge?

Diesen Fragen soll sich das letzte Kapitel dieses Buches widmen. Es geht mir dabei spezifisch um die Schwierigkeiten, die Borderline-

Patienten in der Einzelseelsorge und in der christlichen Gemeinschaft erleben und erzeugen. Die folgenden Beobachtungen stützen sich auf vielfältige Beratungsgespräche mit Seelsorgern und Betroffenen aus Kirchen und Gemeinschaften unterschiedlichster Prägung. Dabei habe ich enorm viel hilfreiches Engagement erlebt. Ich bin fest davon überzeugt, daß christliche Gemeinschaften und christlich-therapeutische Seelsorger ein Potential haben, das weithin unterschätzt wird. Aber es gibt natürlich auch in der Seelsorge ähnliche Probleme, wie sie in der Psychotherapie geschildert wurden, vom Machtkampf bis zum Mangel an nötigen Grenzen. Dazu kommt die Frage, wie man schwieriges Verhalten, Denken und Fühlen aus biblischer Sicht beurteilen und angehen soll. Hier ergeben sich manchmal problematische Situationen, die kurz beleuchtet werden sollen. Insgesamt habe ich aber als Arzt Hochachtung vor der geduldigen Arbeit christlich motivierter Seelsorger und Helfer auf dem langen Weg, den es eine instabile Person zu begleiten gilt. Ohne den Halt einer christlichen Gemeinschaft, die entgegen allen Widerwärtigkeiten an der Hoffnung festhält, hätten so manche Betroffene nie zur Stabilität gefunden. Wie gut eine solche Seelsorge-Begleitung gelingt, hängt nach meiner Erfahrung von verschiedenen Faktoren ab:

- Schweregrad der Störung (der sich oft dem Einfluß der Betreuer und der Betroffenen entzieht)
- Bereitschaft der betroffenen Person, sich helfen zu lassen
- Tragfähigkeit und Flexibilität des Seelsorgers
- Tragfähigkeit der christlichen Gemeinschaft
- Überbrückung des Spannungsfeldes zwischen menschlichem Verhalten, praktischen Problemen und biblischer Lehre bzw. Interpretation
- Eingestehen von Grenzen bei schweren Krisen; Zusammenarbeit mit dem Arzt
- Vorhandensein von besonderen Betreuungsmöglichkeiten (z.B. Klinik, therapeutische Wohngemeinschaft)

Um diese Fragen noch etwas zu beleuchten, müssen wir verschiedene Aspekte berücksichtigen:
- Die Natur des menschlichen Herzens, oder: »Der Stachel der Schwachen«

- Die möglichen Probleme in der Seelsorge
- Krankheit oder Besessenheit?
- Was wünscht sich der Arzt vom Seelsorger?
- Der Seelsorger als Fels?

»Der Stachel der Schwachen«

Im Buch des Propheten Jeremia[1] findet sich ein eigenartiges Wort über die Natur des menschlichen Herzens. »Es ist das Herz,« heißt es da, »ein trotzig und verzagt Ding; wer kann es ergründen?« Ist das nicht ein Widerspruch in sich? Sind Trotz und Verzagtheit nicht ganz unterschiedliche Qualitäten eines Menschen? Kann sich denn beides miteinander vermengen? Und doch wurde im Verlauf dieses Buches deutlich, daß dieser Satz ganz besonders für Menschen mit einer instabilen Persönlichkeit vom Borderline-Typ gilt. Wie unterschiedlich können sie uns doch begegnen, einmal so verzagt und hilfsbedürftig, und dann wieder so aggressiv, abwertend und fordernd. Tabelle 11 gibt ein paar Umschreibungen für die Eigenschaften »trotzig« und »verzagt« wieder.

Dieses Spannungsfeld von Trotz und Verzagtheit begegnet uns nicht nur bei Borderline-Störungen, sondern ganz allgemein bei übersensiblen oder neurotischen Menschen. Sie fühlen sich so verletzlich und bedroht, daß sie sich mit einem schweren Panzer der Abwehr wappnen. Keiner soll ihnen zu nahe kommen. Sehen sie sich dann mit Anforderungen und Belastungen des täglichen Lebens konfrontiert, so können sie außerordentlich abweisend, ja sogar aggressiv und verletzend reagieren, und dies trotz aller Orientierung an christlichen Grundwerten. Diese Reaktionsweise kann man auch als den *Stachel der Schwachen* bezeichnen. Eine Frau berichtete mir folgendes:

»Ich kannte mich selbst nicht mehr. Aber als mein Mann mich bat, ihn zu diesem Besuch zu begleiten, fühlte ich mich so überfordert, daß ich ihn mit bittern Vorwürfen und bösen Worten abwies. Da kam ein Unrat aus meinem Herzen und in meinem Wortschatz

---

[1] Jeremia 17,9

hoch, den ich sonst bei mir nicht kenne. Nachher tat es mir so leid. Ich verstehe mich nicht mehr! Wie kann man das erklären?«

Gerade die Frage nach einer Erklärung birgt Tücken, denen wir uns weiter unten nochmals zuwenden wollen. Wer nicht wahrhaben will, daß beides in ihm vorkommen kann – Verzweiflung und trotzige Abwehr, Licht und Schatten, Heilung und Sünde – der steht leicht in der Gefahr, andere Mächte dafür verantwortlich zu machen – mit allen dramatischen Folgen, die eine solche Deutung nach sich ziehen kann. Das Wort aus dem Propheten Jeremia erlaubt meines Ermessens keine letzte Erklärung. Aber es beschreibt klar und nüchtern die Möglichkeit, daß jemand so reagieren kann, daß dieser abrupte Wechsel von Verzagtheit zum Trotz, von Minderwertigkeitsgefühlen zu verletzender Aggressivität eine Eigenschaft des menschlichen Herzens ist. Wie man sich der Verantwortung stellen kann, das ist dann auch ein Thema der seelsorgerlichen Bewältigung.

Tabelle 11: *Verzagtheit und Trotz des menschlichen Herzens*

trotzig	*verzagt*
– verschlossen	– ängstlich
– abweisend	– deprimiert
– zornig, aggressiv	– leidend
– verletzend	– übersensibel
– wechselhaft, launisch	– sehnsüchtig nach Liebe
– vorwurfsvoll	– resigniert
– anklammernd-fordernd	– enttäuscht
– widerspenstig	– verzweifelt
– manipulativ	– reuevoll

Mögliche Probleme der Seelsorge

Es wurde schon angesprochen: Das wechselhafte, manchmal dramatische Verhalten von Borderline-Patienten kann zu dramatischen Problemen in der Seelsorge führen. Das Drama der Borderline-Persönlichkeit wird dann zum Drama der Seelsorge. Ich möchte diese Probleme in vier Bereiche unterteilen:

1. dramatische Deutungen und Beschuldigungen, 2. dramatische Maßnahmen, 3. dramatische Überforderung von Betreuern, 4. dramatische Spaltung von Gemeinschaften.

Dramatische Deutungen und Beschuldigungen

Wer nicht in Gelassenheit und Nüchternheit an die wechselhaften Zustände von Borderline-Patienten herangeht, wird sich unweigerlich in einem Gestrüpp von Deutungen und Ursachenzuweisungen verheddern. Gefährdet sind insbesondere jene Betreuer, Therapeuten und Seelsorger, die es sich zum Ziel setzen, nach einfachen Mustern zu den »Wurzeln« vorzustoßen und mit der »Wurzelbehandlung« eine »vollständige Befreiung« zu bewirken. Ob diese Befreiung dann als psychotherapeutischer Prozeß oder als »Freiheit der Kinder Gottes« deklariert wird, macht (leider) wenig Unterschied. Am Anfang dramatischer Erklärungen steht meist eine Frage wie die folgende: »Wie ist es möglich, daß jemand in derart kurzer Zeit so unterschiedlich reagiert? Wie ist es möglich, daß es so einschießend zu Alpträumen, Depressionen und Selbstmord-Impulsen kommt? Da muß mehr dahinter stecken! Das kann nicht mehr mit natürlichen Dingen zugehen!« Drei Deutungen sind häufig anzutreffen:

Da sind einmal dramatische *Rückschlüsse auf die Eltern*, die möglicherweise weit übers Ziel hinausschießen. Nicht hinter jeder instabilen Persönlichkeit stehen sexuelle Übergriffe des Vaters. Mehrfach habe ich in diesem Zusammenhang seelsorgliche Varianten einer feministischen Hexenjagd auf vermeintlichen Inzest beobachtet. Besonders tragisch ist es, wenn derartige Erkenntnisse durch angeblich vom Heiligen Geist gewirkte »Bilder« gewonnen werden, die dann nicht mehr angezweifelt werden dürfen.[2] Inzest-

---

[2] Während von manchen Psychotherapeuten Hypnose angewendet wird, um angeblich verborgene Erinnerungen hochzuholen, gibt es auch die christliche Variante der Rückführung in die Kindheit, wo Bilder, Eingebungen und Träume oft stärker gewichtet werden als die wirklichen Erinnerungen. Bei Borderline-Patienten sollte man außerordentlich vorsichtig sein, derartige Seelsorgemethoden anzuwenden, welche sich auf instabile Personen häufig suggestiv auswirken.

Vermutungen ohne reale Grundlage helfen weder den betroffenen Frauen noch zur Bewältigung ihrer Beziehungen zu den Eltern, ja sie führen sogar zu neuen seelischen Verletzungen.

Andere Seelsorger sehen hinter borderline-artiger Instabilität *unbereinigte Sünden.* Sie neigen der Ansicht zu, jedes Verhalten werde letztlich von der betroffenen Person verantwortet und jedes Abweichen sei Sünde. Auch wenn es nicht darum geht, instabile Patienten von jeder Verantwortung freizusprechen, so kann das Erklärungskonzept »Sündhaftigkeit« ein großes Hindernis für eine einfühlsame Begleitung dieser Menschen werden, weil es ihren Nöten und ihren Verletzungen nicht gerecht wird. Natürlich sind auch Borderline-Patienten unvollkommene und sündhafte Menschen, aber das erklärt nicht alle ihre Probleme.

Schließlich wird immer wieder die Vermutung geäußert, hinter instabilen Verhaltensmustern stünden *dämonische Kräfte,* eine »okkulte Belastung« oder ein Fluch bzw. eine Verhexung. Damit wird einerseits die Verantwortung für störendes Verhalten abgenommen, andererseits wird es noch über die ohnehin angsterzeugende Instabilität hinaus dämonisch gedeutet, so daß nun neue Ängste entstehen. Dramatisch dokumentiert wurde dies am Fall einer Frau[3], die anscheinend in ihrer Kindheit sexuell traumatisiert wurde und in ihrem Verhalten viele Anzeichen einer Borderline-Störung zeigte. Sie führte offenbar eine schwierige Ehe und litt an vielfältigen seelischen und sexuellen Nöten, die sie in dramatischer Weise in die Seelsorge einbrachte. Von ihrem Pastor wurde sie als »besonders dämonische« Person bezeichnet, die unbedingt Befreiung brauche. Ursache für ihre Probleme sei der Geschlechtsverkehr mit ihrem Mann, einem schwarzen Amerikaner, durch den sie von einem Voodoo-Zauber befallen worden sei. An dieser Stelle sei auf das Kapitel 6 »Krankheit oder Dämonie?« von Pfr. Dr. Hansjörg Bräumer hingewiesen, das die theologischen und seelsorgerlichen Hintergründe solcher Deutungen erhellt.

---

[3] *Focus* 51/1994, S. 40

Dramatische Maßnahmen

Dramatische Erklärungen ziehen auch dramatische Maßnahmen nach sich. Gerade Kämpfernaturen in Therapie und Seelsorge neigen dann dazu, eine Befreiung zu erzwingen. Im oben beschriebenen Fall mobilisierte der Pastor einen »Wächtergebetskreis«, der um die Befreiung aus der Macht des Satans rang. Als dies nicht ausreichte, wurde eine »Ganzkörpersalbung« organisiert. »Dabei sparten die Beteiligten auch intimste Stellen nicht aus.« Als der Zustand sich immer noch nicht besserte, wurde einige Monate später eine erneute Dämonenaustreibung organisiert. Der Pastor verbrachte mit vier Helfern 18 Stunden in der Wohnung der Betroffenen, wo sie trotz Widerstand auf die weinende, asthmakranke Frau einredeten, beteten und lautstark »geboten«, um durch einen unablässigen Gebetskampf endlich einen Durchbruch zu erzielen. – Erst einige Jahre später hatte die Frau die Kraft, diese Machenschaften anzuzeigen. Der Tatbestand laut Anklage: »sexuelle Nötigung, Freiheitsberaubung und gefährliche Körperverletzung«.

Zugegeben, es handelt sich hierbei um einen seltenen und tragischen Einzelfall, der sicher nicht stellvertretend für alle Formen des Gebetes um Befreiung steht. Er illustriert aber die Gefahr, daß instabile Persönlichkeiten in Seelsorge und Therapie einen Helferkomplex auslösen können, der sich zu einem explosiven Gemisch verdichten kann. Häufig kommt es zu einer regelrechten »Pathodynamik«, zu einem gegenseitigen Aufschaukeln der ratsuchenden Person und des Seelsorgers. Die Betroffene produzierte neue Symptome oder spürt einen »baldigen Durchbruch«, und der Helfer glaubt immer mehr an die Dringlichkeit der Behandlung. Gefährdet sind besonders jene Seelsorger und Therapeuten, die nicht bereit sind, ihre Ansichten und Vorgehensweisen regelmäßig im Austausch mit anderen zu überprüfen (Supervision bzw. Intervision). In ihren Erlöserphantasien isolieren sie sich zunehmend, scharen aber kleine Gruppen treu ergebener Anhänger um sich und werden zu Gurus, Propheten und Wunderheilern. In diesem Zusammenhang spricht man auch von totalitären Gruppen und Führerfiguren.

Zu den dramatischen Maßnahmen mit schädlichen Auswirkungen gehören alle Vorgehensweisen, die gegen den Willen einer Patientin oder nur durch ständige intensive Überredung (Persuasion) ergriffen werden. Die Einschränkung der Freiheit führt oft noch zu einem weiteren Gefühl der Einengung bis hin zur psychotischen Entgleisung. Hierzu gehört auch die erzwungene Trennung von den Eltern über längere Zeit, wie sie in therapeutischen Gemeinschaften mit totalitären Neigungen praktiziert werden. Eine derartige Isolation grenzt juristisch an Freiheitsberaubung, auch wenn diese mit dem Argument begründet wird, die Eltern seien schließlich diejenigen, die der Person so geschadet hätten, daß sie jetzt Therapie brauche.

Wird wegen einer Suizidalität ein fürsorgerischer Freiheitsentzug notwendig, so ist dieser nur in Kliniken erlaubt, die auch die rechtsstaatlichen Grundlagen erfüllen. Manchmal schämen sich aber Angehörige, daß ihre Tochter in eine Klinik soll. Sie versuchen alles zu tun, diesen Schritt zu vermeiden, obwohl Schlaflosigkeit, Erregungszustände, Selbstverletzungen, Suizidversuche und der Drang wegzulaufen eine Überwachung rund um die Uhr erfordern. Seelsorger sollten sich davor hüten, sich in derartige Betreuungen einbinden zu lassen. Die ständige Heimlichtuerei und der eskalierende Machtkampf können oft zu einer schweren Belastung für alle werden.

Dramatische Überforderung der Betreuer

Sie ist die logische Folge, wenn zu hohe Erwartungen vorliegen oder zu intensive Gespräche angeboten werden. Der Appell an die christliche Nächstenliebe, an die geistliche Vollmacht und an die Sehnsucht nach »Befreiung durch das Wort« darf den Seelsorger und die Seelsorgerin nicht ihre eigenen Grenzen vergessen lassen. Oft handelt es sich nicht nur um einen geistlichen Kampf, sondern um unreife, überzogene und unersättliche Ansprüche, die im geistlichen Gewand vorgetragen werden. Die hilfesuchende Anklammerung wird dann zur erstickenden Umklammerung. Eine solch intensive Seelsorge kann immer stärkere Forderungen und Abhängigkeiten erzeugen. Mehrfach haben Seelsorger erlebt, daß sie schließlich selbst Schlafstörungen und Ängste entwickelten, sich von Dämonen angegriffen fühlten und manchmal wochen- und monatelang nicht mehr einsatzfähig waren.

Dramatische Spaltung von Gemeinschaften

Dies ist als vierte Problematik zu nennen, die hier nur noch am Rande erwähnt werden soll. Dabei gibt es zwei Möglichkeiten, nämlich Probleme durch agierende Patienten und/oder agierende Leiter. Manche Borderline-Persönlichkeiten üben eine derartige Macht aus, daß sich in einer Gemeinschaft verschiedene Lager bilden: Da stehen die »Nüchternen« denjenigen gegenüber, die vom Leiter endlich eine »vollmächtige Seelsorge« verlangen. Ganze Gebetskreise werden um eine Person herum gebildet. Manchmal wird die Person sogar von der Leidenden zur Visionärin, die die anderen leitet: »Heute Nacht habe ich eine Engelsbotschaft gehört: Wenn 12 Menschen wirklich treu für mich beten würden, dann könnte der Kampf in 7 Tagen entschieden werden . . .« Unschwer läßt sich dabei das Muster wiedererkennen, das zwischen Opferrolle und Machtausübung hin- und herschwankt (vgl. Kapitel 9). Manchmal gibt es auch Leiterpersönlichkeiten mit einer *Borderline-Struktur:* Sie sind auf der einen Seite gewinnend und mitreißend, aber auch instabil und jähzornig bei Widerspruch. Oft neigen sie dazu, die Gemeinschaft zu spalten in »gute Mitarbeiter« (die ausgebeutet werden) und »Verhinderer des Werkes Gottes«. Solche Konstellationen lassen sich besonders in kleinen religiösen Gruppen beobachten, die auf eine starke Führungspersönlichkeit ausgerichtet sind.

Krankheit oder Besessenheit?

Wer im christlichen Kontext mit Borderline-Persönlichkeiten zu tun hat, kommt nicht um die Frage herum: Handelt es sich um Krankheit oder Besessenheit? Die Frage kommt gar nicht immer von den Seelsorgern, sie wird vielmehr von den Betroffenen an die Theologen herangetragen. Borderline-Patienten leiden z.T. enorm an ihren Stimmungsschwankungen. Wutausbrüche, haßerfüllte Abwertung einer geliebten Person, unkontrollierbare Ängste, Bewußtseinsveränderungen mit Gedächtnislücken, das Verlangen nach Drogen oder Sex, Unsicherheiten über die eigene Person, plötzlich einschießende Impulse zur Selbstverletzung – all diese Störungen werden so intensiv erlebt und doch als so fremd, daß man immer wieder hört: »Das bin ja gar nicht mehr ich selbst. Da ist etwas anderes, ja eine andere Person in mir, die mich bestimmt!«

Besonders unheimlich ist die Beobachtung, daß manche Borderline-Patienten eine Art »Antenne für die jenseitige Welt«, einen sechsten Sinn haben.[4] Ein Beispiel: Maria, eine 22jährige Bibelschülerin träumt, sie werde am nächsten Tag einen Autounfall haben. Doch das scheint unmöglich, denn sie hat gar kein Auto. Am Nachmittag fährt die Klasse zu einem Einsatz, doch der Student, der eines der Autos hätte lenken sollen, verknackst sich den Fuß. Und nun wird jemand gesucht, der einen Führerschein hat. Die Wahl fällt auf Maria . . . »Ich war von Panik ergriffen. Und wirklich, auf dem Heimweg fuhr ich zu schnell in eine Kurve und kam von der Straße ab. Zum Glück wurde niemand verletzt, aber der Bus war kaputt! Aber was mich viel mehr beschäftigte, war die Frage nach der Vorahnung im Traum. Habe ich einen Wahrsagegeist?«

Diese »Durchlässigkeit« zu einer anderen Welt hin wurde von dem Okkultismus-Forscher Kurt Koch auch als *Medialität* bezeichnet. Ich war beim Lesen seiner Ausführungen überrascht, daß er zum Schluß kam, nicht jede Medialität sei okkulter Natur. Koch wörtlich: »Schon manchmal bin ich gefragt worden, ob alle medialen Kräfte einen negativen Charakter haben. Gibt es einen neutralen Streifen? Ich kann nicht mit einem Satz antworten. Es gibt Menschen, die durch Vererbung unbewußt medial sind und es in ihrem Leben nicht entdecken. Diese unbewußte, verborgene Medialität, die nicht in Anspruch genommen wird, ist keine Schuld. Sie wirkt sich aber häufig als Belastung aus.«[5] Offensichtlich kann also eine nervliche Übersensibilität eine erhöhte Sensibilität in diesem Grenzbereich zum Übersinnlichen nach sich ziehen.

Maria war so alarmiert, daß sie einen Seelsorger aufsuchte. Dieser erkannte eine »okkulte Belastung« und führte eine Freibetung

---

[4] Obwohl ich selbst diese Beobachtung in den Gesprächen mit meinen Patientinnen gemacht habe, fand ich kürzlich eine Beschreibung solcher Phänomene auch bei Huber 1995, S. 135-138.
[5] Koch 1982, S. 669

durch. Die erste Freibetung erlebte sie als große Hilfe. Sie hatte anscheinend eine Belastung, und jetzt wurde durch das Gebet die okkulte Bindung gebrochen. Einige Zeit lang hatte sie Ruhe, doch immer wieder traten ähnliche Vorahnungen auf. Einige Jahre später bildete sich das Vollbild einer Borderline-Störung aus. Wie war nun das Wiederauftreten oder gar die Verschlimmerung der Symptome zu erklären? Waren die Dämonen zurückgekehrt? Diese Frau rang darum, mit Gott in Verbindung zu sein und nach christlichen Maßstäben zu leben. Konnte man da diese Symptome mit dem Wirken dämonischer Kräfte erklären?

Wiederholt werde ich von Seelsorgerinnen und Seelsorgern gefragt: »Was ist, wenn ein Mensch freigebetet ist, und er dennoch wieder ähnliche Symptome zeigt? Wie sollen wir dann die Symptome erklären, wie können wir die Person begleiten?« – Immer wieder muß ich auf die Gefahren einer einseitigen okkulten Erklärung hinweisen (vgl. oben). Unser Wissen ist Stückwerk, und oft finden wir keine letzte Erklärung für das Leiden unserer Patienten, gerade im Bereich der Instabilität der Persönlichkeit. Auch die Medizin und die Psychologie können keine letzte Erklärung geben und ringen immer wieder um Beschreibungen und Erklärungsmodelle.

Aus diesem Grunde neige ich dazu, nicht immer nach den Ursachen zu fragen, sondern das Augenmerk auf die Frage zu legen: Wie kann ich die betroffenen Menschen in ihrer Not ernst nehmen, ihnen Gegenüber sein und ihnen helfen, besser mit ihren Störungen umzugehen? Dazu wurde in den letzten zwei Kapiteln schon viel gesagt. Wie gehe ich nun aber mit Menschen um, die selbst die okkulte Erklärung ins Gespräch bringen, oftmals von großen Ängsten besetzt? Hier gilt es nüchtern und bescheiden zugleich zu sein. Hilfreich ist ein genaues Betrachten derjenigen Störungen, die als okkult erlebt werden. Ich erkläre dann, daß Alpträume, Flashbacks und Stimmungsschwankungen natürliche Reaktionen des menschlichen Geistes sind, wenn er mit schweren Erfahrungen umgehen muß. Manchmal treten sie auch ohne solche Traumata als Ausdruck einer starken seelischen Anspannung auf. Ängste können sich manchmal durch schreckliche Bilder ausdrücken, die wir vernunftmäßig gar nicht verstehen. Aber sie müssen deshalb nicht gleich dämonisch sein.

Auch psychosomatische Reaktionen dürfen nicht gleich als dämonisch gedeutet werden, selbst wenn sie von den Betroffenen in so dramatischer Form erlebt werden. Auch wenn jemand den Eindruck hat, in der Nacht sitze ihm der Teufel auf der Brust, so handelt es sich dabei um ein Engegefühl, das viele Menschen in Depressionen und Angstzuständen erleben. Ein solches Entkoppeln von Erfahrung und dämonischer Deutung hat oft therapeutische Wirkung: Die Betroffenen erleben allein schon durch den Zuspruch eine Beruhigung, manchmal bedarf es vorübergehend einer zusätzlichen Medikation.

Zusammenarbeit von Arzt und Seelsorger

Welche Wünsche hat der Arzt an den Seelsorger? Was wäre für eine gute Zusammenarbeit wünschenswert? Wie schon erwähnt, gibt es Borderline-Patienten, die sich ein ganzes Netz von Betreuern aufbauen, Lehrer, Sozialarbeiter, Ärzte, Seelsorger, engagierte Laien. Manchmal handelt es sich aber nicht mehr um ein tragfähiges Netz, sondern eher um ein Knäuel, aus dem sich am liebsten alle verabschieden würden. Beim Arzt klagt die Betroffene darüber, daß sie vom Sozialarbeiter in eine therapeutische Wohngemeinschaft gezwungen werde, obwohl dies eine Wiederholung des autoritären Gehabes des Vaters sei. Beim Seelsorger kritisiert sie die liberalen Ansichten des Lehrers bezüglich sexueller Beziehungen, und beim Sozialarbeiter beschwert sie sich darüber, daß der Seelsorger sie mit Bibelsprüchen abspeise und alles aus seiner christlichen Enge heraus sehe. Und bei einer gastfreundlichen Familie in der Gemeinde vermittelt sie den Eindruck, endlich kümmere sich jemand um sie, nachdem sich bisher alle nur hinter ihrer beruflichen Helferrolle versteckt hätten.

Auf der einen Seite ist es ja eine beachtliche Leistung, so viele Leute für sich aktivieren zu können. Aber als Arzt ist man zeitlich oft nicht in der Lage, ein solches Beziehungsknäuel zu entwirren. Nach einer Abklärung der Situation frage ich die Patientin, zu wem sie Vertrauen hat. Manchmal ist es eine Sozialarbeiterin, manchmal ein verständnisvoller Lehrer. Nicht selten gibt es aber auch wichtige

Bezugspersonen in ihrer Gemeinde, sei dies ein Pfarrer, ein Gemeindehelfer oder eine therapeutische Seelsorgerin. Die Zusammenarbeit kann nun darin bestehen, daß man sich einmal zu dritt zusammensetzt und mit der Betroffenen ihre Bedürfnisse klärt. Man muß ihr dabei auch klarmachen, daß sie sich mit ihrem Agieren gerade jener Stabilität beraubt, nach der sie sich eigentlich sehnt. Oft ist es für den Arzt eine große Hilfe, wenn der Seelsorger die Aufgabe übernimmt, die äußeren Belange, wie Wohnung, Arbeit oder Sozialhilfe zu organisieren und der Person zudem regelmäßige Gespräche anzubieten, die die Abstände zwischen den ärztlichen Konsultationen überbrücken. Vielleicht existiert in der Gemeinde sogar ein kleines Netz geschulter Helfer, die den Pfarrer in dieser Aufgabe unterstützen. Solche Schulungen werden heute ja von verschiedenen Organisationen angeboten. Dabei erwarte ich von einer seelsorglichen Schulung, daß sie den Seelsorgern nicht nur geistliche Impulse gibt, sondern auch ganz praktische Verständnishilfen für die psychischen Nöte instabiler Menschen.

Der Seelsorger als Fels?

Ich benutze gerne das Bild vom Seelsorger als einem Felsen. Dabei wird mir zunehmend bewußt, daß damit ein hoher Anspruch an Seelsorgerinnen und Seelsorger gestellt wird – vielleicht ein zu hoher. Letztlich sollte Gott ja der Fels sein, die Burg, der Zufluchtsort. Und dennoch sind therapeutische Seelsorgerinnen und Seelsorger Wegweiser auf diesen großen Felsen hin. Sie dürfen sich selbst dort anlehnen und ausruhen. Wenn ich vor mir das Bild eines Felsen sehe, so steht er kräftig in der Brandung des Meeres, in der Tiefe verankert und trotz aller Wellen verläßlich. Er erfüllt drei wesentliche Funktionen. Er bietet *Halt* in den Wogen und läßt sich nicht umherwerfen wie eine Boje. Er gewährt *Schutz* unter einem überhängenden Dach, und er reicht schließlich als ein *Ufer* hinein in die Fluten, als Brücke zwischen den Wellen und dem festen Land.

Wenn der Seelsorger die *Funktion des Halts* wahrnimmt, so bedeutet das, daß er die hilfesuchende Person in ihrem Leiden ernstnimmt, ihr aber auch mit nüchterner Gelassenheit entgegentritt und ihr in den tosenden Wogen ihrer Empfindungen die nötigen Grenzen setzt. Die Seelsorgerin als haltender Fels kann nicht zur »Ersatzmutter« werden, und sie kann auch nicht die tiefen seelischen Wunden heilen. Sie kann allenfalls anfangen, der Person wieder zu einem inneren Gerüst zu verhelfen. Dabei muß sie nicht rund um die Uhr verfügbar sein. Auch Seelsorgerinnen dürfen sich die Frage stellen: »Warum muß ich immer helfen?«[6] Manchmal muß man nein sagen können zu überzogenen Ansprüchen, auch als Christ. Ich bin immer wieder beeindruckt von dem zielgerichteten Selbstbewußtsein der fünf klugen Jungfrauen im Gleichnis Jesu. Als Mitternacht herannaht, kommen die fünf törichten Mädchen zu ihnen und bitten sie um Öl für ihre Lampen. Wäre das nicht eine hervorragende Gelegenheit gewesen, ihnen etwas vom Großmut Gottes zu zeigen, ihnen ein Zeugnis zu sein? Die Antwort überrascht mich immer wieder: »Nein, sonst würde es für uns und euch nicht genug sein; geht aber zum Kaufmann und kauft für euch selbst.«[7] Ich wünschte, daß mehr Seelsorgerinnen und Seelsorger den Mut hätten, in dieser klaren Weise ihre Grenzen einzugestehen. Sie stärkten damit nicht nur ihre eigene Aufgabe als Fels, sondern sie vermittelten damit auch einer Borderline-Patientin das Ziel, Eigenverantwortung in der Verantwortung vor Gott und den Menschen zu übernehmen.

Die Schutzfunktion des Felsens bedeutet die Bereitschaft, da zu sein und soweit Schutz und Hilfe anzubieten, wie dies die Person im Moment braucht und annehmen kann. Dabei gilt es auch festzubleiben trotz unreifer Abwehrreaktionen; verläßlich zu sein, ohne die Person zu verstoßen, aber auch ohne sie zu verwöhnen. So eine Felsenhöhle ist nicht unbedingt kuschelig, aber sie kann wenigstens solange Schutz geben, bis die Person selbst in der Lage ist, sich wieder ein warmes Umfeld aufzubauen.

Und schließlich ist da *die Funktion des Ufers:* Das Ufer reicht hinaus in die tosenden Wellen. Es ist da, ob das Wasser hoch ist oder niedrig. Das Ufer bietet festen Grund und gibt Gelegenheit, aus der

---

[6] Nach dem gleichnamigen Buch des holländischen Psychologen van der Voet (1995), das ich sehr empfehlen kann.
[7] Matthäus 25,9

Unsicherheit und Bodenlosigkeit aufs feste Land weiterzugehen. Wenn also ein Seelsorger Uferfunktion wahrnimmt, so begleitet er die Betroffenen trotz ihrer Abhängigkeitswünsche in die Selbständigkeit und ermutigt sie auf diesem Weg.

Borderline-Seelsorge als Grenzerfahrung

Das Bild vom Fels hinkt natürlich in mancherlei Hinsicht. Denn therapeutische Seelsorger sind ja nicht unbewegliche Klötze in der Brandung, sie sind Menschen, mit all ihren Stärken und ihren Schwächen. Die seelsorgliche Begleitung von Borderline-Patienten kann auch für den Seelsorger zur Grenzerfahrung werden.

Da ist einmal die Grenzerfahrung des Bösen in dieser Welt: Vielleicht ist man selbst behütet aufgewachsen, und nun tut man einen Blick in die Nöte anderer Menschen, in die Abgründe von zerbrochenen Familien, sexuellem Mißbrauch und menschlicher Brutalität. Oft muß der Seelsorger selbst vor Gott ausschütten, was er in den Gesprächen mit Betroffenen hört, sich neue Kraft schenken lassen in diesen dunklen Stunden, sich festhalten an Gott, um nicht an der Frage nach dem Sinn zu verzweifeln.

Manche erfahren in diesen Situationen aber auch die Grenzen einer einseitig orientierten Seelsorge. Das Wesen biblischer Seelsorge enthält viel mehr als nur Aufforderungen zu einem geordneten Leben. Seelsorgerinnen, die mit Borderline-Patientinnen arbeiten, merken, daß es mit bloßen Ermahnungen nicht getan ist, so biblisch diese auch sein mögen. Seelsorge bedeutet auch zu trösten und die seelischen Unebenheiten und Nöte von Borderline-Patienten zu tragen, wenn sie selber nicht mehr können. Erst aus dem Mitgehen und Mitfühlen kann dann auch wieder der Ruf zu einem verantwortlichen Leben erfolgen.

Eine besonders schmerzliche Grenzerfahrung ist die Wahrnehmung, daß Menschen mit einer Borderline-Störung trotz ihres Glaubens manchmal den Idealen eines christlichen Lebens nicht gewachsen sind. Für einen Gemeindeleiter ist es schwer zu sehen, daß es stürmische Beziehungen, ja sogar Scheidungen auch bei Christen geben kann. Je besser man die Vorgeschichte der Menschen kennt, umso schwerer wird es, sie einfach zu verurteilen, weil sie nicht mehr in das Raster des christlichen Normalmaßes paßt. Das Spannungsfeld zwischen Barmherzigkeit für die Einzelperson und Wegweisung für eine Gemeinschaft kann oft außerordentlich belastend sein.

Und so wird für manche die Arbeit mit »Borderlinern« auch zu einer Erfahrung ihrer eigenen Grenzen. Hier gilt das Wort von Romano Guardini: »Der Sinn des Menschen ist lebendige Grenze zu sein und dieses Leben der Grenze auf sich zu nehmen und durchzutragen. Ein Bruch nach beiden Seiten hin: Sein Weg in die Natur gebrochen, dadurch, daß er unter der Verantwortung Gottes steht. Sein Weg zu Gott gebrochen dadurch, daß er nur Geschöpf ist. Erst im Kreuz Christi liegt die Lösung für die Not der Schwermut.«[8] Letztlich kann aber nicht der Seelsorger allein sich unter die Last stellen, die einem Menschen auferlegt ist. Immer wieder darf er auch davon ausgehen, daß einem Menschen mit einer Borderline-Störung mehr Selbsthilfekräfte gegeben sind, als sie sich in ihren Abhängigkeitswünschen oft eingestehen wollen. Und doch gilt es immer wieder auf Jesus zu blicken, der uns einlädt: »Kommt her zu mir, die ihr mühselig und beladen seid. Ich will euch erquicken. Nehmt auf euch mein Joch und lernt von mir, denn ich bin sanftmütig und von Herzen demütig.«[9] Da liegt Hoffnung: Er stellt sich mit uns unter das Joch, unter das Kreuz unseres Lebens. Wir müssen nicht allein schleppen, er geht mit!

Diese Hoffnung gilt auch für Borderline-Patienten. Jesus kann den Sturm in ihrem Herzen stillen, kann ihr Lebensboot in ruhigere Gewässer führen und ihnen aus der Angst vor dem Versinken neuen Halt geben. Er kann ihnen den Weg ans Ufer, zu einem neuen, stabilisierten Leben weisen.

---

[8] Guardini 1987, S. 56
[9] Matthäus 11,28-30

Kapitel 12

Möglichkeiten und Grenzen der Seelsorge

In ihrem Buch »Unsere inneren Konflikte« schreibt Karen Horney: »Glücklicherweise ist die Psychoanalyse nicht die einzige Möglichkeit, innere Konflikte zu lösen. Das Leben ist ein sehr wirkungsvoller Therapeut.«[1] Dem therapeutischen Wirken des Lebens steht bei Borderline-Patienten jedoch die beträchtliche Suizidgefährdung gegenüber (8-10 % der Betroffenen begehen tatsächlich Selbstmord). Borderline-Persönlichkeiten brauchen fachmedizinische, therapeutische und seelsorgerliche Begleitung, um zu einem Leben zu gelangen, für das sie selbst verantwortlich sein können. Auf diesem Weg sehnen sich Borderline-Persönlichkeiten nach einem Seelsorger, der wie ein Fels in der Brandung steht. Wie fachkompetent und einfühlsam ein Seelsorger auch sein mag, ein Fels, wie ihn sich die Borderline-Persönlichkeit wünscht, kann er nicht sein. Auch ein Seelsorger hat begrenzte Kräfte, er ist verantwortlich für eine Gemeinde mit zwei- bis dreitausend Gliedern. Steht er in einem übergemeindlichen Amt, ist er zum Beispiel Krankenhaus-Seelsorger, so ist er für Hunderte von Patienten Ansprechpartner und Begleiter. In der Regel hat der Seelsorger eine Familie, für die er vor Gott genauso verantwortlich ist wie für alle, die bei ihm Hilfe suchen.

Folgende Forderungen der Borderline-Persönlichkeiten übersteigen die Möglichkeiten des Seelsorgers:
- Versprechen Sie mir, daß Sie immer für mich da sind!
- Kann ich Sie zu jeder Tages- und Nachtzeit anrufen?
- Werden Sie mich immer, wenn ich Sie brauche, daheim besuchen?
- Geben Sie mir Zeichen der Zuwendung, die ich sonst nirgends bekomme!

---

[1] Zitiert nach Kreisman/Straus, S. 214.

Das Eingehen auf solche Forderungen kann nicht das Ziel der Seelsorge sein. Der Seelsorger kann genausowenig wie der Mediziner und Therapeut der Borderline-Persönlichkeit die Eigenverantwortung abnehmen.[2] Gleichzeitig gilt: Der Seelsorger hat Möglichkeiten, die in dieser Weise dem Fachmediziner und Therapeuten nicht offenstehen.

Mitleben und Mitfeiern

These: Die Individualseelsorge (cura animarum specialis) wird ergänzt durch die allgemeine Seelsorge (cura animarum generalis). Das seelsorgerliche Gespräch bzw. die Einzelbeichte münden ein in den Gottes-Dienst, in dem sich Gott fürsorglich dem Menschen zuwendet.

Die Grenze des Mitlebens

Der Seelsorger fungiert ganz ähnlich wie der Chefarzt eines großen Krankenhauses. Die Chefvisite ist nützlich und erwünscht. Der Kranke jedoch fühlt sich nicht besucht. Die Seelsorge beschränkt sich notwendigerweise auf geplante und abgesprochene Termine. Der Seelsorger agiert bzw. reagiert punktuell. Es fehlt die Kontinuität, die bleibende Verbundenheit. »Diese Grenze ist nur zu ertragen, wenn die Seelsorge jenseits dieser Grenze weitergeht.«[3]

In einem Fall, nämlich in dem der Gottliebin Dittus, ging Blumhardt einen gewagten Weg. Nach zweijährigem unablässigen Ringen um die Befreiung und Heilung der Gottliebin nahm Blumhardt sie als Hausgenossin in seine Familie auf. Viktor von Weizsäcker nennt dies einen doppelten Sieg: Blumhardt hatte den Abzug der Dämonen, die Gottliebin die Lebensgemeinschaft mit Blumhardt erreicht.

Ein beständiges Mitleben mit Menschen in Not ist nur dann möglich, wenn alle, die unseren Rat und Hilfe suchen, auch unsere

---

[2] Vgl. Kreisman/Straus, S. 149.
[3] Tacke, S. 111

Hausgenossen werden, »wenn im Haus gleichsam so viele Wohnungen wären, daß eine allgemeine Hausgenossenschaft einträte«.[4] Solche Entscheidungen wie die Blumhardtsche bleiben Einzelfälle, die nicht ohne Probleme sind. Zwischen Blumhardt und der Gottliebin entwickelte sich eine gegenseitige Bindung, die weit über die seelsorgerliche Beziehung hinausreichte.

Als Theodor Brodersen, ein Schleswig-Holsteiner, der Gottliebin einen Heiratsantrag machte, war die Reaktion der Gottliebin und die Blumhardts wie folgt: Auf Brodersens Anfrage schrak die Gottliebin zusammen, »und fast noch mehr erschrak Blumhardt«.[5] Zwischen Gottliebin Dittus und ihrem großen Seelsorger war es nicht zur Lösung der notwendig in der Seelsorge entstehenden Bindungen gekommen. Im stillen gefiel sich Blumhardt dabei, in seiner Rolle als »großer Seelsorger« von der Gottliebin geliebt zu werden und, was er sich vermutlich nie eingestand, diese zu lieben. In einem alten Gebet heißt es: »Herr, behüte alle, die mich lieb haben, vor mir selber.«

Wenn es einem Seelsorger nicht gelingt, sich im richtigen Augenblick von dem bei ihm Hilfesuchenden zu lösen, setzt er sein eigenes Familien- und Eheleben aufs Spiel. »Wir können eben unser Haus nicht mit Patienten füllen. Solche guten Taten des Hausvaters werden öfter zu einer Buße für die Hausfrau.«[6]

Die Chance des Mitfeierns

Die Grenze des Mitlebens kann nicht dadurch überwunden werden, daß der Seelsorger eine private Lebensgemeinschaft mit denen bildet, die bei ihm Hilfe suchen. So bleibt nur ein Weg: das Erleben der kontinuierlichen Gemeinschaft im Gottesdienst der Christen. Gemeinschaft (griechisch: koinonia) ist einer der Begriffe, mit denen die Wesenszüge des Gottesdienstes gekennzeichnet werden. Die vier Grundbestandteile, die den urchristlichen Gottesdienst charakterisieren, sind das treue Sich-Beschäftigen mit der Lehre

---

[4] v. Weizsäcker, S. 53 f.
[5] Zündel, S. 312
[6] v. Weizsäcker, S. 53

der Apostel, das Festhalten an der Gemeinschaft (koinonia), am Brotbrechen und am Gebet (Apg 2,42). Der Begriff Gemeinschaft (koinonia) bedeutet immer »Teilhabe an etwas«.[7] Im Blick auf den christlichen Gottesdienst verbirgt sich hinter dem »etwas« ein zweifaches:

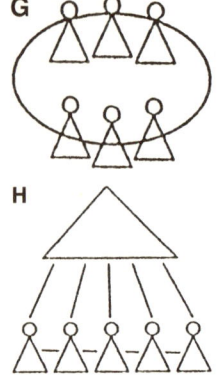

- *Gemeinschaft* ist das Verhältnis all derer, die zum Beispiel an einer Mahlzeit teilnehmen. Es ist die Querverbindung der Menschen untereinander.
- *Gemeinschaft* umfaßt aber auch die Verbindung zwischen Irdischem und Himmlischem, zwischen oben und unten, zwischen Gott und den Menschen, das heißt die Vertikalverbindung.

Die Quer- und die Vertikalverbindung zusammen kennzeichnen das Leben der Christen. So schreibt Johannes: »Wir verkündigen euch, damit auch ihr Gemeinschaft mit uns habt. Die Gemeinschaft mit uns ist aber zugleich auch die Gemeinschaft mit dem Vater und mit seinem Sohn Jesus Christus« (1Joh 1,3).

Der Begriff für Gottesdienst, »koinonia«, ist am besten mit Hilfe des Bildes von einem Kreis zu beschreiben. Sichtbar ist in der Regel nur die Linie des Kreises. Er besteht aber aus lauter einzelnen Punkten, die ein geschlossenes Ganzes bilden. Die Kreislinie selbst kommt nur zustande durch den unsichtbaren  und doch alles bestimmenden Mittelpunkt. Der Kreis wird mit einem Zirkel geschlagen, der in der Mitte seinen festen Punkt hat. Das erste ist also der Mittelpunkt. Das Verhältnis zu ihm ordnet die Punkte an der Peripherie und schafft ein notwendiges Verhältnis zueinander. Jeder Punkt auf der Kreislinie ist gleich weit vom Mittelpunkt entfernt.[8]

---

[7] H. Seesemann, Der Begriff koinonia im Neuen Testament, 1933, S. 41; zitiert nach Hahn, S. 44.
[8] Vgl. Bräumer/Stöckle, Mit dem Herzen hören, S. 60.

Für den christlichen Gottesdienst heißt dies: »Die Gemeinschaft mit und am Christus ist konstitutiv für die Querverbindungen zum Bruder. Über den Christus geht der Weg zum Bruder und wird die Gemeinde.«[9]

Durch die Eingliederung eines in Not geratenen Menschen in eine gottesdienstfeiernde Gemeinde bekommt dieser einen Ort, in dem er einen festen Stand hat. In der Mitteilung seiner Not ist er dabei nicht auf die Querverbindungen allein angewiesen. Er hat vielmehr einen Halt in Christus und so einen völlig neuen Stand, aus dem heraus er in die Querverbindung zu denen tritt, die mit ihm Gottesdienst feiern.

Das ständige Erleben der doppelten Gemeinschaft im Gottesdienst stellt den in Not Geratenen auf *eine* Ebene mit allen anderen und schafft Gemeinschaft im Sinne von Kontinuität und bleibender Verbundenheit.

Hans Lauerer, der 1953 verstorbene Rektor der Neuendettelsauer Diakonissenanstalt, praktizierte dies folgendermaßen: Er entließ eine Schwester, die er zur seelsorgerlichen Aussprache empfangen hatte, nach dem Zuhören mit den Worten: »Morgen in der Predigt werden Sie den für Sie geltenden Zuspruch und Rat empfangen, dessen viele andere mit Ihnen auch bedürfen.«[10]

Der Gottesdienst ist als Ganzes in Liturgie und Predigt seinem Wesen nach Seelsorge.

Die Liturgie hat überindividuellen Charakter, das heißt, es kommt nicht in erster Linie auf das Handeln und das Sprechen der einzelnen Teilnehmer an. Das Besondere ist vielmehr, daß jeder Teilnehmer eines Gottesdienstes mit hineingenommen wird in die unzählbare Schar derer, die im Himmel und auf Erden Gottesdienst feiern.

Das griechische Wort Liturgie (leiturgia) heißt wörtlich übersetzt: »die zum Wohl des Volkes geleisteten Dienste«.[11] In der lateinischen Übersetzung des Alten Testaments wird mit »Liturgie« der Tempeldienst der Priester und Leviten beschrieben.

---

[9] Hahn, S. 48
[10] H. Lauerer; zitiert nach Seitz, Praxis, S. 65
[11] Adam, S. 13

Im Neuen Testament wird der Mittlerdienst Jesu »Liturgie« genannt. »Nun aber hat Jesus einen um so vorzüglicheren Priesterdienst (Liturgie) erlangt, als er auch Mittler eines höheren Bundes ist« (Hebr 8,6). In seiner ursprünglichen Bedeutung hat der Begriff Liturgie »primär Geschenkcharakter«.[12]

Die Predigt hat ein generelles und ein speziell seelsorgerliches Anliegen.
– Der Prediger, der sich im Gehorsam dem Wort gegenüber verpflichtet weiß, ruft zum Gehorsam gegenüber Gott auf.
– Das spezielle seelsorgerliche Anliegen nennt Eduard Steinwand den Aufruf zur Bekehrung des Menschen. Er geht davon aus, daß sich der Mensch zweimal bekehren muß, einmal von der Sünde zur Gnade und zum andern von der Gnade zur Natürlichkeit und Geschöpflichkeit. Dabei beruft sich Steinwand auf Johann Christoph Blumhardt: »Der Mensch muß sich zweimal bekehren, einmal von der Sünde zur Gnade und dann von der Gnade zur Natur.«[13]

Die Predigt speziell ist nicht darauf angelegt, Anweisungen für jedes Verhalten zu geben. Das Zeugnis der Predigt besteht auch »nicht in der Durchsetzung der Verkündigung mit Selbsterlebtem, mit eigenen Leiden und Freuden«.[14] Da jede Not einmalige Not ist, helfen derartige Beispiele nur bedingt.
– Die Predigt stellt den Hörer vor den unerhörten Anspruch Gottes.
– Die Predigt stellt den Hörer hinein in die Geborgenheit, die allein Gott gewähren kann.

Die Seelsorge Blumhardts an Gottliebin Dittus war ein Ausnahmefall, der Blumhardt die Grenze der Individualseelsorge (cura animarum specialis) aufzeigte. Der Regelfall für Blumhardt war die allgemeine Seelsorge (cura animarum generalis).

Vom Umgang mit denen, die bei ihm Hilfe suchten, schreibt Blumhardt, daß er oft 20, 30 bis 40 Personen in einer Stunde »abgefertigt« habe, »selbst wenn einzelne darunter durchaus allein mit mir sprechen wollten«.[15]

---

[12] ebd., S. 59
[13] Blumhardt; zitiert nach Steinwand, S. 28
[14] Steinwand, S. 24
[15] Blumhardt, S. 44

Das seelsorgerliche Wirken Blumhardts war aufs engste mit dem Gottesdienst verzahnt. Die Hilfesuchenden – so schreibt Blumhardt – waren bald gewohnt, nur am Samstagabend oder am Sonntagmorgen in die Kirche zu kommen. Im Gottesdienst erhielten auch die Antwort und Trost, die mit einer Behinderung leben mußten, die unheilbar krank waren und denen Leiden zugemutet wurden, deren Ende nicht absehbar war.

Von der Sonntagspredigt sagt Blumhardt: »Meist gehen die Angefochtenen und deren Angehörige mit getrostem Mut fort.«[16]

Lebens- und Glaubenshilfe

These: Seelsorge als Lebens- und Glaubenshilfe ist daran zu erkennen, daß sie nicht nur das Leben im Diesseits, die vorletzte Rettung im Blick hat. Es geht ihr immer zugleich »um die letzte Rettung, um das Heimkommen in Gottes Reich ... Ziel der Seelsorge ist die letzte Rettung des Menschen, und zwar rettet Gott durch Christus.«[17]

Seelsorge als Lebenshilfe

Ziel der Seelsorge ist es, »nicht dem anderen eine Schwierigkeit abzunehmen, sondern ihm zu helfen, eben diese Schwierigkeit selbst zu meistern«.[18] Der Hilfesuchende wird angeregt zur eigenständigen Lösung seines Problems über den Weg der sogenannten Selbstexploration[19], das heißt, dem in Not Geratenen werden ausschließlich Hilfen angeboten, um sich selbst und die Situation, in die er geraten ist, zu verstehen.

»Die Rolle des Therapeuten ist es, zu klären, was der Patient denkt und fühlt.«[20]

Die Aufgabe des Therapeuten beschränkt sich darauf, »Hebam-

---

[16] ebd., S. 15
[17] Seitz, Erneuerung, S. 153
[18] Thilo, S. 36
[19] Vgl. ebd., S. 93
[20] C.R. Rogers; zitiert nach Tacke, S. 52

me zu sein für eine neue Persönlichkeit, wenn ich voller Ehrfurcht der Entstehung eines Selbst, einer menschlichen Person beiwohne – ein Prozeß, den ich als Grundvorgang einer Geburt begreife, zu dem ich einen wichtigen Beitrag leiste«.[21]

Schließt sich ein Seelsorger dieser Auffassung an, so besteht seine Aufgabe darin, dem, der keinen Weg mehr sieht, zur Selbsterkenntnis zu verhelfen und diese nicht dazu zu verwenden, ständig um sich zu kreisen, »sondern von hier aus die Freiheit zu gewinnen, aus seinen Wiederholungzwängen herauszukommen, um überhaupt erst recht zu leben«.[22]

Das Ziel eines solchen Seelsorgeverständnisses ist Lebenshilfe. Der Seelsorger wendet alles daran, es seinem Gegenüber zu ermöglichen, aus eigenen Kräften sein Leben zu meistern.

Die Grenze einer Lebensbewältigung aus eigener Kraft zeigt Victor Frankl auf. Er erklärt die Notwendigkeit des Menschen, über sich und die Erkenntnis seiner selbst hinauszugelangen, mit einem Beispiel aus dem Alten Testament: »Während der Wanderung Israels durch die Wüste schritt Gott in Form einer Wolke seinem Volk voran – und es mag nicht abwegig sein, diesen Bericht so zu deuten, daß wir sagen: der (letzte) Sinn (der Übersinn, wie ich es zu formulieren pflege), schritt dem Sein voran, auf das letzteres ersterem folgt, auf daß ersterer letzteren mit sich reiße.«[23]

Seelsorge als Glaubenshilfe

Inhaltlich kommen Victor Frankl und die von ihm gegründete Logotherapie dem Seelsorgegespräch als Glaubensgespräch sehr nahe. Für den Seelsorger kommt es jedoch entscheidend darauf an, »vor wem und wofür der Mensch verantwortlich ist«.[24] Durch den Prozeß der Selbsterkenntnis und Selbsterfahrung, das heißt in der »peinvollen Begegnung mit seinem Schatten«[25], ist der Mensch nicht schon in der Lage, sein Leben zu meistern. Lebensbewälti-

---

[21] C.R. Rogers; zitiert nach Tacke, S. 45
[22] Thilo, S. 89
[23] Frankl, Ärztliche Seelsorge, S. 78
[24] Bärenz, S. 110
[25] H. Elsässer; zitiert nach Tacke, S. 131

gung aus eigenen Kräften ist nichts anderes als »eine Überschätzung der menschlichen Fähigkeit zu letztgültiger Selbstvollendung«.[26] Es gibt keine Rettung ohne den Retter Jesus Christus. Der Mensch kann sich nicht selbst retten, er braucht einen Retter.

Dies ist für einen gesunden und in sich stabilen Menschen weit schwieriger anzunehmen als für eine Borderline-Persönlichkeit. Der in sich stabile Mensch ist auf Handeln und Geben angelegt. Er nimmt sein Leben selbst in die Hand und würde auch am liebsten seine Rettung und sein Heil selbst verdienen.

Die Borderline-Persönlichkeit ist gekennzeichnet durch eine dreifache Instabilität, die der zwischenmenschlichen Beziehungen, die des Selbstbildes und die im Bereich der Stimmung.[27] Sie ist in ihrer Grundstruktur auf das Empfangen angelegt. Aufforderungen und Befehle (Imperative), Eigeninitiativen zu entwickeln, bewirken das Gegenteil und verstärken das Krankheitsbild. Für eine instabile Persönlichkeit ist deshalb die Einladung zur Teilnahme am Heiligen Abendmahl von besonderer Bedeutung. Beim Heiligen Abendmahl ist der Mensch der Empfangende. Er hat nichts zu leisten und nichts zu bringen. Brot und Wein werden gegessen und getrunken. Und doch sind es nicht nur Brot und Wein, sondern in, mit und unter Brot und Wein ist für uns gegenwärtig der Leib, den Jesus für uns gegeben, und das Blut, das er für uns am Kreuz vergossen hat.[28]

Das Heilige Abendmahl nennt Dietrich Bonhoeffer eine »Freistatt des Friedens mitten in Versuchung, Leiden und Kampf«.[29] Er sagt vom Heiligen Mahl: »Hier ist Sieg und Friede. Nicht wir haben ihn erfochten. Gott selbst hat es getan durch Jesus Christus. Sein ist die Gerechtigkeit. Sein ist das Leben, sein ist der Friede. Wir sind in der Unruhe, und bei Gott ist Ruhe. Wir sind im Streit, bei Gott ist Sieg.«[30]

---

[26] Th.C. Oden; zitiert nach Bärenz, S. 108
[27] Zur Instabilität als durchgängiges Muster der Borderline-Persönlichkeit vgl. Pfeifer, Kap. 2.
[28] Vgl. Mt 26,26-29; Mk 14,22-25; Lk 22,15-20; 1Kor 11,23-25. Zur Deutung des Abendmahls auf dem Hintergrund des Alten Testaments vgl. Bräumer, 2. Mose 1-18; zur Stelle 2Mo 13,21f und zur Deutung in der Alten Kirche vgl. Bräumer/Stöckle, Mit dem Herzen hören, S. 101.
[29] Bonhoeffer, Finkenwalder Predigten, S. 447
[30] ebd., S. 447

Beim Heiligen Abendmahl ist der Mensch der Empfangende. Das Heilige Abendmahl ist in besonderer Weise für Borderline-Persönlichkeiten Glaubenshilfe. Es ist
- der Ort der persönlichen Begegnung mit Jesus,
- der Ort des Empfangens,
- der Ort des Trostes und der Stärkung,
- der Ort, an dem jeder immer neu anfangen kann.

Seelsorge als Lebens- und Glaubenshilfe ist »christusgemäße Hilfestellung für den ganzen Menschen in seiner geistlichen und seelischen Not unter Berücksichtigung des körperlichen Zustandes und bietet das Heil Gottes im Handeln (Wort und Tat) für den andern an. Sie hat das Ziel, Menschen zu retten. Das schließt ein, daß sie die Not aus den körperlichen und seelischen Störungen voll aufgreift. Sie erliegt dabei aber nicht der Illusion, daß es in diesen Bereichen ein ganzes Heilsein gibt und eine Besserung in ihnen schon den Frieden mit Gott bedeutet.«[31]

Schweigen und Ruf in die Nachfolge

These: Ein Seelsorger muß menschlich-psychologische und geistliche Qualitäten mitbringen.

Zu den menschlich-psychologischen Voraussetzungen gehört »die Fähigkeit zur Kommunikation, wie sie sich in der Beherrschung von Takt, Kontakt und Distanz manifestiert«.[32]

Zu den geistlichen Grundbedingungen zählt »eine lebendige Beziehung zu Gott, die durch einen personalen und dynamischen Charakter gekennzeichnet ist«.[33]

Eine der menschlich-psychologischen Voraussetzungen für einen Seelsorger ist die Fähigkeit, zu hören und zu schweigen.

---

[31] Richter, S. 1
[32] Bärenz, S. 115
[33] ebd., S. 114

Das Schweigen und seine Grenzen

Wenn ein Mensch einen Seelsorger aufsucht, kommt er, um zu reden. Der Seelsorger läßt ihn ausreden, ohne ihn zu unterbrechen. »Die Achtung vor dem Menschen drückt sich weniger in Worten als im Schweigen aus, weniger durch das Reden als durch das Zuhören.«[34] Entscheidend ist das Durchstehen des Schweigens (2-5 Minuten) in drei Fällen:

- Zu *Beginn* des Gespräches braucht der in Not Geratene Zeit, seine Gedanken zu sammeln und sich auf die Worte zu besinnen, die er sich vor dem Gespräch zurechtgelegt hat (Initialschweigen).
- *Das Schweigen in der Mitte des Gespräches* dient der Überwindung der Scheu, der Angst und der Scham. Der in Not Geratene muß die Chance haben, das Entscheidende seiner Situation auszusprechen (Symptomschweigen).
- *Das Schweigen* kann auch die Bitte enthalten, das Gespräch zu beenden (Finalschweigen). Nicht selten jedoch spricht der sich in Not Befindliche im Vollzug des Abschiedes einen neuen Aspekt seiner Not an.[35]

Die Grenze des Schweigens ist da erreicht, wo der Seelsorger vor lauter Schweigen sprachlos und stumm wird. Der Hilfesuchende findet in seiner Not kein tatsächliches Gegenüber mehr. Sein Gesprächspartner antwortet nur noch mit Nicken des Kopfes, mit Lauten wie »Hm, Hm«, oder er beschränkt sich auf die sogenannten »Spiegelantworten«.[36] Für den Fortgang des seelsorgerlichen Gespräches ist es durchaus nicht unbedeutsam, die Aussagen des Partners »unter Herausstellung des augenblicklichen emotionalen Erlebnisinhaltes« zu spiegeln.[37] Wenn der Seelsorger jedoch nichts anderes zu sagen weiß als Spiegelantworten, bleibt er dem in Not Geratenen Hilfe schuldig. Seelsorge heißt eben nicht nur hören und verstehen, sondern auch beistehen vom Evangelium her, das heißt, der Seelsorger muß aussagefähig werden »für den lebendigen und

---

[34] Remi Mens; zitiert nach Banine, S. 87
[35] Zu dem dreifachen Schweigen vgl. Thilo, S. 78-82.
[36] Vgl. ebd., S. 77+83 ff.
[37] Bärenz, S. 107 f.

gegenwärtigen Christus und ihn in den vorgegebenen Seelsorgestrukturen situationsbezogen auch tatsächlich aussagen«.[38]

Angesichts der immer größer werdenden Schar der »Hm-Hm-Sager« braucht es Seelsorger, die die Grenze des Schweigens erkennen und bereit sind zu mutigen, aus dem Evangelium gewonnenen Antworten.

Der Ruf in die Nachfolge

»Das Leben des Menschen vollzieht sich zwischen dem Schweigen und dem Sprechen; der Stille und dem Wort.«[39]

Am Anfang der Nachfolge Jesu stehen die Worte, die ein Mensch in ganzer Entschlossenheit spricht: »Jesus, sei du mein Herr!«

Die Germanen verstanden unter »Herr« (althochdeutsch: druhtin) nicht etwa den Herrscher, dem ein Sklave macht- und rechtlos ausgeliefert ist, sondern den »Gefolgschaftsführer«, in dessen Schar nur der freiwillige Entschluß hineinführt. Die Absicht, in die Gefolgschaft eines Herrn zu treten, bekundete der Germane mit dem Gestus des Händefaltens. Das Händefalten bedeutete soviel wie: »Gott, ich bin dein Mann, dir in Vertrauen und Dienstbereitschaft zugetan.«[40]

Bereits die Haltung des Beters ist ein Stück Gebet. Indem der Beter die Hände zum Gebet faltet, folgt er einer alten germanischen Sitte, die soviel bedeutet wie: Ich lege meine Waffen aus der Hand. Ich gebe mein Aufbegehren, meinen Streik und meine Proteste auf. Ich erwarte Hilfe, neue Sinngebung und Auftrag von dem Herrn, vor dem ich stehe.

»Gott« – so kennzeichnet Helmut Thielicke die Nachfolge – »will keine Beobachter, sondern Gefolgsmänner. Er will keine Gefühle, sondern Leute, die unter seine Fahne treten. Von Gott dem Schöpfer reden heißt deshalb viel mehr, als nur eine Theorie darüber besitzen, wie die Welt entstanden sei. Es heißt sein Herz hingeben, weil uns ein Herz entgegenschlägt.«[41]

---

[38] Seitz, Erneuerung, S. 128
[39] Guardini, Tugenden, S. 192
[40] Schmidt, S. 174
[41] H. Thielicke; zitiert nach Grüninger/Brandes (Hrsg.), S. 204

Jesus hat alles gegeben, um den Menschen zu erlösen. Er starb am Kreuz für jeden von uns. Deshalb kann Jesus sagen: »Wer nicht sein Kreuz, an dem er sterben soll, auf seine Schulter nimmt und hinter mir hergeht, kann nicht mein Jünger sein« (Mt 10,38 nach Jörg Zink).

Im Kontrast zu dieser unerwarteten Herausforderung Jesu kennzeichnet Sören Kierkegaard (1813-1855) die Praxis des Christen folgendermaßen: »Bei den meisten ist keine Inbrunst mehr, sondern eine bequeme Gewohnheit. Man hat das Christentum viel zu sehr zu einem Trost umgearbeitet, vergessen, daß es eine Forderung ist.«[42]

Die frühe Glaubenstradition nannte diese Erfahrung »Acedia«, die Haltung des Nicht-Mitmachens und der Teilnahmslosigkeit. »Sie manifestiert sich gerne in innerer Unrast, in Aktivismus, in Übertreibungen, in ständiger Kritik an der Mitwelt, in Nachlässigkeit, in nicht endenwollendem Zweifeln.«[43] Acedia ist die Grundhaltung, die jeden einmal in der Nachfolge Jesu gegangenen Schritt rückgängig macht. Sie kann jeden einzelnen Menschen befallen und lähmen. Für eine instabile Persönlichkeit ist sie geradezu eine tödliche Gefahr.

In der Geschichte der Kirche wird diese Haltung der Teilnahmslosigkeit eine Todsünde genannt. Eine Todsünde ist die Teilnahmslosigkeit und Nachlässigkeit deshalb, weil sie die Einladung zum Leben ausschlägt.

Dabei ist der Begriff Acedia weit älter als das Christentum. Es ist ein philosophischer Begriff, der erst später kennzeichnend wurde für die Haltung des Christen ohne *praxis pietatis.*

- Der griechische Philosoph Empedokles (483/82 – zw. 430 und 420 v.Chr.) und der bekannte griechische Arzt Hippokrates (460-370 v.Chr.) prägten diesen Begriff, um die »Haltung der Nachlässigkeit und Teilnahmslosigkeit« zu beschreiben.[44]

---

[42] S. Kierkegaard; zitiert nach Grüninger/Brandes (Hrsg.), S. 205
[43] Bours, 49
[44] Zur Definition der Acedia bei Hippokrates, aber auch bei Cicero und Gregor dem Großen vgl. Thielicke, Ethik, Bd. III, § 56.

- Acedia, die Haltung des Nichtstuns, des Sich-Verweigerns, des Beharrens in der bequemen Rolle, bezeichnet der römische Philosoph Cicero (106-43 v.Chr.) als »moralische Krankheit«.
- Papst Gregor der Große (um 540-604) nennt die Acedia die »Mönchskrankheit«. Er charakterisiert sie folgendermaßen: Acedia ist die Gleichgültigkeit der Seele, die Lähmung des Denkens, die Nachlässigkeit bei geistlichen Übungen, die Abneigung gegen den Beruf und die Lobrednerin der weltlichen Genüsse.

Acedia ist die Haltung des Menschen, der sich nicht eindeutig binden will. Es ist das Hin- und Herschwanken in »Vielwilligkeit«. Der Mensch ist nicht eindeutig gebunden und in Pflicht genommen.

Die im Mittelalter als »Mönchskrankheit« bezeichnete Acedia ist von Anfang an in der Geschichte des Christentums die Krankheit schlechthin. Es war die Krankheit derer, die Jesu Ruf damals zurückwiesen, indem sie untätig blieben. Es ist die Krankheit der Gegenwart, an der das Christentum leidet.

Sören Kierkegaard kennzeichnet diese Krankheit der Christen mit den Worten: Es fehlt jene »Reinheit, nur Eines zu wollen«[45], das heißt, es ist die Krankheit der Entscheidungslosigkeit. Kennzeichen der Kinder Gottes ist die Absage an die Acedia, die Nachlässigkeit und Teilnahmslosigkeit. Kinder Gottes sind bereit, sich eindeutig zu binden und in Pflicht nehmen zu lassen.

Eine solche Haltung ist nichts anderes als eine Krise der Freiheit. Freiheit ist die Herausforderung zur Entscheidung! Freiheit heißt nach Paul de Lagarde (1827-1891) nicht, »daß man tun dürfe, was man wolle, sondern daß man werden dürfe, was man solle«.[46] Freiheit ist etwas anderes als die Beliebigkeit der Willensbestimmung. Die Freiheit stellt den Menschen vor die Entscheidung: Bin ich bereit zu werden, was ich soll, oder will ich nur im Genuß über mich selbst verfügen? Sehe ich nur mich und meinen Genuß, dann ist Freiheit nichts anderes als die Beliebigkeit der Willensbestimmung. Das ist die Krise der Freiheit.

---

[45] S. Kierkegaard; zitiert nach Thielicke, Ethik, Bd. III, § 56.
[46] Paul de Lagarde in seinen Deutschen Schriften, 2. Aufl., 1934, S. 79; zitiert nach Thielicke, Ethik, Bd. III, § 54.

Es ist Eugen Rosenstock-Huessy, der den Menschen von heute mit folgenden Worten kennzeichnet: »Der Mensch von heute liebt die Anpassung, die goldene Mittelmäßigkeit. Er kennt keine wirkliche Begeisterung, keine echte Hingabe, keinen wirklichen Kampf, keine wirkliche Liebe.«[47]

Es ist und bleibt das letzte große Ziel eines Seelsorgers, Menschen – ob gesund oder krank – in eine verbindliche, das ganze Leben hindurch dauernde Nachfolge Jesu zu rufen.

Kennzeichen der Nachfolge Jesu ist die Absage an die Acedia, die Nachlässigkeit und Teilnahmslosigkeit. Jünger Jesu sind bereit, sich eindeutig zu binden und in Pflicht nehmen zu lassen.

- Ihre Seele ist voller Entschlußkraft.
- Ihr Denken ist klar und eindeutig.
- Sie haben keine Abneigung gegen geistliche Übungen, gegen das Gebet und den Gottesdienstbesuch.
- Sie sind treu und zuverlässig im Beruf.
- Sie werden in ihren Entscheidungen nicht bestimmt von dem Genuß, allein über sich selbst verfügen zu wollen.
- Ihr ganzes Sein ist bestimmt von Eindeutigkeit.
- Sie wollen nur eins: Jesus gehorchen und Jesus folgen!

Solche großen Sätze der Nachfolge sind für eine Borderline-Persönlichkeit eine kaum zu ertragende Herausforderung. Die seelsorgerliche Begleitung einer instabilen Persönlichkeit ist ein langer Weg und ein Weg der kleinen Schritte, das heißt der Geduld. Geduld hat nichts gemein mit Lässigkeit oder Weichlichkeit. Geduld macht keine Abstriche an dem großen Ziel der Nachfolge, auch wenn dies in weiter Ferne liegt. Geduld ist »Wirklichkeitssinn« oder, anders ausgedrückt, »der werdende Mensch, der sich selbst richtig versteht«.[48] Es bleibt eine der Hauptaufgaben des Seelsorgers, die bei ihm Hilfe suchende Borderline-Persönlichkeit dazu anzuleiten, Geduld mit sich selbst zu haben. Borderline-Persönlichkeiten sind Grenzgänger auch in dem Sinn, daß sie mehr als andere immer wieder an ihre Grenzen stoßen.

---

[47] E. Rosenstock-Huessy; zitiert nach Grüninger/Brandes (Hrsg.), S. 206.
[48] Guardini, Tugenden, S. 53 f.

Sie möchten gern diese oder jene Eigenschaft los sein. Sie kennen zwar Augenblicke, in denen sie sagen: »Jetzt bin ich durch!« Bei der nächsten Gelegenheit aber merken sie, wie alles wieder ins alte zurückschnellt – und ist, wie es war! Hier ist es die vornehmste Pflicht des Seelsorgers, seinem Gegenüber aufzuzeigen:
- Geduld erträgt die Spannung.
- Geduld ist Wirklichkeitssinn.
- Geduld ist Anfangskraft!

Die Geduld, die immer neu anfängt, ist die Voraussetzung dafür, daß wirklich etwas geschieht. »Nichts geht da weiter, wenn es nicht zugleich ›anfängt‹.«[49]

---

[49] Guardini, Tugenden, S. 52

ANHANG I

Psychotherapeutische und seelsorgliche Hilfen im Umgang mit Inzestopfern
(zusammengestellt von A. Jonckers Nieboer)

In der seelsorgerlich-therapeutischen Arbeit haben sich die folgenden Richtlinien (die hier nur stichwortartig wiedergegeben werden) für den Umgang mit sexuellem Mißbrauch in der Kindheit und Jugend bewährt:

1. Phase der rationalen Bearbeitung: In Worte fassen

1. a) Was habe ich damals gemacht, um mit diesen furchtbaren Erlebnissen überhaupt fertig zu werden?
   b) Was für Gedanken oder Verhaltensweisen haben mir damals am meisten geholfen, um zu überleben?
2. a) Was für Gedanken (und/oder Gefühle) hatte ich damals über meinen Vater (bzw. Stief-/Pflegevater, Onkel, Großvater usw.)?
   b) Was für Gedanken (Gefühle) hatte ich damals über Männer überhaupt?
   c) Was für Gedanken (Gefühle) hatte ich damals über meine Mutter?
3. a) Was für Gedanken hatte ich damals über das Frausein?
   b) Was für Gedanken (Gefühle) hatte ich damals über mich selber?
   c) Was für eine Schlußfolgerung zog ich damals (eher unbewußt) für mein weiteres Leben?
   d) Wie fühlte ich mich damals in der Schule und unter Schulkameraden/innen?
   e) Was für Denk- und Verhaltensweisen habe ich mir damals angewöhnt (zu Hause, unter Gleichaltrigen, in der Schule, usw.)?

4. Wie war der (wiederholte) Ablauf des Mißbrauchs? An dieser Stelle ist das traumatische Geschehen mündlich oder schriftlich in eigene Worte zu fassen (verbalisieren). Zusätzlich können auch nonverbale Ausdrucksmöglichkeiten einbezogen werden (z.B. Malen).

2. *Trauerphase*

In dieser Phase geht es darum, Schmerz, Trauer und Wut zuzulassen. Eventuell kann eine symbolische Anklage im Gespräch ausformuliert werden, die nachher als Grundlage zur Vergebung dient. Wichtig ist es, daß man den Betroffenen genügend Zeit gibt und ggf. nochmals die obigen Fragen durchgeht (zur emotionalen Bearbeitung).

a) In welchen heutigen Denk- und Verhaltensweisen erkenne ich einen Zusammenhang mit dem Geschehen damals? (s. dafür auch die Antworten auf die Fragen 1 + 3).

b) Welche Denk- und Verhaltensweisen davon sind heute für mein Leben nicht mehr hilfreich, sondern eher hindernd für meine Weiterentwicklung (obwohl sie damals für mich auch Überlebenshilfen waren)?

c) Was habe ich infolge des Mißbrauchs alles verloren bzw. nicht entfalten können?

3. *Phase der Aussöhnung und der Integration mit Neuanfang*

a) Wovon will ich mich jetzt definitiv lösen (trennen) bzw. was will ich jetzt bewußt hinter mir lassen? (z.B. Erinnerungen, damalige »Überlebenshilfen«, alte Denk- und Verhaltensmuster, siehe auch unter 2 a + b).

b) Was will ich mir selber evtl. vergeben? (Schuldgefühle loslassen). Was will ich anderen Personen vergeben? (evtl. nur den allerersten Schritt der Bereitschaft zum Vergebungsprozeß festmachen).

c) Was alles in mir möchte ich Gottes heilender Hand hinhalten? (s. auch 2 c)

d) Was möchte ich mir alles von Gott schenken lassen?
e) Ein Hingabegebet formulieren mit meinem »Ja zum Leben« – wie ein positives Opfer, das ich Gott darbringe, indem ich mich trenne von meiner bisherigen negativen Opferrolle (mein Nein zum Leben).
f) Einen symbolischen Gegenstand suchen (oder gestalten) als Erinnerungszeichen für diesen Neuanfang (z.B. ein Bild (malen), eine Spruchkarte, ein Bibelwort, etwas aus der Natur u.a.m.).

ANHANG II

Tabelle 12

Mögliche Symptome, die auf einen sexuellen Mißbrauch, aber auch auf emotionale und körperliche Mißhandlung in der Kindheit hinweisen können (nach U. Wirtz)

- Depressive Verstimmungen, »grundloses Weinen«;
- Selbstmordphantasien, Selbstmordversuche;
- selbstverletzende Handlungen, sich Schmerz zufügen, Unfallhäufigkeit;
- Suchtverhalten (Drogen, Alkohol, Essen);
- Schuld-, Scham-, Minderwertigkeitsgefühle;
- Probleme mit Vertrauen, Angst vor Hingabe und Kontrollverlust oder Unfähigkeit, die Vertrauenswürdigkeit eines Menschen einzuschätzen;
- Schwierigkeit mit Grenzen und Neinsagen, wiederholter Mißbrauch in Beziehungen, Opferrolle;
- stark konflikthafte Beziehungen, Ambivalenzprobleme, Vermeiden von Nähe;
- Gefühle von Nicht-Dazugehören, Gefühle abspalten, psychische oder physische Lähmung bei bestimmten Situationen oder Themen;
- Gefühl mangelnder Einheit oder Unwirklichkeit, Aufbau von Phantasiewelten;
- Stigmatisierung, Gefühl, ein schreckliches Geheimnis mit sich herumzutragen;

- Flashbacks: plötzliche Erinnerungen an ein Trauma, starke sensorische Reize;
- Würge- und Erstickungsgefühle;
- Ein- und Durchschlafstörungen, Alpträume;
- auffällige Erinnerungslücken;
- uneinfühlbar heftige Reaktionen bei bestimmten Menschen und Situationen;
- Abwehr mit Leugnen, Verdrängen, Bagatellisieren;
- Sexuelle Probleme, Ekel vor allem Körperlichen.

ANHANG III

Beispiel für einen Therapievertrag

Hiermit erkläre ich mich bereit, für mich selber die Verantwortung zu übernehmen und meinerseits auf folgende Weise zum Gelingen der Therapie beizutragen:

1. Ich bin bereit, mich gegebenenfalls von meinem Therapeuten kritisch in Frage stellen zu lassen und mich mit Denk- und Verhaltensweisen konfrontieren zu lassen, die die Therapie hemmen.
2. Ich werde mir während der Therapie nicht das Leben nehmen oder entsprechende Versuche unternehmen; auch auf Selbstmorddrohungen werde ich in dieser Zeit verzichten.
3. Auf die Einnahme von Suchtmitteln werde ich während der Therapie völlig verzichten.
4. Wenn ich in der Gefahr stehe, den Vertrag nicht einhalten zu können, verpflichte ich mich zu folgenden Schritten:
   a) Ich werde mich sofort telefonisch bei einer meiner Bezugspersonen melden (siehe *SOS-Telefonliste*).
   b) Mit dieser Bezugsperson werde ich besprechen, was ich tun werde, um meine angestauten Spannungen auf konstruktive Weise zu kanalisieren (siehe »*Katastrophenliste*«, Tabelle 10).
   c) Ich werde die unter b) vereinbarten Aktivitäten anschließend durchführen und mich hinterher bei der betreffenden Bezugsperson zurückmelden, um davon zu berichten.
5. Wenn ich diese Vereinbarung nicht eingehalten habe, gelten folgende Schritte:
   a) bis c) wie oben.
   d) In der nächsten Therapiestunde werde ich mit dem Therapeuten Schritte erarbeiten, welche mir helfen sollen, reifere Verhaltensweisen einzuüben (*lernzielorientierte Konsequenzen*).

Diesen Vertrag werde ich während der gesamten Therapie einhalten.

Datum: ....

Unterschrift des Patienten: ....

Unterschrift des Therapeuten: ....

ANHANG IV

Therapeutische Hilfestellungen für den Therapieprozeß beim Borderline-Syndrom
(zusammengestellt von A. Jonckers Nieboer)

A. Inhaltliche Ziele zur Stärkung der psychologischen Ich-Funktionen

1. *Identitätsbildung:* Wer bin ich: meine Stärken und Schwächen, Möglichkeiten und Grenzen (und Umgang damit) u.a.m.
2. *Kognitives Umlernen* (anstelle des destruktiven Denkmusters, wie negative Grundüberzeugungen, innere Festlegungen)
3. Stabilisierung des *emotionalen Bereichs:* Kanalisierung der leicht überflutenden Emotionen und Impulse (siehe »Katastrophenliste«)
4. *Integrative soziale Wahrnehmung* (anstelle des spaltenden Gut-Böse-Wahrnehmungsmusters)
5. *Konstruktive Beziehungsgestaltung* mit dem Ziel der *Beziehungskonstanz* (anstelle des beziehungszerstörenden Verhaltensmusters)
6. (falls notwendig) Nachreifen der Fähigkeit zur *Realitätsprüfung*
7. Sinnfindung (positive Zukunftsausrichtung anstelle von Suchtverhalten oder Todessehnsucht)

Kurz: Hilfe zur Selbsthilfe!

B. Methodische Prinzipien

1. *Realitätsbezogenes Arbeiten im Hier und Jetzt* (je schwerer die Störung, desto größer wird bei der Arbeit an der Vergangenheit die Gefahr des Abgleitens in eine psychotische Phase!)
2. *Starkes Strukturieren* in der Gesprächsführung (wegen der mangelnden Ich-Struktur beim Borderline-Syndrom)
3. *Strukturhilfen für den Alltag* geben (Tagesprogramm, Freizeitbereich!)

4. Die *therapeutische Beziehung als Übungsfeld* für die Beziehungsfähigkeit nehmen (in der Abgrenzung zwischen Ich und Du, im Umgang mit Nähe und Distanz u.a.m.)
5. *Gleichgewicht* bewahren zwischen *Unterstützen* und *Grenzen setzen* (Das Vorleben einer gesunden Abgrenzung ermöglicht beim Patienten Lernen am Modell.)
6. *Vertragsarbeit:* Darin wird vom Patienten dem Therapeuten schriftlich die Erlaubnis gegeben, ihm Grenzen zu setzen, ihn zu konfrontieren usw.; sonst droht die Gefahr des Therapieabbruchs

Kurz: Den Weg der kleinen und kleinsten Schritte mit dem Patienten gehen!

LITERATUR zu den Beiträgen von S. Pfeifer

American Psychiatric Association (1994): Diagnostic and Statistical Manual of Mental Disorders (4th. edition) DSM IV. Deutsche Bearbeitung und Einführung von Wittchen H.U., Saß H., Zaudig M., Koehler K. (1996) *Diagnostisches und statistisches Manual psychischer Störungen, DSM-IV,* Weinheim, Basel (Beltz)
Andreasen, N.C. & Black, D.W. (1993): Lehrbuch Psychiatrie, Weinheim-Basel (Beltz)
Arbeitskreis Biblische Seelsorge, Hrsg. (1993): Sexuelle Gewalt an Kindern, *Brennpunkt Seelsorge,* Heft 3/93

Bachmann, K.M. & Ziemert, B. (1995): Sexueller Mißbrauch in der Psychotherapie, *Der Nervenarzt* 66:550-553
Backus, W. und Chapian, M. (1980): Befreiende Wahrheit. Praxis Kognitive Seelsorge, Hochheim (Projektion J)
Bernstein, E.M. & Putnam, F.W. (1986): Development, reliability and validity of a dissociation scale, *Journal of Nervous and Mental Diseases* 174:727-735

Casey, J.F. (1992): *Ich bin viele – Eine ungewöhnliche Heilungsgeschichte,* Reinbek (Rowohlt)
Chase, T. (1992): *Aufschrei,* Bergisch-Gladbach (Bastei-Lübbe)
Conte, H.R., Plutchik, R., Karasu, T.B., Jerrett, I. (1980): A selfreport borderline scale. Discriminative validity and preliminary norms, *Journal of Nervous and Mental Disease* 168:428-435
Coons, P.M. (1984): The differential diagnosis of multiple personality; a comprehensive review, *Psychiatric Clinics of North America* 7:51-67

Dieterich, M. & Dieterich, J., Hrsg. (1996): *Wörterbuch Psychologie und Seelsorge,* Wuppertal (R. Brockhaus)
Dulz, B. & Schneider, A. (1995): *Borderline-Störungen,* Stuttgart (Schattauer)
Dulz, B. (1994): Pharmakotherapie bei Borderlinestörungen, *Der Nervenarzt* 65:755-761

Ellenberger, H.F. (1970/1985): *Die Entdeckung des Unbewußten,* Zürich (Diogenes)
Enders, U., Hrsg. (1995): *Zart war ich, bitter war's,* Köln (Kiepenheuer & Witsch)
Ernst, C. (1995): Inzest und sexueller Mißbrauch in der Kindheit, in: Faust, V., Hrsg.: *Psychiatrie,* Stuttgart (Gustav-Fischer-Verlag)

Favazza, A.R. & Conterio, K. (1989): Female habitual self mutilators, *Acta Psychiatrica Scandinavica* 79:283-289
Finkelhor, D. (1984): Child sexual abuse. *New theory and research*, New York (Free Press)
Friesen, J.G. (1991): *Uncovering the mystery of MPD*, San Bernardino, CA (Here is Life Publishers)

Gneist, J. (1994): *Wenn Haß und Liebe sich umarmen. Das Borderline-Syndrom. Ein Psychodrama unserer Zeit*, München (Piper)
Goldman, S.J., D'Angelo, E.J., DeMaso, D.R. (1993): Psychopathology in the families of children and adolescents with borderline personality disorder, *American Journal of Psychiatry* 150:1832-1835
Goldstein, R.B., Black, D.W., Nasrallah, A. & Winokur, G. (1991): The prediction of suicide, *Archives of General Psychiatry* 48:418-422
Grinker, R.R., Werble, D. & Drye, R.C. (1968): *The Borderline Syndrome: A Behavioral Study of Ego-Functions*, New York (Basic Books)
Guardini, R. (1983): *Vom Sinn der Schwermut*, Mainz (Grünewald)
Gunderson, J.G. (1981/1985) *Diagnostisches Interview für das Borderlinesyndrom*, Weinheim-Basel (Beltz)
Gunderson, J.G. & Singer, M.T. (1975): Defining borderline patients: an overview, *American Journal of Psychiatry* 132:1-10

Heitritter, L. & Vought J. (1989). *Helping victims of sexual abuse*, Minneapolis MN (Bethany House Publishers)
Herman, J.L., Perry, J.C. & van der Kolk, B.S. (1989) Childhood Trauma in Borderline Personality Disorder, *American Journal of Psychiatry* 146:490-495
Herpertz, S. & Saß, H. (1994): Offene Selbstbeschädigung, *Der Nervenarzt* 65:296-306
Heyne, C. (1991): Tatort Couch. *Sexueller Mißbrauch in der Therapie*, Zürich (Kreuz)
Hirsch, M. (1994): *Realer Inzest. Psychodynamik des sexuellen Mißbrauchs in der Familie*, Berlin (Springer)
Huber, M. (1995): *Multiple Persönlichkeiten. Überlebende extremer Gewalt. Ein Handbuch* Frankfurt (Fischer)

Kernberg, O.F. (1975/1983): *Borderline-Störungen und pathologischer Narzißmus*, Frankfurt/M. (Suhrkamp)
Koch, K. (1982): *Seelsorge und Okkultismus. Medialität aus der Sicht der Seelsorge*, Basel (Brunnen)
Kreisman, J., & Straus, H. (1989): *Ich hasse dich, verlaß mich nicht*, München (Kösel)

Kroll, J. (1988): *The challenge of the borderline patient,* Norton, New York (Norton)
Kroll, J. (1993): *PTDS / Borderlines in therapy. Finding the balance,* Norton, New York. (Norton)

Leitner, P. & Serfling, R. (1993): Die Stellung der Psychopharmakatherapie in der Behandlung der Borderline-Persönlichkeitsstörung, *Psychiatrische Praxis* 20:207-210
Lison, K. & Poston, C. (1995): *Weiterleben nach dem Inzest,* Frankfurt/M. (Fischer)
Loftus, E. & Ketcham, K. (1995): *Die therapierte Erinnerung,* Hamburg (Klein)
Ludolph, P.S., Westen, D., Misle, B., Jackson, A., Wixom, J. & Wiss, F.C. (1990): The Borderline Diagnosis in Adolescents: Symptoms and Developmental History, *American Journal of Psychiatry* 147:470-476

Mahler, M.S., Pine, F. und Bermann, A. (1975/1992): *Die psychische Geburt des Menschen,* Symbiose und Individuation. Die Entwicklung des Kindes aus neuer Sicht, Frankfurt/M. (Fischer Taschenbuch)
Miller, S.G. (1994): Borderline Personality Disorder from the Patient's Perspective, *Hospital and Community Psychiatry* 45:1215-1219

Pfeifer, S. (1994a): Belief in demons and exorcism. An empirical study of 343 psychiatric patients in Switzerland, *British Journal of Medical Psychology* 67:247-258
Pfeifer, S., Brenner, L. & Spengler, W. (1994b): Störung mit multipler Persönlichkeit. Beschreibung von zwei Fällen und Entstehungsmodell, *Der Nervenarzt* 65:623-627
Pfitzer, F., Rosen, E., Esch, E. & Held, T. (1990): Stationäre psychiatrische Behandlung von Borderline-Patienten, *Der Nervenarzt* 61:294-300
Pike, P.L. & Mohline, R.J. (1995): Ritual abuse and recovery: Survivors' personal accounts, *Journal of Psychology and Theology* 23:45-55
Post, R.M. (1992): Transduction of psychosocial stress into the neurobiology of recurrent affective disorder, *American Journal of Psychiatry* 149:999-1010
Putnam, F.W. (1989): *Diagnosis and Treatment od Multiple Personality Disorder,* New York (Guilford)

Raupp, U. & Eggers, C. (1993): Sexueller Mißbrauch von Kindern. Eine regionale Studie über Prävalenz und Charakteristik, *Monatsschrift der Kinderheilkunde* 141:316-322

Rohde-Dachser, C. (1989): *Das Borderline-Syndrom*, Bern (Verlag Hans Huber)
Rosik, C.H. (1995): The misdiagnosis of multiple personality disorder by christian counselors: Vulnerabilities and safeguards, *Journal of Psychology and Theology*
Ross, C. (1989): *Multiple Personality Disorder. Diagnosis, Clinical Features and Treatment*, New York (John Wiley & Sons)
Rutschky, K. (1992): *Erregte Aufklärung*, Hamburg (Klein)

Sanford, P. (1992): Opfer des sexuellen Mißbrauchs. Hintergründe und Wege zur Heilung, Solingen (Bernhard)
Saß, H. & Koehler, K. (1983): Borderlinestörungen: Grenzgebiet oder Niemandsland? Zur klinisch-psychiatrischen Relevanz von Borderline-Diagnosen, *Der Nervenarzt* 54:221-230
Saum-Aldehoff, T. (1996): Die 100 Gesichter der Hysterie. Streit um die Modediagnose »Multiple Persönlichkeitsstörung«, *Psychologie heute*, April 1996, S. 34-40
Schreiber, F.R. (1992): *Sybil. Persönlichkeitsspaltung einer Frau*, Frankfurt/M. (Fischer)
Shorter, E. (1994): *Moderne Leiden. Zur Geschichte der psychosomatischen Krankheiten*, Reinbek (Rowohlt)
Sigmund, D. (1994): Die Phänomenologie der hysterischen Persönlichkeitsstörung, *Der Nervenarzt* 65:18-25
Silk, K.R., Lee, S. et al. (1995): Borderline personality disorder symptoms and severity of sexual abuse, *American Journal of Psychiatry* 152:1059-1064
Stauss, K. (1993): *Neue Konzepte zum Borderline-Syndrom*, Stationäre Behandlung nach den Methoden der Transaktionsanalyse. Das Grönenbacher Modell. Paderborn (Junfermann)
Steinert, T. & Schmidt-Michel, P.O. (1995): Borderlinestörung und Schizophrenie. Immer noch ein diagnostisches Problem, *Der Nervenarzt* 66:858-863
Stern, A. (1938): Psychoanalytic investigation of and therapy in the borderline group of neuroses, *Psychoanalytic Quarterly* 7:467-489

Tantam, D. & Whittaker, J. (1992): Personality disorder and self-wounding, *British Journal of Psychiatry* 161:451-464
Thompson, A. E. & Kaplan, C.A. (1996): Childhood Emotional Abuse, *British Journal of Psychiatry* 168:143-148
Thurmann, C. (1994): *Lügen, die wir glauben*, Asslar (Schulte & Gerth)

Van der Voet, N. (1995): *Warum muß ich immer helfen?* Über Selbstbehauptung und Selbstverleugnung, Wuppertal (R. Brockhaus)

Veeser, W., Hrsg. (1991): *Biblisch-therapeutische Seelsorge und Okkultismus,* Neuhausen-Stuttgart (Hänssler)

Weltgesundheitsorganisation (1991): ICD-10. *Internationale Klassifikation psychischer Störungen.* Kapitel V (F). Übersetzt und herausgegeben von Dilling H., Mombour W., Schmidt, M.H. Bern/Göttingen/Toronto (Huber)

Wetzels, P. (1994): Sexueller Mißbrauch: Neue Zahlen, *Psychologie heute,* Juli 1994, S.66

Wirtz, U. (1989): *Seelenmord. Inzest und Therapie,* Zürich (Kreuz)

Zanarini, M.C., Gunderson, J.G., Frankenburg, F.R. & Chauncey, D.L. (1990): Discriminating borderline personality disorder from other axis II disorder, *American Journal of Psychiatry,* 147:161-167.

LITERATUR zu den Beiträgen von H. Bräumer
(zu Kapitel 5, 6 und 12)

Literatur-Abkürzungen:
CPH = Calwer Predigthilfen
DBW = Dietrich Bonhoeffer Werke
GPM = Göttinger Predigtmeditationen. Lizenzausgabe. Evangelische Verlagsanstalt Berlin
HAT = Handbuch zum Alten Testament
NTD = Das Neue Testament Deutsch
RGG = Religion in Geschichte und Gegenwart
ThF = Theologische Forschung
ThLZ = Theologische Literaturzeitung
WzM = Wege zum Menschen
ThHK = Theologischer Handkommentar zum Neuen Testament
ThWAT = Theologisches Wörterbuch zum Alten Testament
ThWNT = Theologisches Wörterbuch zum Neuen Testament
WdF = Wege der Forschung

Adam, A., *Grundriß Liturgie*, Leipzig 1989

Banine, *Hilfe per Telefon*, Stuttgart 1973
Bärenz, R., *Verkündigung als Lebenshilfe. Aufgaben und Chancen des Seelsorgegesprächs*, in: Bärenz, R. (Hrsg.), Gesprächsseelsorge. Theologie einer pastoralen Praxis, Regensburg 1980, S. 69-124
Barth, Ch., *jahal*, in: ThWAT, Bd. III, Sp. 603-610
Bezzel, H. v., *Die Offenbarung des Johannes*, Nürnberg o.J.
Blumhardt, J.Chr., *Die Heilung von Kranken durch Glaubensgebet*, Leipzig o.J.
Bonhoeffer, D., *Finkenwalder Predigten 1935-1939*, in: Gesammelte Schriften, Bd. 4, 2. Aufl., München 1965, S. 391-465
Bonhoeffer, D., *Nachfolge*, DBW 4, München 1989
Bonhoeffer, D., *Widerstand und Ergebung*, 11. Aufl. München 1962
Bornkamm, G., *Die Gerichte Gottes und der Weg des Glaubens*, Göttingen 1947
Bours, J., *Ich werde ihm den Morgenstern geben. Worte für den Lebensweg*, Freiburg/Basel/Wien 1988
Bräumer, Hj., *Das Buch Hiob, 1. Teil, Kapitel 1-19*, Wuppertal 1992
Bräumer, Hj., *Das zweite Buch Mose, 1. Teil, Kapitel 1-18*, Wuppertal 1996
Bräumer, Hj., *Schatten vor meinem Gesicht. Kranksein vor dem unbegreiflichen Gott*, Stuttgart 1992

Bräumer, Hj./Stöckle, Th., *Mit dem Herzen hören*, Stuttgart 1994
Bultmann, R., *Neues Testament und Mythologie. Das Problem der Entmythologisierung der neutestamentlichen Verkündigung*, in: Kerygma und Mythos, ein theologisches Gespräch, ThF, Bd. I, 3. Aufl., Hamburg 1954, S. 15-48

Evangelisches Gesangbuch, Ausgabe für die Evangelisch-Lutherischen Kirchen in Niedersachsen und für die Bremische Evangelische Kirche, Hannover 1994

Foerster, W., *daimon*, in: ThWNT, Bd. II, S. 1-21
Foerster, W., *diaballo*, in: ThWNT, Bd. II, S. 69-71 u. 74-80
Fraas, H.-J., *Glaube und Identität. Grundlegung einer Didaktik religiöser Lernprozesse*, Göttingen 1983
Frankl, V.E., *Ärztliche Seelsorge*, 8. Aufl., Wien 1971
Frankl, V.E., *Der Mensch auf der Suche nach Sinn*, Freiburg/Basel/Wien 1972
Frankl, V.E., *Der Pluralismus der Wissenschaften und die Einheit des Menschen*, in: Petrilowitsch, N. (Hrsg.), Die Sinnfrage in der Psychotherapie. WdF, Bd. 77, Darmstadt 1972, S. 492-505
Fürst, W., *Markus 9,14-28*, in: GPM 1964/65, S. 97-100

Gerl, H.-B., *Romano Guardini. Leben und Werk*, 2. Aufl. Mainz 1985
Gloege, G., *Dämonen*, in: RGG, 3. Aufl. Bd. II, Sp. 1-5
Gnilka, J., *Das Evangelium nach Markus*, Leipzig 1980
Grundmann, W., *Das Evangelium nach Markus*, ThHK, Bd. II, 6. Aufl., Berlin 1973
Grüninger, W./Brandes, E. (Hrsg), *Atempausen. Gedanken für jeden Tag des Jahres, 1. Aufl.*, Stuttgart 1977
Guardini, R., *Der Herr*, Leipzig 1964
Guardini, R., *Tugenden/Meditationen. Über Gestalten sittlichen Lebens*, Würzburg 1963
Guardini, R., *Von heiligen Zeichen*, H. I, Würzburg 1925; H. II, Würzburg 1926

Hahn, W., *Gottesdienst und Opfer Christi*, Göttingen 1951
Hempel, J., *Ich bin der Herr, dein Arzt*, ThLZ, 1957, Nr. 11, Sp. 809-826
Hölscher, G., *Das Buch Hiob*, HAT, Erste Reihe, Bd. 17, 2. Aufl., Tübingen 1952

Kreisman, J. und Straus, H., *Ich hasse dich – verlaß mich nicht. Die schwarzweiße Welt der Borderline-Persönlichkeit*, München 1992

Langemeyer, G., *Identität*, in: Lexikon der katholischen Dogmatik, Leipzig 1989, S. 283
Lechler, A., *Krankheit oder Dämonie*, Stuttgart 1978
Luther, H., *Diakonische Seelsorge*, in: WzM, 40. Jg., S. 475-484

Pákozdy, L.M., *2. Mose 14,8b-16b.21-23.26-31*, GPM 1964/65, S. 72-78
Pfeifer, S., *Okkulte Belastung*, in: factum, Februar 1987, S. 3-8

Rad, G.v., *Theologie des Alten Testaments*, Bd. 1, 3. Aufl., München 1957, Bd. 2, 2. Aufl. München 1960
Ratchow, Ch., *Magie und Religion*, Gütersloh 1947
Richter, A., *Überlegungen zur Seelsorge aus psychiatrischer Sicht*, Vortrag in Falkenberg/Mark, April 1980
Rohrbach, H., *Befreiung von okkulten Belastungen*, in: Geschäftsmann und Christ. Zeitschrift für Menschen in Verantwortung, 1995, 7/8, S. 42.47

Seitz, M., *Praxis des Glaubens. Gottesdienst, Seelsorge und Spiritualität*, 3. Aufl., Göttingen 1985
Seitz, M., *Erneuerung der Gemeinde. Gemeindeaufbau und Spiritualität*, Göttingen 1985
Seybold, K., *Das Hiobproblem als Ausdruck einer Identitätskrise*, in: Ein Innuk sein, Göttingen 1987, S. 125-137
Sundén, H., *Gott erfahren. Das Rollenangebot der Religionen*, Gütersloh 1975
Schmidt, K.D., *Grundriß der Kirchengeschichte*, 3. Aufl., Göttingen 1960
Schniewind, J., *Antwort an Rudolf Bultmann. Thesen zum Problem der Entmythologisierung*, in: Kerygma und Mythos, ein theologisches Gespräch, ThF, Bd. I, 3. Aufl., Hamburg 1954, S. 77-121
Schniewind, J., *Das Evangelium nach Markus, NTD, Bd. 1*, 9. Aufl., Göttingen 1960
Schniewind, J., *Das Evangelium des Matthäus, NTD, Bd. 2*, 9. Aufl., Göttingen 1960
Schunck, K.D., *lun*, in: ThWAT, Bd. IV, Sp. 527-530
Schütz, P., *Das Evangelium. Den Menschen unserer Zeit dargestellt*, Berlin 1940
Schwarz-Salant, N., *Die Borderline-Persönlichkeit*, 2. Aufl., Solothurn/Düsseldorf 1993
Steinwand, E., *Verkündigung und gelebter Glaube*, Göttingen 1964

Tacke, H., *Glaubenshilfe als Lebenshilfe. Probleme und Chancen heutiger Seelsorge*, Neukirchen 1975

Tausch, R., *Gesprächspsychotherapie*, 4. Aufl., Göttingen 1970
Thielicke, H., *Fragen des Christentums an die moderne Welt. Eine kritische Kulturkritik*, Genf 1945
Thielicke, H., *Theologische Ethik*, Bd. I, 3. Aufl., Tübingen 1965; Bd. II, 1+2, 2. Aufl., Tübingen 1966; Bd. III, 2. Aufl., Tübingen 1968
Thilo, H.J., *Beratende Seelsorge. Tiefenpsychologische Methodik, dargestellt am Kasualgespräch*, Göttingen 1971

Voigt, G., *2. Mose 14,8b-16.21-23.26-31*, in: Die große Ernte, Berlin 1970, S. 106-112

Waschke, G., *qwh*, in: ThWAT, BdvVI, Sp. 1225-1234
Weber, O., *Markus 9,14-29*, in: GPM 1956/57, S. 90-93
Weizsäcker, V.v., *Menschenführung*, 3. Aufl., Göttingen 1959
Westermann, C., *Gottes Engel brauchen keine Flügel*, Stuttgart/Berlin 1978
Wurmser, L., *Furcht vor dem Gewissen*, 2. Aufl., Berlin/Heidelberg/New York 1993

Zündel, F., *Johann Christoph Blumhardt*, Gießen 1928

Wolfgang J. Bittner / Samuel Pfeifer

An Leib und Seele heil werden

Alternativmedizin, Psyche und Glaube

112 Seiten, ABCteam-Paperback, Bestell-Nr. 111 072

Edelsteintherapie und heilende Hände – gab es sowas nicht schon im alten Ägypten und sogar in der Bibel? Bach-Blüten? Die gibt es jetzt sogar im Supermarkt.
Auch wer vor zehn Jahren kaum zu erzählen wagte, daß er schon einmal ein homöopathisches Mittel genommen hatte, der läßt jetzt im Gespräch locker einfließen, daß er Reiki-Übungen macht oder einen »Female-Warrior« um den Hals trägt.

»Das darf ein Christ, und davon sollte er die Finger lassen« – so einfach kann man es sich nicht machen, das merken viele. Die Autoren geben dem Leser deshalb Werkzeug zur kritischen Betrachtung und zur Entscheidung im Einzelfall an die Hand. Dazu fragen sie nach dem Menschenbild, danach, wie Krankheit und Gesundheit definiert und erlebt werden, was »ganzheitliche Medizin« bedeuten kann und was Heil und Heilung miteinander zu tun haben.

Biblisch-theologische Überlegungen, medizinisches Wissen, ärztliche und seelsorgerliche Erfahrungen gehen in diesem Buch eine Synthese ein, die es zu einer großen Hilfe sowohl für Betroffene als auch für Ärzte und Seelsorger macht.

R. BROCKHAUS VERLAG WUPPERTAL